AF877427

LA PAIX CALOMNIÉE

OU

LES CONSÉQUENCES ÉCONOMIQUES DE M. KEYNES

En couverture : 25 Août 1944. Le Lt. Mantoux de la Division Leclerc, accompagné du Lt. Traun de l'État-Major allemand du "Gross Paris", part de la gare Montparnasse, porteur de l'ordre signé du Général Von Choltitz, pour la reddition des 500 hommes retranchés dans la Chambre des Députés.

ÉTIENNE MANTOUX

LA PAIX CALOMNIÉE

OU

LES CONSÉQUENCES ÉCONOMIQUES DE M. KEYNES

Préface de Raymond Aron

Nouvelle préface de Vincent Duclert

L'Harmattan
5-7, rue de l'École-Polytechnique
75005 Paris
France

L'Harmattan Hongrie
Hargita u. 3
1026 Budapest
HONGRIE

L'Harmattan Italia
Via Bava, 37
10214 Torino
ITALIE

© L'Harmattan, 2002
ISBN : 2-7475-2585-6

UN HISTORIEN CONTRE LES TYRANNIES

La réédition de *La Paix calomniée ou les conséquences économiques de M. Keynes*, le livre unique d'un jeune historien libéral mort sur une route de Bavière le 29 avril 1945 alors qu'il était en mission de reconnaissance pour la IIe Division blindée, constitue à la fois un événement pour la pensée politique et un hommage à un destin intellectuel hors du commun. Ce livre écrit pour l'essentiel en 1942 à Princeton aux États-Unis, paru en 1946 en Angleterre puis en France avec une préface de Raymond Aron [1], représente en effet une réflexion essentielle pour saisir aussi bien la dimension politique des enjeux économiques que les conséquences définitives de la Première Guerre mondiale et la capacité des démocraties, en face d'un second conflit mondial sans équivalent dans l'histoire, de s'armer et de combattre les totalitarismes. A cet égard, le magistral essai d'Etienne Mantoux se rapproche des quelques textes essentiels qui, de *L'Ère des*

---

[1]. L'édition originale de *La Paix calomniée* est en langue anglaise : *The Carthaginian Peace or The Economic Consequences of Mr Keynes*, Introduction by R.C.K. Ensor, Oxford, Oxford University Press, 1946. L'édition française a été réalisée par les soins de Paul Mantoux qui a intégralement traduit un manuscrit écrit initialement en anglais (*La paix calomniée ou les conséquences économiques de M. Keynes*, préface de Raymond Aron, portrait de Paul Mantoux, Paris, Gallimard « Problèmes et Documents », 1946). À la suite de pressions exercées par des amis de Keynes pour empêcher une nouvelle édition anglaise (témoignage de Paul Mantoux), le livre fut republié aux États-Unis en 1952 (Scribner). Trois autres rééditions suivirent, en 1965 (avec une introduction de Robert G. Colodny, Pittsburgh University Press), en 1979 (Arno Press) et en 2000 (Ayer Press Publishers).

tyrannies d'Élie Halévy [2] à *L'Étrange défaite* de Marc Bloch [3], établirent à la veille de la guerre ou au cœur de la défaite le pouvoir de résistance des démocraties. Celles-ci démontraient leur puissance politique et militaire dès lors qu'elles choisissaient d'affirmer, de proclamer sans honte ni crainte, avec une fierté retrouvée, les valeurs critiques de la réflexion intellectuelle et la force morale des idées de liberté. C'est ainsi que de tels historiens allèrent jusqu'au terme possible des analyses afin de solder les échecs du passé et d'aborder les périls du présent en position de vaincre, qu'il s'agisse de démontrer l'incapacité de l'Europe à conserver les acquis de la victoire après 1919 (Etienne Mantoux), de dire que le combat antifasciste des années trente devait concerner tous les totalitarismes, y compris celui de la Russie soviétique (Élie Halévy), ou bien d'instruire le dossier des faillites d'un pays devant sa propre histoire et son propre destin (Marc Bloch).

Cette réflexion fut menée par ces rares intellectuels qui constituèrent un courant de pensée inscrit dans des lieux et dans des temps. Des séances de la Société française de philosophie en 1936 (« L'ère des tyrannies », séance du 28 novembre [4]) et en 1939 (« États démocratiques et États totalitaires », 17 juin [5]) et les tâches d'édition posthume des œuvres d'Élie Halévy, décédé en 1937 avant la publication de *L'Ère des tyrannies* et de l'*Histoire du socialisme*, débouchèrent sur la formation d'un réseau intellectuel puissant, réunissant des

---

2. Élie Halévy, *L'Ère des tyrannies. Essai sur le socialisme et la guerre*, Paris, Gallimard, coll. « Bibliothèque des idées », 1938, rééd. coll. « Tel », 1990, 285 p. Voir les actes d'un récent colloque tenu à Rome : *Elie Halévy e l'era delle tirannie*, a cura di Mauriio Griffo e Gaetano Quagliariello, Soveria Mannelli, Rubbetino Editore, 2001.

3. Marc Bloch, *L'Étrange défaite. Témoignage écrit en 1940*, préface de Stanley Hoffmann, Paris, Gallimard, coll. « Folio-Histoire », 1990, 328 p. Voir les actes d'un autre et récent colloque : *Penser la défaite*, sous la direction de Patrick Cabanel et Pierre Laborie, Toulouse, Privat, 2002, 319 p.

4. Publié dans Élie Halévy, *L'Ère des tyrannies*, *op. cit.*, pp. 213-248.

5. Le texte ne fut publié qu'après la guerre dans le *Bulletin de la Société française de philosophie* : « États démocratiques et États totalitaires » (2, 1946, pp. 41-92, et réédité partiellement dans *Machiavel et les tyrannies modernes*, Paris, Editions Bernard de Fallois, 1993).

penseurs peu nombreux mais déterminés à résister au nazisme avec la force retrouvée de la démocratie. L'ultime déclaration de Raymond Aron avant sa brutale disparition le 17 octobre 1983 porte précisément sur cet incroyable défi de quelques hommes de pensée, libéraux ou socialistes, libéraux et socialistes, partageant la conviction commune d'une résistance au totalitarisme devenue possible dès lors que celui-ci était appréhendé froidement par la raison critique : « l'idée du national-socialisme était, dans les années trente, un thème qui courait dans toute l'Europe. C'est vrai que nous, les hommes de cette génération, nous étions désespérés de la faiblesse des démocraties. Nous sentions venir la guerre. Certains ont rêvé de quelque chose d'autre, qui supprimerait cette faiblesse » [6]. Raymond Aron songeait sans aucun doute à Etienne Mantoux dont il avait rappelé dans ses *Mémoires* publiés quelques semaines plus tôt la solennelle déclaration à la séance du 17 juin 1939 de la Société française de philosophie. Elle répondait aux certitudes d'un Victor Basch persuadé de la force définitive des démocraties et de la faute morale du pessimisme aronien : « c'est faire preuve d'une compréhension superficielle de l'histoire que de considérer avec tant de négligence les époques qui ont séparé les triomphes de la démocratie, déclara Etienne Mantoux. C'est contre l'optimisme de la génération qui nous a précédés que je m'élèverai, pour ne pas trahir la règle qui veut que les jeunes s'élèvent contre leurs aînés. [...] Je crois comme vous [Raymond Aron] que ceux qui réussiront à conserver les valeurs dont je parle seront des libéraux, et non des libéraux à l'oreille basse qui n'osent pas dire leur nom, mais des libéraux prêts à défendre la liberté, non seulement politique, mais aussi économique. » [7]

Cette insistance d'Etienne Mantoux sur les vertus de la posture libérale renvoie à ce que Élie Halévy exprimait lui aussi

---

[6]. Cité par Nicolas Baverez dans *Raymond Aron*, Paris, Flammarion, 1993, p. 14.

[7]. Raymond Aron, *art. cit.*, et *Mémoires*, *op. cit.*, p. 157.

trois ans plus devant la Société française de philosophie en se souvenant des origines de son propre engagement politique : « J'étais «libéral» en ce sens que j'étais anticlérical, démocrate, républicain, disons d'un seul mot qui était alors lourd de sens : un «dreyfusard». » [8] Une telle conception du libéralisme, sans commune mesure avec les représentations actuelles mais que réexaminent aujourd'hui en France de grands historiens du politique [9], constitua dans cette époque de périls idéologiques majeurs un atout considérable pour fonder une résistance des démocraties. Ils furent peu nombreux, ceux qui osèrent remettre en cause l'optimisme républicain et choisir la voie de l'inquiétude intellectuelle seule capable, par la critique radicale de l'illusion démocratique, de redonner une force à la liberté. Etienne Mantoux fut l'un de ceux-la avec Élie Halévy, Léon Brunschvicg, Célestin Bouglé, Raymond Aron, Marcel Mauss, Max Lazard, Dominique Parodi, Michel Debré, etc. La lutte contre les tyrannies prenait la forme d'un réinvestissement dans les valeurs libérales de la République telle qu'elles s'étaient par exemple affirmées dans l'affaire Dreyfus et perdues ensuite dans le dogmatisme de nombreux républicains. Dès 1936, il apparaissait évident à ces quelques hommes que la survie des démocraties occidentales, et de la France en particulier, passait par une redéfinition contemporaine de leurs fondements politiques, philosophiques et éthiques.

L'effort de la pensée pour comprendre ce qui semblait la vaincre et paraissait écraser les sociétés de fatalité historique n'appartient pas seulement à l'ordre intellectuel. Les trois historiens qui ont restauré la puissance politique de la liberté classique au moment où les démocraties occidentales doutaient d'elles-mêmes n'ont pas été uniquement des savants. Joignant le geste au verbe, l'acte à la parole, ils ont agi dans des combats effectifs où le courage intellectuel rejoignait le courage

---

8. Élie Halévy, *L'Ère des tyrannies*, *op. cit.*, p. 216.

9. Qu'il s'agisse de François Furet, de Pierre Rosanvallon ou de Pierre Manent.

personnel et physique. Élie Halévy a défendu les antifascistes italiens, de Gaetano Salvemini aux frères Rosselli, Marc Bloch est entré dans la Résistance et a été assassiné par l'occupant nazi, Etienne Mantoux a été un combattant de la France Libre et il est mort lui aussi dans cette guerre nécessaire parce que choisie et pensée. Son engagement dans la lutte active est fortement restitué par les rares évocations qui existent d'Etienne Mantoux. Dans sa préface de 1946 comme dans ses *Mémoires* de 1983, Raymond Aron évoqua « le pilote qui jeta sur Paris révolté le message «Tenez bon, nous arrivons» et qui mourut à l'aube de la victoire, en mission sur une des autoroutes allemandes » [10], scènes héroïques et tragiques dont se souvient également Henriette Guy-Loë, nièce d'Élie Halévy et éditrice de sa correspondance générale préfacée par François Furet [11]. Sa tante Florence Halévy, la veuve d'Élie, avait revu Etienne Mantoux pendant la Libération de Paris sans savoir que c'était la dernière fois qu'elle le voyait : « j'avais eu une grande joie : l'apparition, au bas de l'escalier, d'Etienne Mantoux, arrivé avec le général Leclerc, l'autre nuit, et qui a fait un saut jusqu'ici dès qu'il a pu, le bon, le cher, fidèle garçon ! Vêtu de bleu, à l'anglaise, mais une «France» en émail sur la poitrine et deux inscriptions «France» aux épaules. Il est dans l'aviation. Trois cents Allemands se sont rendus à lui avant-hier. Il m'a laissé un manuscrit écrit en Amérique... Il dit qu'il n'aurait pas pu écrire ça, sans Élie... Quand je l'ai raccompagné à la grille, où l'attendait une voiturette conduite par un Algérien, une foule

---

10. Raymond Aron, *Mémoires*, *op. cit.*, p. 157.

11. « Le retour, avec le capitaine Callet qui pilotait, au milieu des tirs de la DCA allemande, jusqu'à une banlieue libérée, fut un des plus périlleux, et, le soir Etienne Mantoux notait dans son petit carnet : «Nous n'en revenons pas d'en être revenus !» » (Henriette Guy-Loë, « Etienne Mantoux (1913-1945) », in Elie Halévy, *Correspondance 1891-1937*, textes réunis et présentés par Henriette Guy-Loë et annotés par Monique Canto-Sperber, Vincent Duclert et Henriette Guy-Loë, préface de François Furet, Paris, éditions Bernard de Fallois, 1996, p. 781). Je remercie Henriette Guy-Loë d'avoir attiré, la première, mon attention sur Etienne Mantoux.

massée sous les premiers drapeaux nous attendaient : et on a crié : «Vive la France ! Vivent les Alliés ! Très cinéma…» »[12]

Enfin, le portrait qui ouvre *La Paix calomniée*, dû à son père Paul Mantoux, exprime dans l'immense douleur de la perte d'un fils, l'histoire d'un jeune homme devenu très tôt un véritable chercheur en sciences sociales, la valeur d'une œuvre unique dominée par une histoire du politique, et l'importance d'une guerre qu'il sut mener en connaissance de cause puisqu'il en avait reconnu les origines et les raisons. Les quelques textes qui rendirent un hommage intellectuel de premier plan à Etienne Mantoux ne suffisent pourtant pas à lui donner une postérité en France, contrairement au monde anglo-saxon qui a conservé la mémoire de la vive contradiction portée à Keynes par un jeune intellectuel[13]. Dans son pays, il est demeuré quasi inconnu des historiens, des économistes et des politistes[14], et ce en dépit de

12. « Journal de Florence Halévy pendant la libération de Sucy », texte inédit communiqué par Mme Henriette Guy-Loë, que nous remercions. Des extraits de ce journal ont été publiés par elle dans *Sucy-en-Brie. Revue municipale d'informations* (n°7, 1972).

13. Jacques Mantoux détient une lettre inédite de 7 pages du Chancelier de l'Échiquier du gouvernement Attlee, Hugh Dalton, à Paul Mantoux, relative à *La Paix calomniée* (9 août 1946) et aux multiples fautes politiques commises dans les relations avec l'Allemagne et émanant des fausses certitudes puisées chez Keynes. Keynes étant décédé en 1945, il fut défendu en Angleterre par deux de ses amis, Harrod en 1951 et Lord Skidelsky en 1999 qui tentèrent de discréditer les propositions d'Etienne Mantoux. En 1995, Franck Johnson, l'un des éditorialistes du *Daily Telegraph* insista sur la perspective critique développée dans *La Paix calomniée* (article du 13 avril), et il revint à la charge en 1997 puis en 2000 dans un autre article substantiel (20 mai) : « Je mentionne ce livre à nouveau – non par antigermanisme – mais parce que le mensonge de la «paix injuste» a déformé beaucoup de ce qui s'est dit et écrit au sujet du 20e siècle ». En 2000 également, un article du *Spectator* dû à l'historien John Grigg souligna lui aussi la faiblesse des thèses de Keynes sur la paix de Versailles et le tort politique qu'elles ont causé. Soulignons enfin que des extraits de *La paix calomniée* sont régulièrement publiées dans des ouvrages universitaires d'histoire et de sciences politiques anglo-saxons.

14. Christophe Abensour, « Etienne Mantoux. D'une guerre à l'autre », *La Liberté de l'esprit*, « Visages de la Résistance » (sous la direction de François George), n°16, automne 1987, pp. 255-262. Cet article est bien décevant; il consiste surtout en un commentaire assez pauvre de la *Paix Calomniée* et néglige les renseignements communiqués par Jacques Mantoux, le frère d'Etienne, seulement concentrés dans une note unique. Nous avons pour notre part publié « Etienne Mantoux. Le visage d'une génération intellectuelle », *Jean Jaurès cahiers trimestriels*, n°140, avril-juin 1996, pp. 81-105. Cet article est inséré dans une plaquette d'hommage à Etienne Mantoux réalisée lors du baptême, en 2000, d'une escadrille d'hélicoptères basée à

l'implication de Raymond Aron et Paul Mantoux pour faire connaître *La Paix calomniée*. S'agit-il d'une question de culture politique, ou bien d'une conception du libéralisme que la France républicaine accepte difficilement quand bien même elle appartient à l'un des héros de la libération de Paris. Seule la détermination de son plus jeune frère Jacques, polytechnicien (1941), combattant de la France Libre comme lui, a permis que cette réédition de 2002 puisse se faire [15]. Celle-ci voit le jour au moment où les éditions Gallimard publient, à l'initiative de Georges Liébert, un volume de la collection « Tel » consacré à la réédition croisée des *Conséquences économiques de la paix* de John Maynard Keynes et des *Conséquences politiques de la paix* de Jacques Bainville – l'ensemble étant augmenté de larges citations de cette *Paix calomniée* de Mantoux répondant à Keynes [16].

La jeunesse d'un historien

Né en 1913, mort à trente-deux ans, Etienne Mantoux avait acquis progressivement une dimension d'historien, à la fois parce que « l'histoire l'attirait de plus en plus » comme l'écrivit son père lui-même historien [17], parce que sa formation pluridisciplinaire en droit, en économie et en sciences politiques correspondait précisément au mouvement de refondation de la discipline historique par le groupe des *Annales*, enfin parce que l'enseignement que lui dispensa Élie Halévy était celui d'un

---

Compiègne. Auparavant, son nom avait déjà été donné à la base militaire des Mureaux. Louis Joxe tint à présider la cérémonie qui eut lieu le 26 mai 1988. Très diminué, l'ancien ministre du général de Gaulle devait décéder peu de temps après.

15. Mes remerciements s'adressent à Jacques Mantoux pour les renseignements qu'il a pu me communiquer et les longues conversations que nous avons eues dans son appartement de la rue de l'Assomption.

16. Avec une préface de Édouard Husson.

17. Paul Mantoux, « Etienne Mantoux » in *La Paix calomniée*, *op. cit.*, p. 19.

« historien philosophe » engagé dans une vaste réflexion sur le libéralisme et le socialisme [18].

Etienne Mantoux a grandi dans un milieu social élevé, original et exigeant. Ses parents s'étaient mariés deux ans avant sa naissance. Paul Mantoux, d'origine lorraine mais très tôt passionné par l'histoire anglaise, avait épousé Mathilde Dreyfus, une étudiante en anglais de la Sorbonne qui militait dans les mouvements féministes. Très vite Paul Mantoux sut inspirer la formation de son fils aîné [19] en l'associant à ses goûts et à ses missions. Paul Mantoux était normalien, de la promotion 1894 qui réunit Charles Péguy, Albert Mathiez ou Mario Roques. Il fut premier à l'agrégation d'histoire et s'engagea dans l'affaire Dreyfus comme dans le dreyfusisme. Il devint secrétaire général de l'École des hautes études sociales dirigée par Émile Duclaux et installée dans le célèbre « phalanstère » du 16 rue de la Sorbonne qui abritait également les *Cahiers de la Quinzaine* et la revue *Pages libres*. Après un passage à la fondation Thiers, Paul Mantoux part pour Londres et prépare sa « thèse capitale » [20] sur la révolution industrielle anglaise [21]. Le domaine anglais lui offre la double possibilité de s'intéresser historiquement à la question du socialisme [22] et de « dépasser ce faux clivage qui opposait encore le social à l'individu » [23]. A Londres, il poursuit son expérience de l'enseignement social découvert à Paris, en habitant dans « une sorte d'Université populaire (Passmore Edward Settlement) où il se lie avec L. Mackenzie King, le futur

---

18. « J'ai procédé [...] non pas en doctrinaire, mais en historien. C'est de même en historien , – en historien philosophe, si vous voulez, et en me tenant autant que possible, et j'espère que vous suivrez mon exemple, au-dessus du niveau de la politique– que j'ai procédé pour définir cette «ère des tyrannies» » (Élie Halévy, « L'ère des tyrannies » in *L'ère des tyrannies*, *op. cit.*, p. 218).

19. Etienne Mantoux eut deux jeunes frères, Philippe et Jacques.

20. Henriette Guy-Loë, « Paul Mantoux », *art. cit.*, p. 782

21. *La révolution industrielle : essai sur les commencements de la grande industrie moderne en Angleterre*, 1906

22. Voir *Le socialisme municipal à Londres* (1900), *L'Eveil du parti ouvrier en Angleterre* (1903), et, avec Aimé Berthod, François Simiand et *alii*, *Le socialisme à l'oeuvre* (1907).

23. Christophe Prochasson, *Les années électriques 1880-1910*, Paris, La Découverte, coll. « L'aventure intellectuelle du XXe siècle », 1991, p. 186 ; l'auteur ajoute : « Hauser ou Mantoux, annonçant les temps meilleurs d'un débat plus serein, ne furent guère entendus ».

Premier ministre du Canada » [24]. En 1912, Paul Mantoux est nommé à la chaire de Modern French Institutions and History qui venait d'être créée à l'Université de Londres. L'année de la naissance d'Etienne, il se fixe avec sa jeune famille dans la capitale anglaise. Etienne Mantoux apprend l'anglais comme une seconde langue maternelle. Avec la Première Guerre mondiale, la carrière de son père s'accélère et s'internationalise encore davantage. Mobilisé puis gravement blessé à Saint-Omer au début du conflit, Paul Mantoux est encore à l'hôpital quand Albert Thomas, secrétaire d'État aux Armements, l'envoie auprès de Lloyd George qui exerce des fonctions équivalentes aux siennes en Angleterre [25]. Il intègre ainsi le groupe des jeunes experts et intellectuels (François Simiand, Mario Roques, Maurice Halbwachs, Hubert Bourgin, etc.) qui vont transformer le ministère de l'Armement et des Fabrications de guerre en véritable laboratoire de l'action publique [26]. En 1917, il est l'interprète de Briand et de Thomas lors de pourparlers secrets avec l'Autriche-Hongrie, en 1918, l'interprète du Conseil suprême interalliée, et en 1919, il devient l'interprète officiel du Conseil des Quatre [27].

Bilingue dès son plus jeune âge, Etienne Mantoux passe ses années d'école et d'après-guerre à Genève où son père, qui a participé à la fondation de la Société des Nations, en dirige la section politique. En novembre 1927, celui-ci est nommé à la tête de l'Institut universitaire des hautes études internationales mais décide néanmoins de retourner vivre à Paris pour faciliter

---

24. Henriette Guy-Loë, « Paul Mantoux », *art. cit.*

25. *Ibid.*, p. 782

26. Sur ces questions, voir Christophe Prochasson, *Les intellectuels, le socialisme et la guerre 1900-1938*, *op. cit.* et avec Anne Rasmussen, *Au nom de la Patrie*, *op. cit.* Il existe aux Archives nationales un fonds Albert-Thomas important (94 AP). Anne Rasmussen prépare une étude sur les réseaux d'intellectuels à l'Armement (à paraître dans *Annales. Histoire et sciences sociales*, 2003).

27. Jean-Baptiste Duroselle précise dans son *Clemenceau* (Paris, Fayard, 1988, p. 1029) : « Mantoux sténographiait les débats, et, de ses notes, il a pu tirer, en français, l'ensemble des conversations. » Il s'agit des *Délibérations du Conseil des Quatre* publiées en 1955 par le CNRS.

les études de ses trois fils [28]. Etienne Mantoux passe sa licence en droit et entre à l'École libre des sciences politiques dont il acquiert le diplôme et où il suit les cours d'Élie Halévy sur l'histoire du socialisme européen. Il renonce à la carrière de haut-fonctionnaire à laquelle le préparaient ses études, et il se tourne vers l'économie politique du monde anglo-saxon. Ce choix sous le signe d'Élie Halévy témoigne de la cohérence d'un itinéraire intellectuel, universitaire et familial. Discrète, l'influence de son père n'en était pas moins aussi décisive. C'est un autre séjour de Paul Mantoux, cette fois aux États-Unis en 1930 à l'Institute of Politics de Williamstown, qui renforce chez le jeune homme son intérêt pour les grandes questions de politique internationale. Des voyages d'étude, avec ou sans son père, le conduisent en URSS et en Allemagne [29]. En 1935, Etienne Mantoux bénéficie d'une bourse de recherche pour étudier à la London School of Economics de Londres où il suit les cours de Robbins, de Laski et d'Hayek. Il acquiert ainsi une compétence pluridisciplinaire et internationale qui lui permet de s'intéresser aux questions les plus complexes et les plus brûlantes comme la question allemande et la connaissance que croyaient en avoir les opinions occidentales et les grands intellectuels comme Keynes. Le sujet de *La Paix calomniée* est en germe dans ce travail d'histoire immédiate menée avec les outils des sciences sociales et la volonté d'œuvrer en faveur du réveil politique d'une Europe unie contre le nazisme. Son engagement pour une alliance offensive de la France et de l'Angleterre s'exprima à partir de 1937 dans les colonnes du *Manchester*

---

28. Il conserve l'essentiel de ses responsabilités à Genève, et cela jusqu'à sa retraite en 1951; à partir de 1933, il cumule aussi la chaire de géographie industrielle et commerciale au Conservatoire national des arts et métiers détenue auparavant par Henri Hauser.

29. Il apprend à cette époque, en 1934, le suicide de l'avocat Strauss, dont la famille l'avait reçu à Nuremberg pendant l'été 1929. Menacé comme juif, il s'était défenestré. Paul Mantoux parvint à faire sortir ses deux fils d'Allemagne, et il put leur trouver un débouché d'immigration en Argentine.

Guardian, dans des lettres signées des noms d' « Historicus » ou d' « Ex-Civilian » après sa mobilisation de septembre 1939.

En 1937, Etienne Mantoux, à Paris, se rapproche de Raymond Aron, de dix ans son aîné, qu'il a connu par Élie Halévy. Leur amitié intellectuelle et personnelle se renforce dans le travail d'édition des oeuvres posthumes de leur maître, mort subitement cette année-là. Etienne Mantoux participe à la petite équipe réunie par Raymond Aron et Florence Halévy pour éditer, à partir des résumés de cours et des notes d'étudiants, le livre sur lequel travaillait Élie Halévy avant sa mort, une *Histoire du socialisme européen* [30]. Ce livre ne paraîtra qu'après la guerre. En revanche, *L'Ère des tyrannies* sera publiée dès 1938 avec une préface de Célestin Bouglé qui rappelle la genèse de cette première avancée antitotalitaire et montre un Élie Halévy ouvert aux autres [31]. De plus en plus proche d'Etienne Mantoux qu'il finit par aimer comme un fils, Élie Halévy l'avait laissé vivre ses enthousiasmes et ses désillusions de jeunesse. Ce fut la meilleure des influences. En 1934, il répondait ainsi à son jeune élève qui, à 21 ans, avait fait le voyage d'URSS : « Si vous devez cependant revenir en France «converti» au «communisme», permettez-moi de vous demander en quoi et pourquoi. Est-ce parce que c'est l'attitude qui permettra à votre action sociale d'être la plus féconde en résultats heureux ? Alors, convertissez-vous. Est-ce parce que c'est l'attitude qui, parce qu'elle est la plus intransigeante, est le

30. Élie Halévy, *Histoire du socialisme européen, rédigée d'après des notes de cours par un groupe d'amis et d'élèves de Élie Halévy*, Paris, Gallimard, coll. « Bibliothèque des idées », 1948 (une version revue, corrigée mais abrégée a été publiée dans la collection « Idées » en 1974) : « Les rédacteurs de ce livre posthume, Raymond Aron, Jean-Marcel Jeanneney, Pierre Laroque, Etienne Mantoux, Robert Marjolin, anciens étudiants ou amis, s'étaient partagé le travail. » (Raymond Aron, *Mémoires, op. cit.*, p. 162)

31. « Pendant de longs mois, avant d'aller faire son cours à l'École des sciences politiques, Élie Halévy venait au centre de Documentation sociale de la rue d'Ulm me communiquer ses trouvailles ou me proposer des énigmes. Quelle sécurité et en même temps quelles joies m'apportaient sa sincérité entière, l'impartialité qu'il avait su s'imposer, sa haine du vague, son dédain pour tout ce qui ne serait que «Littérature»... » (Célestin Bouglé, « Préface » dans Élie Halévy, *L'Ère des tyrannies, op. cit.*, p. 10)

mieux faite pour vous dégager de toute responsabilité à l'égard d'une société évidemment mal faite, et vous permet de protester sans cesse dans l'attente d'un bouleversement final, et de ne rien faire en attendant la venue hypothétique de ce bouleversement ? Alors, ne vous convertissez pas. Je vous conseillerais, après vous être exalté (comme je le comprends fort bien : je suis capable moi-même de cette exaltation) au spectacle *sublime, héroïque*, de l'expérience soviétique, d'aller faire un stage chez les Scandinaves, ou simplement chez les Hollandais, et d'y voir ce qu'on peut faire pour le bien-être et la culture des classes populaires, par le développement de certaines vertus secondaires, qui font défaut aux Français, et dont ils peuvent aller chercher le secret sans faire le voyage de Moscou. »[32]

Etienne Mantoux ne se convertira pas au communisme. Il deviendra au contraire un observateur implacable du stalinisme, revendiquant progressivement le « secret » dont parlait Élie Halévy et devenant avec Raymond Aron l'un des acteurs de cette pensée anti-totalitaire forgée dans les débats de *L'Ère des tyrannies*. Ce livre posthume d'Elie Halévy -à l'édition mais aussi la conception desquelles ont été associés ses plus proches élèves et amis- lègue une approche critique du politique où se mêlent vision éthique, exigeance civique et dimension internationale ; elle débouche sur des propositions majeures en termes de reconnaissance de la tyrannie d'une part [33], d'engagement

---

32. Lettre d'Élie Halévy à Etienne Mantoux, 20 septembre 1934 dans Élie Halévy, *Correspondance*, *op. cit.*, p. 727. Cette lettre a déjà été publiée dans Alain, *Correspondance avec Élie et Florence Halévy*, Paris, Gallimard, 1958, pp. 372-373.

33. « N'est-ce point la question de savoir si la tyrannie moscovite, d'une part, les tyrannies italienne et allemande, de l'autre, doivent être considérées comme des phénomènes identiques quant à leur traits fondamentaux, ou, au contraire, comme des phénomènes qui sont antithétiques les uns par rapport aux autres ? Je suis loin de contester que, sous bien des aspects, et qui sautent aux yeux de tout le monde, les phénomènes sont antithétiques. J'ai fait le voyage de Leningrad et je connais l'Italie fasciste. Or, quand on passe la frontière russe, on a le sentiment immédiat de sortir d'un monde pour entrer dans un autre; et une pareille subversion de toutes les valeurs peut être, si l'on veut, considérée comme légitimant une extrême tyrannie. Mais, en Italie, rien de pareil; et le voyageur en vient à se demander s'il était besoin d'un si gigantesque appareil policier ans autre résultat obtenu que des routes mieux entretenues et des

démocratique de l'autre [34]. On peut dire sans forcer l'analyse qu'Etienne Mantoux donnera une épaisseur à ces deux propositions si pessimistes et en même temps sources d'avenir : dans ses interventions au cours de la dernière séance de la Société française de philosophie, comme dans ses actes futurs contre le nazisme, il confirmera et dépassera même les conclusions d'Élie Halévy. La reconnaissance des tyrannies conduisait nécessairement, avec Etienne Mantoux, à la résistance contre ces dernières. Les *Mémoires* de Raymond Aron conservent le souvenir très net de la séance de la Société française de philosophie du 17 juin 1939 et de l'intervention d'Etienne Mantoux [35]. Cette déclaration prend place dans le débat qui avait suivi la communication de Raymond Aron. Cet exposé est considéré comme une étape importante dans la formation de la théorie du totalitarisme qui rapprocha les régimes hitlériens et staliniens. Raymond Aron montrait notamment que « les régimes totalitaires s'opposaient premièrement aux démocraties et non au communisme ». Les premiers étaient « authentiquement révolutionnaires » et

trains plus ponctuels. / Cependant, quant à la forme (et tout le monde semble m'avoir concédé ce point), les régimes sont identiques. Il s'agit du gouvernement d'un pays par une secte armée, qui s'impose au nom de l'intérêt présumé du pays tout entier, et qui a la force de s'imposer parce qu'elle se sent animée par une foi commune. » (Élie Halévy, *L'Ère des tyrannies*, *op. cit.*, p. 226).

34. « Faut-il donc que nos hommes d'État se bornent à attendre passivement que ces forces collectives et anonymes s'imposent de nouveau, et qu'une nouvelle guerre, une nouvelle révolution -à la manière d'une inondation ou d'un tremblement de terre- submergent et secouent une fois de plus le monde ? Bref, mon interprétation de l'histoire implique-t-elle la faillite de toute politique ? Elle signifie plutôt, si vous voulez bien m'entendre, que la responsabilité des maux qui tourmentent l'humanité doit être transférée des hommes d'État au commun peuple, c'est-à-dire à nous mêmes. La sagesse ou la folie de nos hommes d'État est purement et simplement le reflet de notre propre sagesse ou de notre propre folie. Si donc, comme je crois, vous vous accordez avec moi pour penser que la justice dans les rapports politiques pourrait être achetée avec un moindre gaspillage de vies humaines et de richesses que n'en apportent une révolution, ou une guerre, ou une guerre révolutionnaire, vous devez comprendre aussi que ce résultat ne pourra être acquis si, dans nos pensées mêmes, une transformation ne se produit. A nous de substituer un esprit de compromis à un esprit de fanatisme. » (*Ibid.*, pp. 197-198)

35. *Art. cit.*

conduisait à la guerre, les secondes étaient « spontanément conservatrices » et protégeaient « les valeurs, les principes de la civilisation européenne ». Raymond Aron pouvait ainsi soulever une contradiction importante qui explique notamment la politique de *l'apeasment* des démocraties devant les dictatures : « rien n'est donc plus étrange, à cet égard, que la sympathie que leur ont si longtemps manifestée les conservateurs de France et d'Angleterre » [36]. Il existait pour Raymond Aron une seconde contradiction, du côté cette fois des progressistes et d'un antifascisme incapable de penser le nazisme. Il allait même plus loin dans cette critique : « les mouvements antifascistes, jusqu'à présent, ont aggravé les défauts, politiques et moraux des démocraties, défauts qui fournissent les meilleurs arguments en faveur des tyrannies. » [37] Raymond Aron avançait aussi l'idée que le régime national-socialiste et, à un moindre degré, le régime mussolinien, n'étaient pas seulement animées par une idéologie politique mais également par une volonté de conquête : « En ce sens l'idéologie incarnée dans le régime, conduisait à la guerre. »

Etienne Mantoux écrivit alors à Raymond Aron pour lui proposer d'étendre son analyse au « totalitarisme soviétique » : « Il est exact que des idéologies aussi opposées pourraient subsister côte à côte sans entraîner de conflit si elles restaient purement nationales. Ce n'est pas le cas du totalitarisme soviétique dont l'essence même est (ou était et sera peut-être encore) le prosélytisme universel, donc l'agression universelle. »

---

36. « Les conservateurs de France et d'Angleterre ne comprirent pas que les hitlériens n'avaient pas pour seule ambition d'éliminer les sociaux-démocrates et les communistes; les hitlériens menaçaient aussi les conservateurs français et anglais, et même les conservateurs allemands. » (*Mémoires*, p. 215)

37. Dans ses *Mémoires*, il regrettera cette phrase attribuant « injustement à l'un des camps une responsabilité partagée par les deux » (p. 156). Raymond Aron avait publié deux ans auparavant dans la *Revue de métaphysique et de morale* une analyse très sévère de la politique économique du Front populaire qui contenait une aussi sévère critique des intellectuels prophétiques -aveugles devant l'approche de la guerre (« Remarques sur les problèmes économiques français », *RMM*, n° 44, 1937, pp. 793-822; voir, sur cet article, Élie Halévy, *Correspondance*, *op. cit.*, n. 1 p. 720).

Et Raymond Aron de souscrire alors aux critiques d'Etienne Mantoux : « En laissant de côté le cas de l'Union soviétique, je faussais inévitablement l'analyse de la conjoncture. » [38] Ces dernières propositions développées devant la Société française de philosophie n'avaient pas pour but de démobiliser les démocraties à la veille d'une guerre qui irait jusqu'à menacer leur survie. Au contraire. Il énonçait les conditions, non pas d'un simple sursaut mais bien d'une certitude combattante qui allait changer le rapport des démocraties avec la guerre. Celles-ci étaient capables, avec leurs armes et sans renier leurs valeurs, de s'opposer victorieusement aux tyrannies. Elles pouvaient vaincre à condition de se renouveler profondément et d'abandonner la forme actuelle d'un défaitisme paralysant : « Les excès de l'irrationnalisme ne disqualifient pas, bien au contraire, l'effort nécessaire pour remettre en question le progressisme, le moralisme abstrait ou les idées de 1789. Le conservatisme démocratique, comme le rationalisme, n'est susceptible de se sauver qu'en se renouvelant. » [39]. Aux origines de la critique du totalitarisme et du libéralisme politique de Raymond Aron apparaissent ainsi Etienne Mantoux et sa remarquable intelligence que le nombre des années ne l'empêchait pas d'exprimer.

En tout cas, une telle critique de la démocratie et de son histoire, même destinée à penser une future résistance au nazisme, suscita de vifs échanges. Soulignant l'étendue des clivages dans l'antifascisme intellectuel, ils révélèrent en même temps l'émergence d'une nouvelle génération d'acteurs. Celle-ci, composée de jeunes historiens du politique comme Etienne Mantoux ou Raymond Aron, accueillait en même temps des hommes plus âgés, aussi différents de formation ou de conviction que Célestin Bouglé, Jacques Maritain ou Marcel Mauss, et dont le premier caractère fut précisément de rejeter

---

38. Raymond Aron, *Mémoires*, *op. cit.*, p. 156

39. *Ibid.*

les solidarités de génération exprimées lors de la séance du 17 juin 1939 par Victor Basch. Le président de la Ligue des droits de l'homme déclara en effet, à l'attention de Raymond Aron : « Je vous ai écouté, Monsieur, avec un grand intérêt; d'autant plus grand que je ne suis d'accord avec vous sur aucun point... je dirai que ce pessimisme n'est pas héroïque, je dirai que, pour moi, fatalement, les démocraties ont toujours triomphé et triompheront toujours... Il y a une régression aujourd'hui, nous sommes dans la vallée ? Eh bien, nous monterons de nouveau au sommet. Mais, pour cela, il faut précisément nourrir la foi démocratique et non pas la détruire par des arguments aussi fortement et aussi éloquemment développés que vous l'avez fait. »[40].

« L'intervention de Victor Basch, se souvient Raymond Aron, suscita l'ironie ou l'irritation de la jeune génération, alors que Jacques Maritain et Charles Rist qui n'appartenaient pas à ma génération m'approuvaient », rappelle Raymond Aron en soulignant que ce fut Etienne Mantoux qui parla au nom de cette génération sans âge [41]. Cette intervention solennelle est aussi importante pour le portrait d'Etienne Mantoux en jeune libéral que pour la notion de « génération intellectuelle ». Ici les années importent peu au regard des liens intellectuels qui peuvent persister entre cadets et aînés, si bien qu'on peut douter de l'existence de strates générationnelles chez ces intellectuels tandis que la pertinence de strates intellectuelles paraît plus forte pour les comprendre. Ainsi cette notion se validerait-elle non pas par son premier terme, « génération », mais bien par son second, « intellectuel ». C'est en tout cas ce que révèlent ces prises de position nouvelles à la veille de la guerre, qui conditionneront des formes de résistance

---

40. Françoise Basch, dans son ouvrage sur son grand-père, évoque cet affrontement avec Raymond Aron mais n'en propose pas d'analyse (*Victor Basch. De l'affaire Dreyfus au crime de la Milice*, Paris, Plon, 1994, p. 303).

41. Raymond Aron, *Mémoires*, *op. cit.*, p. 157

communes à une génération intellectuelle à laquelle Etienne Mantoux comme d'autres donneront un visage. La volonté de privilégier le terme intellectuel dans ce concept offre une autre possibilité, celle de repérer plus nettement une véritable communauté, une micro-société qui reposerait sur des liens personnels très puissants. On en saisit la force en découvrant que la mort d'Etienne Mantoux laissa des personnes orphelines bien au-delà de sa famille. Sa brève existence éclaire d'autres itinéraires, celui d'Élie Halévy entre libéralisme et pessimisme, celui de Raymond Aron entre socialisme et antitotalitarisme, celui de Paul Mantoux entre antifascisme et antinazisme. Ce dernier qui avait adhéré dès sa création le 12 mars 1934 au « Comité d'action antifasciste et de vigilance » en démissionna en 1938, « en raison de l'emprise croissante des membres communistes qui continuaient à préconiser une politique de désarmement »[42].

Mobilisé en 1939, Etienne Mantoux ne cesse parallèlement de se préparer au combat et de réfléchir au sens de cette guerre qui vient. Lieutenant dans l'armée de terre, il est affecté aux services de l'aérostation sur le front, près de la frontière de la Sarre. Poursuivant sa critique des renoncements occidentaux, il jette un regard lucide sur les chances françaises de résister Hitler et sur la réalisation probable d'une victoire allemande suivie d'une occupation de l'hexagone. Un article d'avril 1940 paru dans *les Nouveaux Cahiers* et signé d' « Etienne Gabriel » annonce ainsi la perspective d'une France allemande[43]. Préparé à la défaite, il réagit sans délai. Démobilisé à Toulouse, il tente vainement de s'embarquer pour l'Angleterre puis de franchir les Pyrénées[44]. Finalement, il suit sa famille qui s'installe à Lyon

42. Henriette Guy-Loë, « Paul Mantoux », *art. cit.*, p. 783

43. Etienne Gabriel [Etienne Mantoux], « Si la conquête peut payer », *Les Nouveaux Cahiers*, avril 1940.

44. Dans ses *Mémoires*, Michel Debré se souvient d'une visite à l'hiver 1940 : « Etienne Mantoux vient me trouver. Nous avons longtemps partagé les mêmes sentiments, les mêmes aspirations. J'admire son intelligence et ses connaissances économiques. [...] Il s'apprête à traverser les

dans le but de se fondre dans une grande métropole afin d'échapper à la répression antisémite convergente de Vichy et de l'occupant [45]. Il s'inscrit à la faculté de droit et achève une thèse sur « L'épargne forcée monétaire » qu'il soutient en mai 1941. Makinsky, le délégué à Lisbonne de la fondation Rockfeller le contacte pour lui proposer de partir aux États-Unis, comme d'autres talents scientifiques que l'institution américaine s'était donnée pour mission de sortir de France afin de les protéger de la répression nazie [46]. Etienne Mantoux obtient un visa et quitte la France en juillet 1941. Son but est de rejoindre aussitôt Londres, mais les Américains, par hostilité à cette époque pour la France Libre, et par intérêt pour ses recherches, le retiennent sur leur sol. Il rejoint alors l'université de Princeton et l'Institute for Advanced Study afin d'écrire le livre dont il se savait désormais capable. Cette tâche intellectuelle ne devait pas pour autant l'éloigner de la mission combattante qu'il s'était également donnée. En opérant une critique radicale des responsabilités dans la faillite de la paix de 1919, en refusant la mauvaise conscience des Européens à l'égard du traité de Versailles, Etienne Mantoux établit les principes par lesquels la guerre actuelle pouvait être gagnée par les démocraties.

Pyrénées pour rejoindre la France Libre ; il me demande : «N'est-ce pas une lâcheté de quitter la terre française, alors que les Français vont souffrir ?». » (tome I, p. 181)

45. En effet, Etienne Mantoux, ses parents et ses frères sont juifs au regard des « lois » portant statut des juifs décrétées par Vichy. Ils s'apparentent à cet égard aux nombreux intellectuels républicains et laïcs dont l'identité s'identifiait à la France des Lumières et des droits de l'homme. Autant dire que la législation antisémite de Vichy n'était pas seulement un monstre juridique, mais aussi une négation de l'histoire. Jacques Mantoux, lorsqu'il entra à l'École polytechnique en 1941, fut un « élève bis » (voir à ce sujet *Le choix des X. L'École polytechnique et les polytechniciens 1939-1945*, sous la direction de Marc Olivier Baruch et Vincent Guigueno, Paris, Fayard, 2000, 350 p.).

46. Marc Bloch, lui aussi contacté, déclinera l'invitation. Il semble qu'Etienne Mantoux ait été repéré par les Américains après son active participation au débat organisé pendant l'été 1939 par la Société française de philosophie sur l'ouvrage que venait de publier l'essayiste politique Walter Lippmann (*Good Society*). « Il s'agissait d'élaborer le programme d'un nouveau libéralisme, élargi », précise Paul Mantoux (*art. cit.*, p. 15).

Une pensée de la démocratie

La Paix calomniée, écrite en dix-huit mois à Princeton, puis corrigée en Angleterre et seulement publiée après la mort de son auteur [47], réunit en effet trois livres. L'analyse des thèses de Keynes et de leur impact sur le traité de Versailles constitue d'abord le livre d'un économiste qui a compris les multiples failles dans l'argumentation de l'auteur des *Conséquences économiques de la paix*. Opérant une critique générale de ses thèses, il aboutit à une réhabilitation partielle des termes de la paix par la dénonciation des usages et des représentations qui en avaient été faits par les Alliés. Il montre à cet égard que l'économie est une politique et qu'elle doit être analysée comme telle. L'étude qui sous-tend nécessairement cette critique économique, celle du monde occidental au lendemain du premier conflit mondial, compose le livre d'un politiste maîtrisant les systèmes idéologiques comme les rapports de force internationaux. C'est une œuvre de science politique dans la manière où son auteur considère l'ensemble des faits économiques, gouvernementaux et internationaux afin d'expliquer les positions de pouvoir qui ont été à l'origine de « la paix calomniée ». La critique la plus radicale adressée en définitive à Keynes par Mantoux tient dans l'erreur initiale d'avoir pensé que les faits économiques domineraient l'Europe d'après-guerre et en expliqueraient la réorganisation manquée. Peut-être surestime-t-il l'influence des *Conséquences économiques de la paix* sur la dégradation rapide du système international forgé à Versailles et sur l'impuissance européenne qui se révéla progressivement en face des dictatures. « Le but de ce livre n'est

47. Etienne Mantoux ne souhaitait pas publier son livre avant la libération de la France, par peur de représailles dont pourrait être victime sa famille, de surcroît juive au regard de la législation antisémite de Vichy. En revanche, il en fit lire le manuscrit, d'abord au professeur de Cambridge D. W. Brogan lié aux presses universitaires d'Oxford, puis à un autre professeur, Robert Mc Callum. Il obtint aussitôt une promesse de publication qui n'allait se concrétiser qu'après sa mort, en 1946.

nullement de faire l'apologie de la Paix de Versailles, explique-t-il dans le dernier chapitre, le plus fort, intitulé «La paix» ; mais tandis que les défauts d'ordre économique reprochés au Traité étaient, pour la plupart, imaginaires ou exagérés, l'auteur partage l'opinion de ceux qui soutiennent que ce sont les fautes politiques qui furent vraiment décisives. Peut-être fut-ce une erreur, au point de vue économique, de permettre ou même d'encourager la division de la Monarchie danubienne en plusieurs États souverains ; [...] Mais combien plus graves pour le reste du monde furent les conséquences *politiques* du morcellement de l'Europe Centrale et Sud-orientale ! C'était là, comme on l'a d'ailleurs souvent montré, le vice fondamental de tout le système [48].

Enfin, la recherche des valeurs qui définiraient les démocraties devant la guerre et la paix représente le livre d'un historien qui souhaite donner du sens à l'histoire, même la plus immédiate. La conclusion du livre, écrite comme l'introduction « dans l'été de 1944 » à Londres, insiste sur ce double devoir de lucidité et d'examen qui appartient à l'historien, devoir à l'égard du passé, devoir à l'égard du présent. La connaissance de l'un permet le courage dans l'autre.

---

48. « On constitua, explique Etienne Mantoux, une Europe où l'Allemagne forte, centralisée, possédant une population d'environ 70.000.000 d'habitants, restait entourée d'un chapelet de petits États obligés de se fier, pour le maintien de leur indépendance, à l'aide de puissances lointaines, -bref, on ne réussit pas, et nous pourrions dire que cet échec fut voulu, à établir un juste *équilibre des forces*. Car, si décidé qu'il fût à rejeter un système diplomatique de cet ordre, Wilson lui-même avait prévu que l'Europe qu'il laissait faire, -et faite, en grande partie, de ses propres mains, -ne pourrait guère se maintenir d'elle-même ; que si les Puissances extérieures à l'Europe ne lui prêtaient pas leur appui, l'Allemagne pourrait encore lui imposer sa volonté. «Tous les pays que l'Allemagne voulait écraser et réduire à n'être plus que des instruments entre ses mains ont été sauvés par cette guerre», déclara-t-il. [...] Or, la Société des Nations avait été fondée précisément dans le dessein d'assurer aux faibles l'appui dont parle ici le Président Wilson. Mais, des Puissances qui la constituaient, les unes ne se montrèrent pas disposées à agir, le moment venu; aux autres manqua la préparation ou la résolution nécessaires pour remplir à temps leurs obligations. A la vérité, l'esprit dans lequel avait été conçue la Société des Nations présumait trop de ses membres. Comme on l'a fort bien dit, «ce n'est pas la Société qui a fait faillite, ce sont les Nations». Et, si Wilson est coupable de s'être abandonné à une illusion, cette illusion, c'était l'humanité. » (*La Paix calomniée*, *op. cit.*, pp. 296-297).

Si nous nous bornons à prendre le contre-pied du Traité de Versailles, – à appliquer le principe que, malgré tout ce qu'aura fait l'Allemagne, nous nous interdirons de toucher à ses frontières ou d'exiger d'elle des réparations, – nous n'arriverons à rien [...]. Mais si, par contre, nous soumettons les erreurs passées à un examen plus objectif et plus réfléchi, nous découvrirons peut-être que, même si l'on ne peut remédier entièrement à des torts dont la plupart sont irréparables, même s'il n'est pas de guérison infaillible et permanente aux maux d'où sortent les guerres qui déchirent l'humanité, il existe pourtant en fait des alternatives que notre devoir élémentaire nous commande d'envisager. [...]

Tandis que la guerre, en Europe, approche de sa crise finale, le frémissement même de l'attente où nous vivons ne peut détourner notre souci de ce qui suivra une victoire si chèrement achetée. La justice l'emportera-t-elle sur l'opportunisme, la raison sur le préjugé, la réalité sur l'illusion, la volonté sur le destin ? L'Europe survivra-t-elle ? ou ses peuples, faute des moyens nécessaires à leur résurrection, se soumettront-ils, dans une épreuve suprême, à une domination continentale ? La réponse appartient dans la plus large mesure à des forces déjà en mouvement, et telles que notre génération ne peut les maîtriser. Tout ce qu'elle peut et doit faire, c'est apprendre du passé, réagir au présent, et se préparer pour l'avenir. C'est à la nouvelle génération que Mr. Keynes, il y a vingt cinq ans, dédiait son livre : le livre que voici est une réponse venue de cette génération. [49]

---

[49]. *Ibid.*

Ce dernier paragraphe, qui constitue les derniers mots du livre, rappelle de manière saisissante un passage de *L'Étrange défaite* de Marc Bloch qu'Etienne Mantoux n'a pas pu lire puisque le livre est paru en 1946, et qui exprime le même devoir de lucidité et d'examen incombant aux historiens devant la guerre, la paix et la victoire. « Je ne sais quand l'heure sonnera où, grâce à nos alliés, nous pourrons reprendre en main nos propres destinées. Verrons-nous alors des fractions du territoire se libérer les unes après les autres ? Se former, vague après vague, des armées de volontaires, empressés à suivre le nouvel appel de la Patrie en danger ? Un gouvernement autonome poindre quelque part, puis faire tâche d'huile ? Ou bien un élan total nous soulèvera-t-il soudain ? Un vieil historien roule ces images dans sa tête. Entre elles, sa pauvre science ne lui permet pas de choisir. Je le dis franchement : je souhaite, en tout cas, que nous ayons encore du sang à verser : même si cela doit être celui d'êtres qui me sont chers (je ne parle pas du mien, auquel je n'attache pas tant de prix). Car il n'est pas de salut sans une part de sacrifice ; ni de liberté nationale qui puisse être pleine, si on n'a pas travaillé à la conquérir soi-même. » [50]

L'étude et l'écriture n'ont pas distrait Etienne Mantoux du choix qui avait été le sien dès 1940 de combattre, de la même manière que l'analyse de la paix de 1919 lui a permis de comprendre les enjeux de la victoire future. Dans sa préface de 1946, Raymond Aron insiste sur cette tension de *La Paix calomniée* : « Le livre d'Etienne Mantoux est consacré à une critique du passé, mais il est inspiré par le souci de l'avenir. En le lisant, à chaque instant, on ne peut s'interdire de s'interroger sur ce que l'auteur aurait pensé aujourd'hui. La situation actuelle diffère si fondamentalement de la situation de 1919 qu'il serait vain de reprendre purement et simplement, à la lettre, les leçons que suggèrent les fautes d'hier. [...] Au lendemain de la défaite française, en 1940-42, il a voulu éclairer l'opinion de nos alliés

---

[50]. *L'Étrange défaite*, *op. cit.*, pp. 206-207.

sur les erreurs qui avaient précipité une deuxième guerre mondiale. Au lendemain de la victoire, qui prendra sa place et saura, avec la même foi humaine, la même clairvoyance impitoyable, rappeler les règles d'équité et de sagesse dont le mépris livre les hommes au règne de la force et de la ruse, c'est-à-dire à la fatalité de la guerre ? »[51].

L'actualité de *La Paix calomniée*, sa nécessité présente, Etienne Mantoux les avait posées dès 1941 quand il commençait son manuscrit. Il les avait redites dans la préface écrite en juillet 1944, à la veille de la Libération de Paris à laquelle il prit une part aussi symbolique qu'effective. L'auteur, qui se plaçait dans la parole de Thucydide[52], rappelait l'avenir de sa réflexion sur une paix passée : « ceci ne signifie nullement que le sujet du présent volume soit sans rapport immédiat avec les événements de l'époque actuelle. On se demandera sans doute si un débat aussi rétrospectif peut aujourd'hui à des fins utiles. Pareille objection, si on en faisait un principe, ôterait toute valeur à l'histoire: ainsi que nous l'a plus d'une fois rappelé M. Churchill, plus nos regards s'étendent loin en arrière, plus loin aussi ils porteront en avant. Et la réponse à cette objection, en ce qui nous occupe, c'est que la plupart des faits en cause appartiennent, certes, au passé, mais que leurs conséquences se situent dans le vif du temps présent. Que le passé -mais lui seul- demeure le passé. Examiner les jugements de Mr Keynes sur le dernier Traité de Paix, ce n'est ni remuer de vieux griefs, ni exhumer des problèmes défunts : le problème en question n'est autre que celui de la Paix à venir. »[53]

---

[51]. Paul Mantoux, « Etienne Mantoux », *art. cit.*, pp. 11-12

[52]. « L'absence de merveilleux dans mon histoire pourra, je le crains, lui enlever quelque peu de son agrément; il me suffit qu'elle soit jugée utile par ceux qui recherchent une exacte connaissance du passé afin de mieux interpréter l'avenir, lequel étant donné le déroulement des choses humaines, doit ressembler au passé, sinon le refléter. » (cité dans la « Préface de l'auteur », *La Paix calomniée*, *op. cit.*, p. 21)

[53]. *Ibid.*, pp. 21-22

Cette question de la paix mondiale n'allait pas être réglée simplement par la victoire alliée. Et quelle victoire ? Etienne Mantoux soulignait en effet le risque de permanence des idées nazies, et il appelait donc à d'autres combats, à une même vigilance contre les tyrannies passées et futures, et à l'exemple du courage anglais. « Nous avons donc devant nous la perspective très définie de voir Hitler, vaincu par les armes, conserver encore une chance de victoire sur le terrain des idées. De fait, il y a beaucoup de gens à qui cette pente paraît tellement inévitable qu'ils désespèrent déjà de tout autre avenir, et que même quelques-uns des plus réfractaires commencent « avec une sorte de terreur religieuse » – comme Tocqueville observant, au siècle dernier, la marche de la démocratie –, à attendre la marée résistible du régime totalitaire. Cependant nous devrions savoir aujourd'hui combien il est imprudent de se laisser aller au goût des Apocalypses. Combien de nous, en juin 1940, ont osé espérer qu'il serait possible de faire rebrousser le courant ? Combien y en a-t-il qui aient refusé de toute leur âme de se résigner à «l'inévitable» ? Et pourtant, au dernier moment, le destin fut forcé de reculer devant la parole d'un seul homme et la prouesse d'un petit nombre – car les habitants de cette petite île, en marge du continent, n'étaient tous ensemble qu'un petit nombre – et la « vague de l'avenir » se brisa sur le roc d'un courage indomptable. » [54]. Mais la victoire ne sera complète qu'à condition que l'Europe de démocraties déclare sa force et que les gouvernants d'aujourd'hui et de demain prennent les responsabilités qu'exige l'action politique :

> Si l'esprit de la Marne et de Verdun, l'esprit de la bataille d'Angleterre et de la bataille d'El Alamein, l'esprit de Bataan et de Stalingrad, si cet esprit qui refuse de s'incliner devant les forces de l'histoire, est toujours vivant, – alors l'Europe retrouvera sa gloire. Mais si on

---

54. *Ibid.*, p. 317

laisse se glisser chez les peuples européens le soupçon que l'avenir verra recommencer le petit jeu dont les règles permettent à l'Allemagne de fouler aux pieds périodiquement la moitié, ou plus de la moitié du continent, puis d'obliger les fils de la Grande-Bretagne et de l'Amérique à mourir loin de leurs foyers pour la libération de l'Europe -tout en interdisant aux victimes d'obtenir de justes réparations, sous le prétexte que celles-ci sont économiquement impossibles, et la formation de grandes unités économiquement inévitables- il n'y aura pas alors d'extrémité où ces peuples ne puissent être jetés par la détresse ou l'exaspération. Dans leur désespoir, il se peut qu'ils ne reconnaissent plus leurs amis de leurs ennemis, leurs libérateurs de leurs oppresseurs et alors -je me hasarde à mon tour à prédire rien ne pourra retarder bien longtemps cette fusion du continent qui a été si dangereusement près de se réaliser en 1940, et auprès de laquelle la puissance offensive et défensive du Reich hitlérien pourrait bien paraître insignifiante. Encourager ou même tolérer un tel résultat, est-ce l'intérêt, économique ou autre, d'aucune puissance atlantique ? C'est aux intéressés qu'il appartient d'en décider. [55]

Ainsi existait-il une autre dimension, politique et morale, à un livre qui ne se voulait pas seulement une discussion d'économiste sur « les conséquences économiques de M. Keynes ». Elle devint tragiquement évidente avec la mort prématurée de l'auteur. Son livre pouvait se lire comme le testament d'une jeunesse et d'une génération qui aspiraient à restaurer l'idée démocratique dans la liberté classique. Elles étaient parvenues à sortir d'une logique d'épuisement né de la question de la paix de Versailles, et à retrouver des valeurs

---

[55]. *Ibid.*, pp. 318-319

politiques justifiant la guerre présente et la paix future. Ce livre est en effet indissociable du combat qu'Etienne Mantoux allait mener à partir de 1943, d'abord en Angleterre puis en France. Il désigne les buts de guerre d'un jeune intellectuel qui, pour devenir combattant, resta ce qu'il était, libéral, historien, engagé. En ce sens, ce livre est aussi le résultat d'une formation. Aboutissement d'un parcours universitaire brillant, expression d'une pensée de la démocratie, reflet d'influences intellectuelles, traduction d'une volonté de résistance, le manuscrit de 1942 est tout cela à la fois.

La guerre d'un intellectuel

Aux États-Unis, Etienne Mantoux a également travaillé sur l'histoire militaire et la stratégie moderne. Il contribua à l'ouvrage collectif *Les artisans de la stratégie moderne* [56] en donnant une étude sur le maréchal Foch. Et un autre de ses articles d'histoire militaire, consacré à la « leçon de 1918 » et publié en 1944 dans la revue britannique *The Nineteenth Century and After*, « paraît avoir retenu, s'agissant des modalités de la capitulation allemande à venir, l'attention de Churchill » [57]. Mais en 1944, il n'étudie déjà plus aux États-Unis. Début 1943 [58], il est parvenu à gagner l'Angleterre, et son visa américain lui a permis de ne pas subir la longue mise en quarantaine des réfractaires venus de France. Pendant près d'un an, les Anglais l'affectent au trafic aérien dans différentes bases du pays afin d'utiliser ses talents linguistiques. Lorsqu'il regagne Londres en permission, il retrouve son frère Jacques qui a quitté la France via les Pyrénées en décembre 1942 et qui se prépare à rejoindre la Ie division

56. *Les Artisans de la stratégie moderne - La Science militaire de Machiavel à Hitler*, Princeton University Press, 1943.

57. Christophe Abensour (*art. cit.*, n. 1 p. 263) qui s'appuie sur des renseignements fournis par Jacques Mantoux.

58. Il part de New York le 31 mars.

française libre du général Brosset. Etienne Mantoux revoit également Raymond Aron, rédacteur en chef de la revue mensuelle *La France libre* pour laquelle il rédige plusieurs comptes rendus d'ouvrages. Grâce à l'intervention d'un colonel de l'aviation française Dupérier, attaché à l'état-major du général Koenig à Londres, il peut finalement être affecté dans son grade de lieutenant à la Ie division blindée du général Leclerc. Placé à l'état-major de l'artillerie, il sert dans la batterie hors-rang chargée de guider le tir des canons au moyen de repérages aériens. Volant sur les très légers Piper-Club, Etienne Mantoux réalisa ainsi, avec le capitaine Callet, la mission du 24 août 1944 au-dessus de Paris que leur avait confiée le général Leclerc. Une plaque apposée sur le mur de la Préfecture de police témoigne de ce haut fait d'armes qui en appela d'autres. Etienne Mantoux fait également partie des neuf officiers (dont le lieutenant de vaisseau Philippe de Gaulle) qui reçurent la reddition du commandant allemand de Paris et des troupes massées à la Chambre des députés [59]. Après la Libération de la capitale, Etienne Mantoux déclina à deux reprises les propositions du Secrétaire général du Gouvernement Provisoire, Louis Joxe, neveu par alliance d'Élie Halévy, qui voulait en faire « son second » [60] voire lui confier « un poste à responsabilité dans le gouvernement provisoire » [61]. Il avait choisi de poursuivre la guerre jusqu'à la victoire finale, condition de la paix nécessaire et signification d'une défaite du totalitarisme.

Dans Paris libéré, il revoit brièvement ses plus proches amis dont Florence Halévy à qui il remet le manuscrit de *La Paix calomniée*. Puis il repart au combat. Il participe à l'avance alliée sur Strasbourg et à la bataille de Royan, campagnes au cours desquelles il est trois fois cité à l'ordre de l'Armée et reçoit

---

59. Agissant de concert avec le lieutenant de vaisseau Philippe de Gaulle, il se fit passer pour un officier américain.

60. D'après Paul Mantoux, « Etienne Mantoux », *art. cit.*, p. 18

61. Selon Henriette Guy-Loë, « Etienne Mantoux », *art. cit.*, p. 781

l'« American Air Medal ». Son action héroïque au-dessus de Paris est rappelée quant à elle dans la citation qui lui décerne la croix de chevalier de la Légion d'honneur, avec une quatrième palme, à titre posthume [62]. Car Etienne Mantoux décède le 29 avril 1945 sur une route de Bavière, dans un accident de jeep dont on a jamais su s'il résultait ou non de tirs allemands. « Il souhaitait particulièrement de terminer la guerre sur le sol allemand » [63], insiste son père comme pour conjurer l'absurdité d'une telle mort à quelques jours de la victoire. Prendre pied sur le sol allemand ne signifiait pas pour autant tenir une revanche sur la nation allemande. « Etienne Mantoux ne haïssait pas l'Allemagne en tant que telle, expliquait Raymond Aron en 1946, il dénonçait l'Allemagne en tant que puissance impérialiste, menace pour l'indépendance des peuples et les valeurs de liberté. Il aurait dénoncé toute autre puissance qu'il aurait soupçonnée de tendre à l'empire de l'Europe par la force des armes. »

« Etienne Mantoux «a fait la guerre sans l'aimer», continuait Raymond Aron. Il a donné sa vie sans jamais sacrifier au romantisme de la violence, sans être dupe des idéologies frénétiques dont les conflits mènent l'humanité de catastrophe en catastrophe. » [64] Près de quarante ans après sa mort, Raymond Aron se souvint avec une émotion intacte de celui « pour lequel nous avions, Suzanne et moi, une profonde affection, que son intelligence destinait à une grande carrière et dont la générosité gagnait les cœurs de ses maîtres et de ses camarades » [65]. Comme le reconnut Jacques Mantoux dans le film qui fut consacré à son frère par les éditions L'Harmattan à l'occasion de la réédition de *La Paix calomniée*, « nous n'avons

---

62. Une plaque apposée sur la façade sud de la Préfecture de police, à l'angle du quai du Marché neuf et de la rue de la Cité, rappelle l'acte héroïque du capitaine Callet et du lieutenant Mantoux mort pour la France.

63. Paul Mantoux, « Etienne Mantoux », *art. cit.*, p. 18

64. Raymond Aron, « Préface » à Etienne Mantoux, *La Paix calomniée*, *op. cit.*, p. 12.

65. Raymond Aron, *Mémoires*, *op. cit.*, p. 156

pas fait notre deuil d'Etienne ». Son œuvre, son histoire, son courage témoignent de l'impossibilité de l'oublier.

Vincent DUCLERT
École des hautes études en sciences sociales
(Centre de recherches historiques)

PRÉFACE

Un livre tel que celui d'Etienne Mantoux n'a nul besoin d'être présenté au public. Et si, hélas! l'auteur, tombé en Allemagne quelques jours avant la victoire, n'est plus là pour répondre aux critiques, sa pensée s'offre à nous, rigoureuse, lucide, animée par la passion de la vérité et l'inquiétude du lendemain.

Etienne Mantoux a écrit La Paix Calomniée *(The Carthagenian Peace) en anglais, qu'il parlait et écrivait avec autant d'élégance et de pureté que le français. S'il a préféré, en ce cas, se servir de l'anglais, c'est que Keynes a eu une telle influence en Grande-Bretagne et aux Etats-Unis que ses jugements y ont été acceptés comme paroles d'Evangile. Or, Mantoux tenait pour essentiel, dans l'intérêt de la paix future, de mettre fin, une fois pour toutes, à une influence d'autant plus tenace désormais qu'elle est plus diffuse et que, trop souvent, les conceptions exposées dans les* Economic Consequences of the peace *sont passées dans l'opinion commune et acceptées sans discussion. Soucieux de convaincre, Mantoux a posé les problèmes dans des termes familiers au public anglo-saxon, il a suivi pas à pas la polémique de Keynes. Quand il retourne les arguments de celui-ci, il continue de parler le même langage, il invoque les mêmes valeurs que lui. En termes militaires, on serait tenté de dire que Mantoux vise tour à tour le fort et le faible de l'adversaire :*

il s'attaque aux pseudo-certitudes sur lesquelles se fondait la condamnation du traité de Versailles, il fait honte aux disciples de Keynes d'avoir méconnu le souci d'équité, les efforts sincères des négociateurs de Versailles, comme Keynes prétendait faire honte à ces mêmes négociateurs d'avoir violé leurs principes. Etienne Mantoux se trouve ainsi avoir écrit, au service de son pays, un grand livre qui, par le style autant que par la langue, appartient à la littérature politique anglaise.

Le lecteur français trouvera dans La Paix Calomniée *peut-être moins de motifs d'indignation ou de remords que le lecteur anglais ou américain, mais il y trouvera autant d'occasions de s'instruire. Le traité de Versailles fut une œuvre de bonne volonté. Il n'était pas sans fautes, mais les plus graves ne furent pas celles qu'on a le plus violemment dénoncées, les manquements à la justice ou aux règles proclamées. Il redressait des torts séculaires, il rendait la liberté aux petites nations de l'Europe de l'Est et du Sud-Est, il réduisait le nombre des hommes contraints d'obéir à des maîtres étrangers. Peut-être cette multiplication des souverainetés nationales était-elle déjà anachronique, peut-être l'idée de nationalité aboutissait-elle à un statut politique mal adapté à l'âge de la production en grande série et des vastes marchés. Mais, en tout état de cause, ce ne sont pas ces arguments, plus classiques probablement que décisifs, qui ont ruiné le crédit du traité de Versailles. On ne reprocha pas à Wilson, en Angleterre et aux Etats-Unis, d'avoir sacrifié le monde pour sauver ses principes, on lui reprocha d'avoir sacrifié ses principes par faiblesse, par naïveté, sous la pression de politiciens retors, Lloyd George et Clemenceau. Que, vingt ans après, Mantoux s'efforce de situer les hommes et les événements dans une exacte perspective, c'est certainement le début de la relève normale de la politique par l'histoire, mais c'est aussi le signe d'une conversion intellectuelle. Comparée à l'Europe asservie par le III*e *Reich ou déchirée par la rivalité* *des grands empires, l'Europe de Versailles apparaît rayonnante de ertu et de sagesse. Nul ne songe à en nier les mérites au regard de la loi morale : on en déplore la fragilité. De Bainville et de Keynes, c'est Bainville qui vit clair. On écarte* Les Conséquences économiques de la paix, *on relit* Les Conséquences politiques de la paix.

Sur le terrain économique, Mantoux tente un renversement de la polémique courante dont la portée n'est pas moins grande. Il ne s'agit plus de démontrer qu'un statut politique, condamné comme inique, était digne d'être défendu parce qu'il était juste (ou du moins proche de la justice) mais fragile, il s'agit de démontrer que les clauses économiques, celles en particulier qui concernent les réparations, étaient peut-être inopportunes politiquement mais possibles techniquement. A en croire l'opinion courante, dont Keynes était largement responsable, les clauses relatives aux réparations auraient été absurdes, inapplicables. Les diplomates réunis à Paris se seraient souciés presque exclusivement de frontières, ils auraient oublié l'essentiel, « nourriture, charbon et moyens de transport » ou, comme on dirait volontiers aujourd'hui, la reconstruction économique. Là encore, Mantoux dissipe des légendes. La Conférence de la Paix n'avait nullement oublié ces problèmes matériels, elle en avait confié l'étude à des commissions d'experts et avait tenu compte de leur avis. Cependant elle avait donné le premier rang aux questions politiques, questions de nationalités et de frontières : n'avait-elle pas raison puisque au bout du compte l'enjeu de la guerre avait été non le charbon, la nourriture et les moyens de transport, mais l'indépendance des peuples?

Parmi les thèses les plus populaires de Keynes que Mantoux réfute de toute sa passion lucide, deux retiennent particulièrement l'attention. Dans leur mémorandum à la Conférence, les négociateurs allemands affirmaient que le traité imposait au Reich un fardeau trop lourd et proprement in-

supportable. Keynes approuvait leurs arguments et annonçait que la population du pays vaincu serait condamnée à une existence misérable. Les chiffres réunis par Mantoux font justice de ce pessimisme, intéressé chez les uns, sincère mais erroné chez d'autres. Keynes s'est trompé sur les possibilités de production du Reich à l'intérieur de ses nouvelles frontières. Le niveau d'avant-guerre, pour le revenu national, pour l'épargne, a été rapidement retrouvé. Même si l'Allemagne avait payé des réparations (elle a bien ensuite financé son réarmement), elle n'eût pas sombré dans le dénuement et l'anarchie. Et ce fut la génération qu'on nous dépeignait victime de la cruauté des vainqueurs qui finalement devint, en 1940, *celle de la Grande Revanche.*

La seconde thèse concerne les réparations et surtout le problème fameux du transfert. Mantoux reprend une argumentation proche de celle de M. Rueff. Si le gouvernement prélève par l'impôt la part du revenu national qu'exigent les paiements extérieurs, s'il laisse s'opérer les mouvements de capitaux, les échanges de marchandises nécessaires pour équilibrer la balance des comptes interviendront d'eux-mêmes. Ainsi, en 1871, *la France paya les cinq milliards d'indemnité : pendant les années où elle paya ce tribut, la balance commerciale française, d'ordinaire négative, devint largement positive. Il en fut de même de la balance commerciale allemande en* 1930, *quand les créanciers étrangers réclamèrent le remboursement des prêts qu'ils avaient consentis.*

Il est incontestable qu'en prêtant à l'Allemagne plus qu'elle ne versait selon les accords Dawes et Young, on a, sous prétexte d'organiser le transfert, empêché de jouer les mécanismes qui l'auraient rendu possible. Il n'y a donc jamais eu, sauf en 1929-30, *d'expérience des réparations. D'autre part, nier la possibilité économique des réparations équivaudrait à nier la possibilité, pour un pays, de s'enrichir en recevant gratuitement des marchandises d'un autre pays. L'Allemagne a démontré la possibilité de cet enrichissement pendant la guerre, la Russie continue à la démontrer aujourd'hui. Mais le transfert s'effectue, dans ces deux cas, à l'intérieur d'une économie dirigée. La discussion se trouve limitée au cas des économies soumises au régime des prix et du marché.*

Quel aurait été le résultat de l'absorption par les pays créanciers de milliards de marchandises ? Si l'on se reporte aux théories classiques, si l'on suppose l'emploi total, comme a fait Mantoux, on dira que des intérêts privés auraient été atteints mais que l'intérêt général y aurait gagné. En fait, les conséquences auraient été probablement complexes. Les déplacements des moyens de production qu'aurait rendus nécessaires, chez les créanciers, l'afflux des produits allemands se seraient-ils opérés rapidement, sans friction? Quelle aurait été l'influence sur l'économie allemande des bas prix indispensables à l'exportation? Il ne me paraît donc pas entièrement démontré qu'il eût suffi de laisser libre jeu aux mécanismes du marché. Peut-être les créanciers auraient-ils dû organiser, selon des modalités diverses, l'importation des produits allemands. En tout cas, nous sommes loin des affirmations vulgaires, d'une prétendue impossibilité technique. Nous en revenons, une fois de plus, à une question d'opportunité, c'est-à-dire à une décision politique.

Le livre d'Etienne Mantoux est consacré à une critique du passé, mais il est inspiré par le souci de l'avenir. En le lisant, à chaque instant, on ne peut s'interdire de s'interroger sur ce que l'auteur aurait pensé aujourd'hui.

La situation actuelle diffère si fondamentalement de la situation de 1919 qu'il serait vain de reprendre purement et simplement, à la lettre, les leçons que suggèrent les fautes d'hier. Il n'est pas de méthode plus infaillible pour se tromper que d'avoir raison avec vingt-cinq ans de retard. De plus, Etienne Mantoux ne haïssait pas l'Allemagne en tant que telle, il dénonçait l'Allemagne en tant que puissance impérialiste, menace pour l'indépendance des peuples et les valeurs de liberté. Il aurait dénoncé toute autre puissance qu'il aurait soupçonnée de tendre à l'empire de l'Europe par la force des armes.

Etienne Mantoux « a fait la guerre sans l'aimer ». Il a donné sa vie sans jamais sacrifier au romantisme de la violence, sans être dupe des idéologies frénétiques dont les conflits mènent l'humanité de catastrophe en catastrophe. Au lendemain de la défaite française, en 1940-42, il a voulu éclairer l'opinion de nos alliés sur les erreurs qui avaient précipité une deuxième guerre mondiale, vingt ans après la dernière des guerres. Au lendemain de la victoire, qui prendra sa place et saura, avec la même foi humaine, la même clairvoyance impitoyable, rappeler les règles d'équité et de sagesse dont le mépris livre les hommes au règne de la force et de la ruse, c'est-à-dire à la fatalité de la guerre?

RAYMOND ARON.

ETIENNE MANTOUX

L'auteur des pages qu'on va lire est mort pour la France, près d'un petit village bavarois de la vallée du Danube le 29 avril 1945, — quelques jours avant que sonnent les cloches annonçant la victoire et la paix. Ce qui devait être son premier contact avec le public et ouvrir une controverse qu'il attendait avec impatience, est maintenant un message qui nous parvient de par delà le tombeau.

Etienne Mantoux est né à Paris le 5 février 1913, vers le moment où je fus désigné pour occuper une chaire à l'Université de Londres. C'est dès l'âge le plus tendre qu'il fit connaissance avec l'Angleterre, car il avait traversé la Manche six fois avant la guerre de 1914. Un de ses plus anciens souvenirs était celui des obus de D.C.A. qui sifflaient en passant au-dessus de notre maison près de Hampstead Heath. Il savait autant de chansons d'enfants anglaises que de françaises, — et il en savait beaucoup. Lorsqu'il apprit à lire ses lettres, il n'eut pas besoin d'explications sur leur valeur différente en français et en anglais : il se mit à lire dans les deux langues à la fois.

C'est surtout à Genève et à Paris qu'il vécut ses années d'écolier, mais il resta toujours en contact avec ses amis d'outre-Manche, et rien ne lui semblait meilleur que la cordiale hospitalité d'une maison anglaise. Enfant, il mettait autant d'ardeur à apprendre qu'à jouer, et se portait avec vivacité vers tout ce qui méritait l'attention ou l'enthousiasme. Il manifestait déjà la volonté, l'indépendance hardie qui se lisaient dès l'abord sur son visage ouvert, aux traits bien dessinés.

Après avoir passé sa licence en droit et acquis le diplôme de l'Ecole des Sciences Politiques, — il pensait alors à une carrière administrative, — il fut attiré par les études économiques et partit avec une bourse de recherche pour Londres et la London School of Economics (1935-1936). *Il y travailla surtout sous la direction du professeur Robbins, tout en suivant aussi les cours de MM. Laski et Hayek; son abord attrayant, ses dons pleins de promesses et son intégrité spirituelle évidente lui valurent leur estime et leur amitié durables, de même qu'à Paris, Elie Halévy l'avait admis au rare privilège de son intimité intellectuelle et morale.*

Il fit un premier voyage aux Etats-Unis en 1930, date à laquelle il m'accompagna à l'Institute of Politics *à Williamstown. Ceux qui le voyaient assister aux discussions qui suivaient les conférences, et dont le sujet central était le désarmement, étaient surpris qu'un si jeune garçon s'intéressât aussi vivement aux questions internationales, questions qu'à vrai dire il avait souvent entendu débattre chez lui. C'est à Williamstown (il avait dix-sept ans) que lui apparurent tout à coup les difficultés et les dangers des temps que nous vivions, après avoir grandi dans l'atmosphère d'espoir qui était celle des premières années de la Société des Nations. Mon ami de toujours, Mackenzie King, dont nous fûmes les hôtes à Laurier House, fut conquis par cette fraîche et vivante personnalité, et lui offrit moitié sérieusement de venir plus tard travailler près de lui. Deux ans après, Etienne prit part à un concours proposé par la* New History Society, *sur le sujet suivant : « Comment les étudiants peuvent-ils aider à la création des Etats-Unis du Monde ? » Sa réponse montre qu'il voyait clairement combien lointaine était cette possibilité, si toutefois on pouvait l'atteindre, et que d'efforts patients et obstinés il faudrait pour édifier peu à peu une opinion publique mondiale. Pendant les années trente, il fit un séjour en Allemagne, un autre en U.R.S.S.; il savait assez bien l'allemand, et avait commencé l'étude du russe. Il était épris d'observation directe autant que de lecture, car il était sensible aux insuffisances du savoir livresque, et connaissait le prix des contacts humains et de l'expérience personnelle.*

Il s'était de bonne heure intéressé aux problèmes politiques aussi bien qu'économiques, mais il n'avait pas l'esprit de parti. Si le mot « libéral » n'avait perdu beaucoup de sa signification première, par ce qu'il évoque un parti dont la grande époque est passée, il faudrait dire de lui que c'était essentiellement un libéral, dans toute la force du terme. Il aimait la liberté, la liberté pour tous, non pour le seul bénéfice d'un petit nombre de privilégiés. Car il haïssait le privilège, comme il haïssait l'arbitraire ou l'omnipotence de l'Etat. C'est dans cet esprit que, peu avant la guerre, il participa à des colloques entre l'auteur politique américain Walter Lippmann, qui venait de publier son livre : « Good Society », et un petit groupe d'écrivains et d'universitaires français; il s'agissait d'élaborer le programme d'un nouveau libéralisme, élargi. Il était à la fois fils de la Révolution Française et adepte de la sagesse politique anglaise. Et, tout en demeurant toujours fidèle à la Déclaration des Droits de l'Homme, il était grand lecteur et grand admirateur de Burke, dont il aimait à se rappeler et à citer les discours et les écrits.

A l'approche de la guerre, il fut de ceux qui ne crurent pas qu'on pouvait échapper au danger à moins d'en être pleinement averti et d'écarter toutes les illusions qu'encouragaient le pacifisme et la prétendue « politique d'apaisement ». Il était convaincu aussi que la paix ne pourrait être maintenue ni la défense assurée — si la guerre devenait inévitable — sans une étroite entente entre la France et l'Angleterre, sans un appui mutuel de l'un à l'autre pays. Cette conviction le poussa à écrire au Manchester Guardian, *à partir de 1937, une suite de lettres qui provoquèrent souvent des réponses et des discussions dans les colonnes du journal. Quelques-uns des lecteurs de ce livre se souviendront peut-être de ces lettres, signées tantôt Etienne Mantoux, tantôt Historicus, et, pendant les premiers mois de guerre, Ex-Civilian. S'il en est ainsi, ils n'auront pas oublié non plus leur logique inflexible, caractéristiquement française, unie à ce qui ressemblait fort au bon sens et à l'humour britanniques. Les plus intéressantes, peut-être, sont celles qu'Etienne échangea avec Sir Norman Angell et où il s'efforça de démontrer que l'axiome: « la guerre ne paie pas », pourrait bien conduire à la plus grande et à la plus dangereuse des illusions, si l'on excluait de son interprétation la possibilité des nouvelles méthodes de guerre — celles qu'indiquait clairement la doctrine nationale-socialiste, tant écrite que parlée, et qui embrassaient l'expropriation, l'esclavage, les transferts de populations, et au besoin l'extermination en masse. Comment parer à de tels dangers si l'on en niait l'existence?*

Il croyait aussi qu'après 1919 l'évolution des relations internationales aurait abouti à des résultats plus heureux si l'on avait fait, des deux côtés de la Manche, un constant effort pour éviter de funestes oppositions de points de vue et de politiques. C'est pourquoi il entreprit, sous l'angle politique aussi bien qu'économique, l'étude de certaines représentations erronées des faits, de certaines fausses interprétations, qui avaient tant et si souvent contribué à mettre en désaccord les opinions publiques française et anglaise, particulièrement au sujet des problèmes allemands.

Pendant la première année de guerre, Etienne fut officier observateur d'aérostation sur le front, près de la frontière de la Sarre. Au lendemain du désas-

*tre de 1940, après avoir essayé en vain, comme ses frères, de s'embarquer pour l'Angleterre, il séjourna pendant quelques mois à Lyon et y prépara sa thèse de doctorat en droit, « l'Epargne forcée monétaire », qu'il soutînt en mai 1941. En juillet, grâce à une bourse de recherche attribuée par la fondation Rockefeller, il put partir pour les Etats-Unis et entreprendre des travaux personnels à l'*Institute for Advanced Study, *à Princeton, New Jersey. Le présent ouvrage est le résultat de ces travaux ; il appartient au lecteur d'en apprécier l'objet et la portée. Aussitôt qu'il eut mené à terme le livre qu'il s'était proposé d'écrire, il partit pour l'Angleterre, et, au début de 1943, il reprenait sa place comme lieutenant dans l'aviation des Forces Françaises Libres.*

Après le débarquement allié en Normandie, il eut la bonne fortune de se voir confier une mission qui le dédommagea amplement de longs mois d'un ennuyeux service à terre, impatiemment supporté. Il était enfin, sur sa demande, affecté à la Division Leclerc comme observateur dans un de ces minuscules avions connus sous le nom de « Piper Cubs », avions fragiles, lents, sans blindage et sans arme, destinés exclusivement — en principe, du moins — au réglage des tirs d'artillerie. Lorsque, Paris s'étant soulevé contre les Allemands en retraite, la Division accourut pour prêter main-forte à la population insurgée, Etienne Mantoux, avec le capitaine Callet qui pilotait l'avion, fut envoyé à cinquante kilomètres en avant de la Division pour survoler Paris et lancer dans la cour de la Préfecture de Police le message de Leclerc au quartier général de la Résistance « Tenez bon, nous arrivons ! » Les deux aviateurs accomplirent leur dangereuse mission et revinrent sains et saufs à travers une grêle de balles et d'obus de D.C.A. Après l'entrée de la Division à Paris, et l'accueil délirant des foules parisiennes, Etienne fut l'un des officiers que l'Etat-Major de Leclerc détacha pour faire exécuter la capitulation des forces allemandes, et d'abord, pour mettre fin aux combats locaux. Il lui échut en partage de recevoir la reddition des troupes qui occupaient encore la Chambre des Députés et le Ministère des Affaires Etrangères. Il connut alors dans sa plénitude la joie du retour triomphal.

Pendant les mois suivants il se distingua lors de l'avance sur Strasbourg puis de la bataille de Royan. Au cours de la campagne, il avait été trois fois cité à l'ordre de l'Armée, et à côté de sa croix de guerre, il portait l' «American Air Medal » qu'il avait reçue en Alsace. Mais c'est à l'histoire de la libération de Paris que son nom reste associé, de sa chère ville natale qu'après quatre douloureuses années il avait vu lui apparaître enfin du haut des airs. Ce jour mémorable est rappelé dans la citation qui lui décerne, à titre posthume, la croix de chevalier de la Légion d'honneur, avec une quatrième palme.

Depuis la libération de Paris, le Secrétaire Général du Gouvernement Provisoire l'appelait auprès de lui avec insistance, voulant faire de lui son second. Une proposition tentante lui parvint aussi de la part de l'U.N.R.R.A. où un poste intéressant lui était offert. Sa seule réponse fut qu'il ne quitterait pas la Division avant la fin des hostilités. Il souhaitait particulièrement de terminer la guerre sur le sol allemand. Il venait de le toucher lorsque se produisit l'accident fatal qui lui coûta la vie.

Il disparaissait au moment où le monde semblait s'ouvrir devant lui, où, après des années de travail persévérant et toujours approfondi, il se sentait prêt à donner sa mesure, à produire, à agir enfin. Tout ce qu'il avait appris des circonstances et des hommes au milieu desquels il avait grandi et formé sa pensée — ses études juridiques et économiques le vif intérêt qu'il prenait aux affaires internationales, sa connaissance intime des choses d'Angleterre, son expérience récente de l'Amérique, tout concourait à le qualifier pour les services qu'il espérait rendre à son pays. Il n'avait jamais été enclin à un optimisme facile, il savait qu'il faut aux hom-

mes, en temps de paix, un courage de même trempe, sinon de même nature, qu'en temps de guerre. Mais il croyait à la puissance d'une pensée lucide et d'un cœur résolu, et certes il ne manquait ni de l'un, ni de l'autre.

Qu'il me soit permis de citer ici un passage de la lettre qu'écrivit au Manchester Guardian *le professeur Laski, président du parti travailliste anglais, après avoir appris par ce journal même la nouvelle de la mort d'Etienne :*

« C'était un des mieux doués de tous les étudiants que j'ai connus. Son intelligence était rapide et mordante. Sa puissance d'expression révélait une maturité d'esprit vraiment étonnante, dont témoignait aussi sa faculté de saisir tous les aspects des questions qu'il examinait. J'ajouterai que la parfaite droiture de son caractère, le mode amical des rapports qu'il savait établir avec ses semblables, et ce don qu'il avait de trouver dans une communauté d'intérêts intellectuels le chemin qui mène à l'amitié, — tout cela ne s'effacera jamais de mon souvenir. Après le désastre français de 1940, je n'ai plus rien su de lui jusqu'en 1942. Mais nous recommençâmes alors à correspondre et j'eus de ses nouvelles tous les quatre ou cinq mois jusqu'à la fin de l'année dernière. Ses lettres, à n'en pas douter, étaient d'un homme qui, par l'esprit et le caractère, était incontestablement destiné à devenir l'un des chefs de la France renaissante. Je pense à lui non seulement comme à un ami, mais comme à un homme qui, en cultivant ses grands dons, les avait voués d'avance au service de la liberté. »

Il y avait en lui tant de vie, tant d'ardeur qu'il est presque impossible à qui l'a connu de près, de croire qu'il puisse n'être plus. Sa carrure athlétique, sa tête puissante, son teint clair, faisaient de lui l'image même de la santé et de la vigueur. Rien d'humain ne lui était étranger ni indifférent. Sa culture s'élargissait, s'approfondissait sans cesse. Il avait fait en sciences et en philosophie des lectures étendues, et l'histoire l'attirait de plus en plus. Il avait gardé, de l'enfance, la fraîcheur d'impressions et la joie de découvrir de nouveaux aspects du monde. Sensible à toutes les formes de la beauté, il ne pouvait vivre content sans musique, pas plus que sans soleil. La veille d'une bataille il était transporté par la vue de vergers en fleurs... Dans la poche du manteau militaire qu'il portait le dernier jour, il y avait un petit Baudelaire, et dans sa cantine les poèmes de Browning. Il adorait les enfants, les enfants l'adoraient. Il était à l'aise avec les hommes de toutes conditions. Bien des lettres évoquent les chaudes amitiés qu'il a laissées derrière lui. Sa sympathie humaine allait de pair avec la passion de ce qu'il estimait vrai et juste. Il défendait les causes qu'il avait embrassées avec la droiture et le franc-parler qui étaient siens. Contre l'erreur et le parti pris, ses armes étaient le raisonnement serré, l'ironie mordante. Mais il n'y avait en lui nulle amertume, si ce n'est envers le mensonge délibéré ou l'iniquité; sa colère et son mépris se montraient souvent alors sous le voile du désabusement. Son cœur était aussi chaud que son esprit était lucide, et la générosité, autant que la puissance de l'intelligence éclairait le regard direct de ses yeux bleu-verts.

PAUL MANTOUX.

PREFACE DE L'AUTEUR

> *L'absence de merveilleux dans mon histoire pourra, je le crains, lui enlever quelque peu de son agrément; il me suffit qu'elle soit jugée utile par ceux qui recherchent une exacte connaissance du passé afin de mieux interpréter l'avenir, lequel, étant donné le déroulement des choses humaines, doit ressembler au passé, sinon le refléter.*
>
> THUCYDIDE

Il ne faut voir dans le titre de cet ouvrage nulle intention discourtoise à l'égard de Lord Keynes, baron de Tilton. Mais le livre auquel on se propose ici de répondre a eu depuis vingt-cinq ans des conséquences historiques, si bien que son auteur lui-même est entré dans l'histoire. Dans les pages qu'on va lire, il s'agira des idées de cet auteur, et non de la personne de celui qui est maintenant Lord Keynes.

Toutefois, ceci ne signifie nullement que le sujet du présent volume soit sans rapport immédiat avec les événements de l'époque actuelle. On se demandera sans doute si un débat aussi rétrospectif peut aujourd'hui servir des fins utiles. Pareille objection, si on en faisait un principe, ôterait toute valeur à l'histoire : ainsi que nous l'a plus d'une fois rappelé

M. Churchill, plus nos regards s'étendent loin en arrière, plus loin aussi ils porteront en avant. Et la réponse à cette objection, en ce qui nous occupe, c'est que la plupart des faits en cause appartiennent, certes, au passé, mais que leurs conséquences se situent dans le vif du temps présent. Que le passé — mais lui seul — demeure le passé. Examiner les jugements de Mr. Keynes sur le dernier Traité de Paix, ce n'est ni remuer de vieux griefs, ni exhumer des problèmes défunts : le problème en question n'est autre que celui de la Paix à venir.

Car tandis qu'il y a vingt-cinq ans, l'esprit de Mr. Keynes était militant, il est aujourd'hui triomphant. « Je me suis efforcé », écrivait-il, « dans une série de livres et d'articles publiés pendant ces quelques années, de montrer où nous allions, transigeant le moins possible avec ceux qui réclament diplomatiquement des demi-vérités, des quarts de vérités, et même, pour commencer, des dixièmes de vérités; j'ai voulu renverser avec violence les faux dieux sur la place publique[1]. » Depuis 1919, l'opinion a été entraînée par un polémiste de génie ; pendant vingt-cinq ans, nous n'avons pas cessé d'entendre résonner les échos éclatants de sa grande offensive contre le dernier Traité de Paix, et l'on admet maintenant presque comme une vérité première qu'en élaborant le prochain Traité, il faudra tenir compte des avertissements du prophète. Les conséquences de tout cela sont à nos portes.

On voit mal pourquoi serait dénié à quiconque le droit d'entrer en lice et de rendre coup pour coup, sous prétexte que le premier assaut a été donné voici un quart de siècle. « Les Conséquences Economiques de la Paix » sont généralement considérées comme un livre classique, et la première vertu des classiques, c'est que leur sujet reste toujours actuel. Les imperfections du présent ouvrage ne sauraient donc être imputées qu'à l'auteur seul, et non au sujet qu'il a traité.

1. La Reconstruction de l'Allemagne, dans *The Nation and Athenaeum*, 7 janvier 1928, p. 532.

D'autre part, dans une entreprise aussi hasardeuse, le critique se doit d'éviter, autant que faire se peut, le risque de déformer ou de trahir les textes, en les choisissant arbitrairement ou en les séparant de leur contexte. Il m'a donc paru nécessaire de citer assez abondamment Mr. Keynes, ainsi que mes autres sources, afin que nul soupçon de mauvaise foi ni de manque de sincérité n'entache l'exposé de ma thèse. Et là, j'ai le ferme espoir d'avoir réussi; peut-être trouvera-t-on par la suite que je frappe fort, mais je ne porte pas de coups bas. Cependant tant de citations alourdissent inévitablement l'ouvrage en lui donnant des dimensions plus académiques qu'il n'eût peut-être été souhaitable, et l'on me reprochera sans doute d'avoir, sur ce point, poussé trop loin le scrupule.

A cela je répondrai que le soin que j'y ai mis devait être proportionné à l'importance qu'ont prise, de nos jours, les idées de Mr. Keynes : ce n'est pas d'un point qu'il s'agit, mais assurément de quelque chose de plus ample. Les idées, si elles ne se liguent avec les sentiments, les intérêts ou les superstitions, entrent pour bien peu dans le tourbillon des affaires humaines, et il n'est jamais facile de démêler quel est leur apport réel aux forces de l'histoire. Si les idées de Mr. Keynes ont remporté pareil succès, c'est qu'elles n'ont pas été un accident ; et on ne perdrait sans doute pas sa peine en recherchant les Causes Historiques de Mr. Keynes.

Cependant, même si l'on convient (avec Mr. Keynes) que ce sont bien les idées qui, en définitive, mènent le monde, on pourra encore se demander jusqu'où celles d'un seul individu pourront étendre leur influence ; quand les nations s'effondrent, quand les empires s'écroulent, l'historien incline vers une interprétation plus large des événements. Mais Mr. Keynes appartient à la catégorie des hommes qui peuvent servir de symbole aux opinions et aux tendances politiques de leur époque; et l'auteur des Conséquences Economiques de M. Churchill *serait assurément le dernier à nier que certaines personnalités puissantes jouent un rôle dans l'orientation des événements, ou à soutenir que cette influence soit moins réelle de la part de l'écrivain que de l'homme d'Etat. Il a fort bien dit que « les hommes pratiques qui se croient entièrement affranchis de toute influence intellectuelle sont généralement les esclaves de quelque économiste défunt ». Mais il arrive que cette emprise soit tout aussi étroite lorsque l'économiste est vivant, et bien vivant.*

Ce qu'on va lire n'est donc pas récrimination, mais réhabilitation; car, selon les propres paroles de Mr. Keynes, c'est « une histoire qui a plus d'importance pour le monde que les mobiles et la réputation des individus qui y ont pris part[1] *».*

Juillet 1944.

1. *A Revision of the Treaty,* 1922, p. 149, n. 1. *Nouvelles Considérations sur les Conséquences Economiques de la Paix,* Paris, 1922, p. 156, n. 1.

ABREVIATIONS

E.C.P. : J. M. KEYNES *The Economic Consequences of the Peace,* 1919.

C.E.P. : J. M. KEYNES *Les Conséquences Economiques de la Paix,* 1920.

R.T. : J. M. KEYNES *A Revision of the Treaty,* 1922.

N.C. : J. M. KEYNES *Nouvelles Considérations sur les Conséquences de la Paix,* 1922.

Baker : RAY S. BAKER *Woodrow Wilson and World Settlement,* 1924.

Burnett : P. M. BURNETT *Reparation at the Paris Peace Conference,* 1940.

Miller : D. H. MILLER *My Diary at the Paris Peace Conference,* 1926.

N.-B. — Nous avons parfois traduit nous-mêmes les citations tirées de *The Economic Consequences of the Peace* et de *A Revision of the Treaty* et parfois cité le texte français publié, pour le premier de ces ouvrages, par les Editions de la Nouvelle Revue Française et pour le second, par la Librairie Stock; nous indiquons toujours en note le passage correspondant de ces deux traductions. N. des T.

CHAPITRE PREMIER

INTRODUCTION

Les hommes sont capables de supporter leurs tyrans pendant des années, mais aussi de mettre en pièces leurs libérateurs s'ils ne font pas régner à l'instant le paradis sur terre.

WOODROW WILSON
à bord du *George-Washington*
Décembre 1918 [1].

La capacité de décider entre des alternatives n'est pas un des traits saillants de notre espèce. Bien peu d'entre nous savent juger des actions humaines en les comparant à ce qu'à notre sens il aurait mieux valu faire. Nous nous laissons tenter par de douces visions, aux contours mal définis, dont nous ne savons rien de certain, sinon qu'elles répondraient à nos plus chers désirs. Comment? A quel prix? C'est ce que nous ne précisons pas : car ce prix implique un sacrifice, et, en abandonnant une parcelle des espérances qui nous sont chères, ou en affrontant ce que nous entrevoyons, même confusément, de leurs conséquences possibles, nous serions ramenés à cette inflexible loi du choix, qui est aussi inséparable de la condition humaine que notre éternelle obstination à vouloir l'ignorer.

Cette disposition a ses avantages ; la contemplation d'un idéal, si éloigné, si impraticable soit-il,

1. Cité par G. Creel : *The War, the World and Wilson,* 1920, p. 163.

stimule sans relâche notre génie inventif et notre courage. Mais souhaiter avec ferveur une fin désirable sans en rechercher les moyens, ni tenir compte des obstacles qui vous en séparent, ce n'est pas là un idéalisme d'une espèce bien noble. L'obstacle le plus subtil, c'est d'ailleurs en nous-mêmes que nous le rencontrons: quand nous allons toucher au but que notre cœur a tant demandé, c'est notre cœur, entre temps, qui a changé, et déjà nos regards se portent si loin en avant que nous trouvons au succès le goût même de la déception.

Regardez le travail achevé : quel contraste
Entre le peu d'acquis et l'immense tâche qui reste,
Le présent que voici, et le passé plein d'espoir...

C'est ainsi que nous échappe le progrès, parce que la nature, mystérieusement, nous pousse à le dépasser sans le voir.

Ces traits sont communs à tous les siècles. Ils se sont montrés de façon dramatique après 1919. Durant quatre années d'angoisse, les Nations Alliées avaient senti peser la menace intolérable du joug allemand. Grâce à une endurance sans exemple et à des sacrifices sans mesure, elles avaient remporté une victoire si complète qu'elle dépassait les espoirs les plus extravagants. Enfin on pouvait respirer. Enfin on allait pouvoir, non seulement écarter à jamais cette menace, mais littéralement faire renaître à la liberté tous les peuples qui, parfois depuis des siècles, vivaient sous une domination étrangère. « L'Allemagne », a dit le Président Wilson à son retour de Paris « avait préparé toutes les ressources, perfectionné toutes les techniques, développé toutes les inventions qui devaient lui permettre de s'emparer de l'Europe et, cela fait, de dominer le reste du monde. Tous, nous l'avions vue à l'œuvre, tous, nous le savions... Et cependant, nous vivions dans un paradis illusoire...[1] » Et,

1. Discours de Sioux Falls, South Dakota, 8 septembre 1919.

dans un autre discours : « Ses militaires publiaient des livres où ils nous disaient ce qu'ils allaient faire... mais nous n'en avions cure. Nous disions : « Cette affaire là n'est qu'un cauchemar. Cet homme « est toqué. Il est impossible qu'il ait derrière lui le « gouvernement de l'Allemagne. C'est inconcevable! « Cela ne peut pas arriver!... » Eh bien! cela pouvait-il arriver, oui ou non ? Est-ce que ce n'est pas arrivé?... Les grandes nations du monde étaient endormies, continuait le Président, mais Dieu sait que les autres nations ne dormaient pas. J'ai vu en Europe les représentants des peuples qui depuis des générations avaient subi en silence des souffrances inexprimables, et qui savaient ce que signifiaient le poids de ces armements, le poids de cette domination [1]. »

C'est à cet état de choses que mirent fin, à fort juste titre, les traités de 1919. Les rêves de résurrection devenaient une réalité. Jamais les nations européennes n'avaient connu le degré de liberté que leur donna le Traité de Versailles. « On peut estimer », écrivait Mr. Winston Churchill « que la proportion des Européens qui vivent actuellement sous un gouvernement dont ils répudient la nationalité, est de moins de trois pour cent; et, pour la première fois, la carte de l'Europe est tracée de manière à concorder, dans l'ensemble, avec les vœux des peuples qui l'habitent [2] ».

Mais il n'est pas surprenant que d'immenses efforts, tels que la guerre en avait imposés aux Alliés, amènent à leur suite de grands espoirs. Comment croire que de pareils sacrifices ne seraient pas récompensés? Et, comme des nuées de sauterelles, les espérances de millions d'êtres humains s'abattirent sur la Conférence de la Paix. Ce qu'on en attendait, ce n'était littéralement rien de moins qu'une Nouvelle Jérusalem. Comme le bateau qui conduisait en Europe le Président Wil-

1. Discours de Minneapolis, 9 septembre 1919.
2. W. S. Churchill : *The Aftermath*, Londres, 1929, p. 206.

son, quittant New-York, passait devant les ateliers à bas salaires de Hoboken et de Newark, un ouvrier s'écria : « L'homme qui part dans ce bateau va nous changer tout ça ! [1] » Et, presque au même moment, le Président exhalait son inquiétude : « Ce que j'entrevois, disait-il à un ami pendant la traversée, — et, de tout mon cœur, j'espère me tromper, — c'est un immense et tragique désappointement [2]. »

La paix qui apportait à des millions d'hommes la libération ne fit pas régner le paradis sur terre. Quant aux millions d'autres qui, déjà libres eux-mêmes, ne pouvaient pas comprendre toute la portée de cette libération, parce qu'ils n'en ressentaient point le bienfait, le traité leur causa un désappointement cruel, et particulièrement cruel, semble-t-il, chez ceux qui avaient le moins souffert, car ce sont ceux-là qui en attendaient le plus. Jamais traité de paix ne fut accueilli par des injures aussi véhémentes et aussi diverses, et non seulement de la part des vaincus, mais aussi des vainqueurs.

Du côté des vaincus, le ressentiment était inévitable. S'il se fût trouvé une solution capable de satisfaire toutes les parties en cause, il n'y aurait pas eu de guerre. Avec toute la générosité du monde, les Alliés n'auraient pu effacer l'amertume de la défaite. L'Allemagne ne pouvait sans colère renoncer à ses ambitions de conquête européenne; elle dut éprouver plus de fureur encore lorsqu'il lui fallut perdre son hégémonie d'antan.

De pareilles explosions d'indignation nationale se rencontrent souvent au cours de l'histoire, et sous couvert de la paix, leurs effets, peut-être ont été plus durables qu'on ne l'a cru. Il est de mode aujourd'hui de souligner le contraste entre les soixante ans (d'aucuns disent : le siècle) de paix

1. C. H. Haskins et R. H. Lord : *Some Problems of the Peace Conference*, Cambridge, 1920, p. 7.

2. G. Creel : *The War, the World and Wilson*, 1920, p. 163.

qui suivirent les Traités de Vienne, et la trêve de vingt ans qui succéda au Traité de Versailles. Pourtant, pendant de longues années, les Traités de Vienne avaient été l'objet d'une exécration profonde et générale. En France particulièrement, on s'en indignait, y voyant une paix imposée. « Non, ce ne sont pas des traités que ces sentences prononcées contre nous par les diplomates de Vienne », écrivait Armand Carrel, le premier journaliste libéral de son temps, « la France n'a jamais souscrit à ces transactions infâmes... Il n'était pas possible d'imaginer avec une malice plus inhumaine les conditions propres à maintenir dans un abaissement éternel une nation sans alliés, contre qui le monde entier était en armes ».... « La colère de nos aïeux contre les Traités de 1815 », écrivait plus récemment un autre Français, « contrebalança pendant quarante ans les dissensions publiques causées par tant de révolutions.[1] »

Cependant, heureusement pour la paix, les hommes d'Etat de cette époque étaient, dans tous les pays, mieux trempés que ceux à qui furent confiés, après 1919, les destins de l'Europe. Ni Canning, ni Palmerston, ni Metternich, n'étaient d'humeur à tolérer que l'on prît des libertés avec l'ordre établi en Europe, sous prétexte d'apaiser la France. Et la monarchie française, décidée à maintenir la paix, s'était donné pour tâche de calmer la bruyante agitation des éléments les plus belliqueux de son opinion publique, — résolution qui devait finalement lui coûter son trône. Ce n'est pas l'absence, chez les Français, de ressentiment contre les Traités de Vienne, qui permit de maintenir si longtemps la paix en Europe : la paix fut maintenue, malgré ce ressentiment, grâce à la valeur des hommes d'Etat européens.

Un historien français a écrit que c'est seulement depuis le Traité de Francfort que l'Histoire a réhabilité les Traités de Vienne. De même, l'opinion publique a passablement évolué depuis quelques

1. Charles de Gaulle : *Vers l'Armée de Métier.*

années à l'égard du Traité de Versailles, et la légende de la Paix Carthaginoise paraît maintenant un peu usée. Pourtant il n'est presque rien de ce que nous savons aujourd'hui sur Versailles qui ne fût déjà connu en 1919. Ce ne sont pas les faits qui modifient l'opinion, c'est la perspective.

La perspective était encore bien courte au début de juin 1919. Alors que les Puissances Alliées et Associées préparaient leur réponse aux observations de la délégation allemande sur le projet de traité, Mr. John Maynard Keynes [1] donna sa démission de représentant du Trésor britannique à la Conférence de la Paix, parce que, écrivit-il plus tard, « il devenait évident que l'on ne pouvait plus espérer que des modifications réelles seraient introduites dans les propositions de paix [2] ». De retour à Londres, il écrivit au général Smuts [3], alors délégué de l'Union Sud-Africaine à la Conférence. Il espérait que Smuts « jugerait qu'il fallait faire quelque chose au sujet de ce qui se passait à Paris, une révélation, une protestation. Il disait qu'à cet égard il était, en tout cas, aux ordres de Smuts [4] ».

Le général répondit immédiatement. Il lui conseillait d'écrire « un compte rendu clair et suivi des clauses financières et économiques du Traité, exposant ce qu'elles sont en fait, ce qu'elles signifient et les effets qu'elles pourront avoir. Ce compte rendu », ajoutait le général « ne devrait être ni trop long, ni trop technique, car nous en appellerons peut-être au grand public plutôt qu'aux gens avertis ou aux spécialistes [5] ».

Les Conséquences Economiques de la Paix parurent à Londres en décembre 1919 [6]. C'était un vé-

1. Aujourd'hui Lord Keynes de Tilton en Sussex.
2. *E.C.P.* et *C.E.P.*, préface.
3. Aujourd'hui Maréchal Smuts.
4. S. G. Millin : *General Smuts*, Londres, 1936, p. 255.
5. *Ibid.*
6. *The Economic Consequences of the Peace,* by John Maynard Keynes, C. B., Macmillan and Co, Ltd., Londres, 1919. Désigné ci-après par les initiales E.C.P., Traduction française, édition N.R.F., Paris, 1920. Désignée par les initiales C.E.P.

hément réquisitoire contre le Traité de Paix, dont les auteurs étaient accusés de parjure, de débilité mentale et d'assassinat en masse. Le livre fit aussitôt fureur en Grande-Bretagne et aux Etats-Unis. Il allait bientôt se ranger au nombre des classiques de la langue anglaise; et quant au style, au bonheur de l'expression, il est certainement remarquable.

« La Conférence de Paris », écrivait Mr. Keynes, « était un cauchemar, et tout le monde y était morbide». L'atmosphère y était « fiévreuse et délétère », les salles de réunion « pleines de traîtrise »... Paris était un « marécage ». Les hommes d'Etat européens de la Conférence étaient des « envoûteurs subtils et dangereux »..., « les sophistes les plus subtils et les rédacteurs les plus hypocrites qui soient »; « pervertis dans leur pensée et dans leur langage », ils n'étaient inspirés que par « l'avidité, les faux sentiments, les préjugés et la fourberie »... Leurs travaux étaient « des intrigues creuses et stériles », « des rêves de diplomates artificieux », « des contre-vérités de politiciens », « des intrigues et des controverses sans fin », « tortueuses, misérables et incapables de satisfaire aucune des parties ». Le Président Wilson était « un Don Quichotte aveugle et sourd »; il « jouait à colin-maillard » au milieu de ses collègues ; et finalement il en vint à un « effondrement » et à une « trahison inouïe ». Quant au Traité, il brillait par le « manque de sincérité », il était « édifié sur l'hypocrisie », « tissu d'exégèse jésuitique », différent en cela « de tous ceux qui l'avaient précédé dans l'histoire ». Ses dispositions étaient « déshonorantes », « ridicules et malfaisantes », « odieuses et détestables », elles révélaient une « avidité imbécile, insensée, et qui se retournait contre elle-même », des desseins « d'oppression et de rapine ». Car le Traité « réduisait l'Allemagne à la servitude ». Il refusait à l'Allemagne « même un minimum de prospérité pendant au moins une génération »; il « perpétuait la ruine de son économie » : s'il était mis à exécution, l'Allemagne, pendant des années « serait forcément misérable, ses enfants affamés et infirmes ». Ainsi, cette Paix « qui contenait en germe la décadence de toute la civilisation européenne » était « une des actions les plus scandaleuses qu'ait pu commettre un cruel vainqueur au cours des siècles civilisés ».

Ni le tapage, ni la fureur [1] ne manquaient aux discours de Mr. Keynes. Quant à leur signification, c'est ce que nous allons maintenant examiner.

1. Allusion à trois vers de Shakespeare devenus proverbiaux (*Macbeth*, acte V, sc. V : « La vie... est un conte récité par un idiot, plein de tapage et de fureur, et qui ne signifie rien. ») N. d. T.

CHAPITRE II

PROPHETIE ET PERSUASION

L'époque des chevaliers est passée. Celle des sophistes, des économistes et des calculateurs lui succède; et la gloire de l'Europe est éteinte à jamais.

BURKE, 1790.

I

Mr. Keynes, attaquant les hommes d'Etat de la Conférence, leur reprochait de n'avoir pas compris « que les plus grands problèmes qui devaient les occuper n'étaient ni politiques, ni territoriaux, mais financiers et économiques, et que les dangers de l'avenir ne résidaient pas dans des questions de frontières et de souveraineté, mais de ravitaillement, de charbon et de transports [1] ». Comparés à ceux-là, les autres problèmes, tels que les questions de frontières et l'équilibre des puissances, étaient « insignifiants » ou « sans réalité [2] ». Combien de fois, aujourd'hui même, n'entendons-nous pas citer ces maximes comme des avis insuffisamment écoutés, sur lesquels il nous faudra, cette fois-ci, régler notre conduite [3]. Mais entre les prophéties et les

1. *E.C.P.*, p. 134. *C.E.P.*, p. 123.
2. *E.C.P.*, p. 138 et 215. *C.E.P.*, p. 126 et 186.
3. Voir, par exemple, E. H. CARR : *Conditions of Peace*, 1942, p. 57.

avertissements donnés alors en si grand nombre, l'éloge et le blâme n'ont peut-être pas encore été équitablement répartis. Quant à ses propres dires, Mr. Keynes ne semble pas avoir cru qu'ils avaient beaucoup influé sur le cours de la politique et des événements internationaux. « La Prophétie », disait-il un peu plus tard dans la préface d'un volume où il avait réuni quelques-uns de ses écrits antérieurs, « a eu plus de bonheur que la Persuasion [1] ».

Les Conséquences Economiques de la Paix furent lues dans le monde entier. Dès 1924 il en existait des traductions en onze langues et les tirages des différentes éditions atteignaient environ 140.000 exemplaires [2]. Seules, peut-être, les « Réflexions sur la Révolution Française », d'Edmond Burke ont exercé sur les destinées de l'Europe une influence aussi immédiate et aussi étendue.

Certes, le succès du livre ne fut pas partout égal. C'est en Allemagne, naturellement, qu'il provoqua l'enthousiasme le plus bruyant, quoiqu'il ne contienne rien qui puisse à juste titre passer pour « pro-allemand ». En France, l'ouvrage fut accueilli avec une stupéfaction indignée — quoique Mr. Keynes ait écrit très explicitement : « Malgré la politique que ses souffrances lui ont trop souvent inspirée à la Conférence de la Paix, la France a les plus grands droits à notre générosité [3]. » En Grande-Bretagne et aux Etats-Unis, les réactions furent variées : « Réconfort pour l'Allemagne », écrivit le *Times* de Londres. Plusieurs délégués américains à la Conférence, MM. D. H. Miller, J. F. Dulles, Clive Day, protestèrent vivement contre la manière dont l'auteur, disaient-ils, dénaturait les choses et récusèrent ses conclusions d'ensemble. La plupart des

1. *Essays in Persuasion,* Londres, 1932.
2. Selon Sir William Beveridge, le livre de Mr. Keynes avait été lu, d'après une évaluation très modérée, par un demi-million de personnes qui n'avaient jamais lu, jusque-là, un seul ouvrage économique et qui, probablement, n'en liraient jamais d'autre. *Economica,* vol. 4, 1924, p. 2.
3. *E.C.P.*, p. 115. *C.E.P.*, p. 107.

comptes rendus hostiles lui reprochèrent son manque de « sens politique ». Les uns dirent que le livre était trop théorique, les autres, qu'il était écrit sans souci des conséquences. Mais bien peu entreprirent une critique quelque peu détaillée des jugements de Mr. Keynes sur l'aspect économique du Traité; et ceux de ses adversaires qui osèrent affronter son infatigable esprit combatif furent bientôt submergés par le flot montant de l'opinion publique. « *La Nation,* la *Westminster Gazette,* le *Sunday Chronicle,* l'*Athenaeum,* la *Fortnightly Review* reconnurent d'emblée le bien-fondé et la puissance de l'œuvre et lui firent un accueil chaleureux », écrivait Lord Stamp quelques années plus tard. « L'ensemble de l'opinion publique éclairée en Amérique suivit Keynes [1]. » Deux mois seulement après la publication de son livre Mr. Keynes écrivait au *Times :* « J'ai été critiqué sur différents points, personnels et autres. Mais personne n'a sérieusement attaqué mes principales conclusions. Le temps, éclairant toutes choses, a fait son œuvre, et ces conclusions ne trouvent plus d'opposition dans l'opinion bien informée. »

Ainsi, quoi qu'il en fût de la Prophétie, la Persuasion du moins avait jusque-là réussi : ses effets allaient bientôt se faire sentir.

Par une décision heureuse ou néfaste, tout l'édifice du Traité de Versailles reposait sur le concours actif et permanent de tous ses constructeurs. Parmi ceux-ci, l'Amérique venait au premier rang. En l'absence de l'Amérique, l'issue de la guerre aurait pu être bien différente ; de même le Traité, si l'Amérique avait été absente de la Conférence. Et, sans sa participation dans la suite, une grande partie du Traité n'avait plus de sens; car on avait renoncé à certaines garanties concrètes contre la promesse, faite par l'Amérique, de donner sa propre garantie à la paix ainsi établie. « Le Traité tout entier, écrivait Harold Nicolson, avait été

1. *The Economic Consequences of the Peace,* Foreign Affairs, New-York, oct. 1934, p. 107.

construit délibérément, et ingénieusement aussi par le Président Wilson, de façon que la collaboration de l'*Amérique* fût indispensable[1]. » Si cette collaboration se dérobait, l'équilibre de l'Europe, déjà si précaire, pouvait être de nouveau renversé.

Dans son mépris du système de l'équilibre et, en général, des questions de cet ordre, Mr. Keynes n'attacha probablement que peu d'importance à ce côté du problème. Mais nul n'était plus que lui convaincu de la nécessité du concours américain pour la reconstruction économique de l'Europe; car les mesures qu'il proposait pour remédier à la situation avaient pour condition indispensable, non seulement l'annulation des dettes interalliées, dont le fardeau principal serait retombé sur les Etats-Unis, mais un nouvel emprunt, dont la majeure partie devait sortir de la poche des Américains. De même que l'exécution du Traité dépendait de la collaboration américaine, de même la politique qu'on voulait lui substituer dépendait de la bonne volonté américaine. Il paraissait essentiel d'éviter que l'Amérique en vînt à laisser l'Europe cuire dans son jus.

Avant même que le Traité fût signé, de graves inquiétudes s'étaient fait sentir au sujet de la future attitude des Etats-Unis. Les nouvelles d'outre-Atlantique montraient que la personne et la politique du Président étaient de plus en plus critiquées. Nombreux étaient ceux qui commençaient à se demander si l'opinion publique était encore pour lui et si le Traité serait finalement ratifié. Théodore Roosevelt avait averti l'Europe que le Président ne jouissait plus de la confiance du pays. Au Congrès, l'opposition se faisait plus vive de jour en jour, Mr. Nicolson, parlant de ses rapports avec les délégués américains, écrit : « La lumière se faisant peu à peu dans leur esprit, comme dans le nôtre, nous commencions tous à comprendre que l'Amérique demandait à l'Europe des sacrifices immen-

1. H. Nicolson : *Peacemaking,* 1919, Londres, 1933, p. 207.

ses pour un idéal que l'Amérique elle-même serait la première à trahir, et nous étions peu à peu paralysés par un même embarras. Jamais il n'était question entre nous du hideux soupçon que le peuple américain pourrait ne pas honorer la signature de ses délégués; mais, comme un spectre, ce soupçon était présent à toutes nos réunions [1]. » Au cours des mois qui suivirent le retour du Président aux Etats-Unis, ces craintes se confirmèrent toujours davantage; et pendant l'été et l'automne de 1919, tandis que Mr. Keynes écrivait son livre, le Président était engagé dans un combat mortel pour obtenir, contre une opposition toujours grossissante, la ratification du Traité.

Nul ne peut dire avec la moindre certitude quel eût été le cours de l'histoire si l'Amérique, après 1919, avait maintenu sa coopération politique avec l'Europe. Mais à cette époque il était permis — surtout à ceux qui, comme Mr. Keynes, désiraient que le Traité fût adouci — de penser qu'étant donnée l'attitude prise dans différentes questions par les délégués américains, ce désir n'avait de grandes chances de se réaliser que si l'on était assuré d'abord d'une participation suivie de l'Amérique à l'exécution du Traité. « Si, par une erreur inconcevable, disait le Président le 8 septembre 1919, l'Amérique ne prenait pas une part prépondérante dans cette nouvelle tâche entreprise en commun, le monde éprouverait un tel choc en retour, il serait glacé d'un tel désenchantement, qu'il n'aurait plus de confiance en rien ; car, si l'Amérique fait faux bond à l'humanité, l'humanité n'a pas d'autre recours. » Mais Mr. Keynes répétait que c'était l'Europe qui faisait faux bond à l'Amérique, que le Traité trahissait l'idéal américain, qu'il était absurde au point de vue économique, enfin, que c'était un instrument d'oppression et de meurtre systématique. Non content d'adresser ces aménités aux hommes d'Etat siégeant à la Conférence, il ridiculisait de son mieux le Président

1. Ouvrage cité, p. 108.

Wilson. Ceci se passait à un moment où l'espoir de voir les Etats-Unis participer au relèvement de l'Europe reposait entièrement sur le succès des efforts du Président pour faire accepter le Traité par le peuple américain. Déjà, la bataille tournait contre lui ; et au plus fort de la mêlée, pendant que Mr. Keynes s'occupait à écrire ce que nous savons, il tombait pour ne plus se relever, brisé par son effort héroïque. La simple prudence, semble-t-il, commandait de ne pas tirer sur le pianiste. Mais la verve sarcastique de Mr. Keynes se donnait carrière avec un entrain irrésistible. Comment repousser une tentation pareille ? Son histoire intime de la Conférence serait une attraction de première classe. Comme le monde entier allait rire de ses boutades contre le vieux Puritain de la Maison-Blanche. Et il dépeignait le « pauvre Président », comme un « Don Quichotte aveugle et sourd », terrorisé par Clemenceau ou hypnotisé par Mr. Lloyd George[1]. Rien n'était mieux fait pour plaire aux ennemis du Président dans son propre pays. En criant miséricorde pour un *ennemi* abattu Mr. Keynes allait faire appel, avec succès, à la tradition anglaise qui répugne à frapper un homme à terre. Mais cette fois-ci, pourquoi s'en priver ? L'homme qui tombait était un ami. Les temps étaient révolus. Le coq allait chanter.

Les *Conséquences Economiques de la Paix* parurent aux Etats-Unis en janvier 1920. Le succès de librairie fut phénoménal. « La vérité », dit le général Smuts, bien des années plus tard, « c'est que l'Amérique cherchait une raison de renier Wilson.

1. « Il n'y a sans doute pas eu beaucoup d'hommes d'Etat du premier rang plus impropres que le Président aux exercices du tapis vert. » *E.C.P.*, p. 40. *C.E.P.*, p. 45.

« Jamais homme n'entra dans la salle du Conseil plus complètement condamné d'avance à succomber aux artifices savants de notre Premier Ministre. » *Ibid.*, p. 38. *C.E.P.*, p. 43.

« Le Président était naïvement et malheureusement sensible à la moindre imputation de sympathie pour les Allemands. » *Ibid.*, p. 42. *C.E.P.*, p. 47.

Le monde cherchait un bouc émissaire. Au moment opportun, Keynes publia ses *Conséquences Economiques de la Paix*. Il s'y trouvait quelques pages sur Wilson qui correspondaient exactement aux tendances politiques des Américains, et à l'état de l'opinion mondiale. Lorsque je poussai Keynes à écrire cet ouvrage je savais ce qu'il pensait des négociateurs de Paris. Mais je ne m'attendais pas à trouver dans son livre de note personnelle, je ne m'attendais pas à le voir tourner Wilson en dérision. Ces quelques pages sur Wilson firent une tête de Turc de la figure la plus noble — la seule noble, peut-être — de toute l'histoire de la guerre, et lancèrent une mode antiwilsonienne qu'adoptèrent aussitôt les cénacles intellectuels et qui dure encore; en parlant des cénacles intellectuels, je veux dire ces gens qui, n'admirant que leurs propres talents, méprisent la vraie vertu, la vraie pensée, la vraie sagesse... Tous les journaux que j'ai pu voir », ajoutait le général, « citaient les pages où Keynes montrait Wilson dupé par ses collègues. Wilson déclinait déjà. Au fond de leur cœur, les Américains désiraient sa chute afin de se soustraire aux obligations qu'il voulait leur imposer. Le livre de Keynes venait à point pour eux. Il contribuait à achever Wilson et il renforçait l'opposition américaine à la Société des Nations[1]. »

A en juger par l'usage qui fut fait du livre de Mr. Keynes dans les débats auxquels donna lieu le Traité, il est difficile de n'être pas d'accord avec le général Smuts. Entre les mains des ennemis du Président, ce livre devint une arme de premier ordre dans la lutte qui faisait rage. On en tirait d'amples citations comme preuve des infamies qui se commettaient à Paris, et dont l'Amérique ne voulait pas être complice. Le 10 février, le sénateur Borah en lut de longs extraits au Sénat; ses commentaires ne pouvaient guère aller plus loin que le texte même de Mr. Keynes.

« L'auteur nous montre », dit-il, « que le Traité

1. S. G. Millin, ouvrage cité, pp. 174 et 257.

condamne l'Europe continentale à la famine perpétuelle et à des révolutions chroniques; que le Traité, à moins d'être revisé et refait entièrement, aura pour conséquence inévitable la destruction de toute l'économie européenne, ce qui causera la mort de millions d'êtres humains, et amènera révolution sur révolution, suite nécessaire de la condition à laquelle se trouveront réduits les peuples de l'Europe... Quand on se représente que ces hommes, par leur légèreté, ont causé la ruine du système économique de tout un continent, affamé des millions d'hommes, et peut-être empêché que la paix du monde puisse être rétablie avant dix ans, on ne saurait les juger trop sévèrement... Le Traité, par ses conséquences, est un crime, né d'un esprit de vengeance aveugle et d'avidité insatiable[1]. »

Un mois plus tard, le Sénat repoussait le Traité. Depuis lors, l'image tracée par Mr. Keynes devait rester gravée dans l'esprit américain. Les horreurs de Versailles devinrent un véritable article de foi. On s'en servit à tout propos pour montrer qu'il n'y avait au fond aucune différence entre les nations de l'Europe, que, chez les unes et les autres, régnaient le même esprit de vengeance, le même machiavélisme, le même impérialisme; que l'entrée de l'Amérique dans la première guerre mondiale avait été une erreur fatale; enfin, que l'issue d'une nouvelle guerre, si elle devait éclater, lui serait indifférente, car une victoire alliée ne donnerait sans doute rien de mieux que le Traité de Versailles, et une victoire allemande ne donnerait certainement rien de pire. Et voilà comment, désespérant d'un continent qui refusait d'être régénéré, l'Amérique proclama sa neutralité : en cas de guerre elle ne s'intéresserait à aucun des belligérants; elle n'aurait d'autre souci que de rester en dehors du conflit. Quoi qu'il arrivât en Europe, ce serait par la faute du Traité de Versailles.

1. *Congressional Record*, vol. 59, IIIe partie, p. 2696 et suiv.

II

Les Etats-Unis avaient répudié le Traité dans les formes dès le premier jour. La Grande-Bretagne devait l'abandonner moralement au cours des vingt années qui suivirent, pour s'apercevoir au dernier moment que du maintien de ce qu'il en restait encore dépendait son existence même.

Les jugements de Mr. Keynes n'avaient pas reçu en Grande-Bretagne une approbation unanime. Mais une fois tombé le premier flot de protestations, l'opinion resta divisée entre deux tendances principales : les uns acceptaient en bloc son verdict sur le Traité; et les autres, tout en faisant des réserves au point de vue politique, se ralliaient à ses conclusions économiques. A quel point celles-ci firent impression sur tous ceux dont la modestie s'inclinait devant les avis du grand expert quant aux questions « techniques », où ils se reconnaissaient incompétents, nous le constatons par ce que pensait Mr. Winston Churchill.

« Mr. Keynes », écrivait-il en 1929, « homme d'une intelligence pénétrante et sans parti pris patriotique excessif, faisait partie de la délégation que la Grande-Bretagne envoya à Paris pour la Conférence de la Paix. Grâce à la documentation de la Trésorerie britannique, il était parfaitement renseigné sur la substance des faits; il se dressa violemment contre les buts absurdes que l'on visait, et plus encore contre les méthodes exécrables par lesquelles on voulait les atteindre. Dans un livre qui connut un immense succès, particulièrement aux Etats-Unis, il dévoila cette « Paix Carthaginoise » et ameuta contre elle l'opinion. Dans une suite de chapitres empreints d'un bon sens irréfutable, il montra le caractère monstrueux des clauses économiques et financières. Sur toutes ces questions, son opinion est bien fondée. Cependant, emporté par son indignation naturelle à l'égard des conditions économiques qu'on était sur le point d'imposer solennellement, il couvrit l'ensemble des Traités de Paix d'une même réprobation. Il était certainement qualifié pour parler de leur portée économique, mais quant au reste du problème, qui est de beaucoup le plus important, il n'en est pas meilleur juge que bien d'autres. L'opinion de Keynes sur la paix de Versailles se justifiait tant qu'il s'agissait de questions bien connues de lui; mais c'est sur l'ensemble des traités qu'il influença profondément le jugement de l'Angleterre et de l'Amérique. Il est cependant de toute importance, lorsqu'on veut comprendre ce qui s'est réellement passé, d'envisager séparément l'aspect économique du Traité de Versailles et son aspect général [1] ».

Or, ce qui, en l'occurrence, donne à l'opinion de Mr. Churchill un intérêt particulier, c'est qu'elle représentait alors en Angleterre la tendance la moins accentuée. L'influence du livre de Mr. Keynes s'étendit bien au delà de la limite indiquée par Mr. Churchill, avec des conséquences que l'auteur n'avait peut-être ni prévues, ni désirées.

Les mots « politique d'apaisement » rendent aujourd'hui un son assez sinistre. Il n'en a pas toujours été ainsi, ou plutôt, l'indignation qui leur fait écho n'a pas toujours résonné si haut; elle n'est pas toujours, non plus, venue du même côté. L'expression eut cours dès la première phase de ce débat qui allait durer vingt ans, donnant lieu aux mêmes interprétations contradictoires. « On croit pouvoir apaiser l'Allemagne en améliorant tant soit peu les clauses territoriales », écrivait Clemenceau à Mr. Lloyd George, en mars 1919. « C'est pure illusion, et le remède est pire que le mal... [2] » On lit dans la réponse des Alliés à la délégation allemande, en juin 1919 : « Si l'ère de la réconciliation et de l'apaisement doit s'ouvrir bientôt, ce sera

1. W. S. CHURCHILL, ouvrage cité, p. 156.

2. Observations générales sur le memorandum de Mr. Lloyd George du 26 mars. Cité dans les documents relatifs aux négociations en vue d'un pacte anglo-français, Cmd. 2169, p. 89.

parce que ceux qui portent la responsabilité de mettre fin à la guerre auront eu le courage de ne pas laisser dévier la justice pour les besoins d'une paix opportuniste[1]. » Et, un an plus tard, pour défendre sa thèse, Mr. Keynes allait la présenter comme un « plaidoyer en faveur de l'apaisement et de la modération[2] ». Ce n'est donc pas de Munich que date l'apaisement.

Mais par quels tours de passe-passe en sommes-nous venus si insensiblement des jours de Versailles à ceux de Munich? Mr. Keynes avait annoncé bien des catastrophes — mais pas celle-là. Bien au contraire, il écartait toute crainte « d'une nouvelle domination napoléonienne, naissant, comme le phénix, des cendres du militarisme international[3] » n'y voyant « qu'imaginations de cerveaux craintifs ».

Pourtant, vingt ans plus tard, les Allemands étaient maîtres de la moitié de l'Europe. Le monde chancelait de stupeur; la ruée allemande atteignait les bords de l'Atlantique, et le Président Roosevelt exposait au Congrès « les événements presque incroyables des deux dernières semaines[4] ». Incroyable, — oui, c'était l'expression du jour, l'âge d'or du « réalisme » qui s'évanouissait dans les fumées et les flammes de Dunkerque, n'avait certes pas préparé les peuples à de telles éventualités. Au seuil d'une époque nouvelle, nous voici contraints de faire un sévère examen de notre bilan : car les désastres qu'ont subis les démocraties occidentales ne tiennent pas essentiellement à leur infériorité matérielle. Ainsi qu'elles n'ont cessé de le répéter pour se rassurer, le potentiel de leurs forces réunies dépassait de beaucoup celui de leurs ennemis. C'est, avant tout, une défaite intellectuelle et morale qui leur a été infligée.

1. Lettre au président de la Délégation allemande, en couverture de la *Réponse des Puissances Alliées et Associées,* 16 juin 1919.
2. Lettre à la *National Review,* juin 1920, p. 569.
3. *E.C.P.*, p. 212. *C.E.P.*, p. 230; la seconde partie de la citation ne figure pas dans la traduction.
4. Message au Congrès du 31 mai 1940.

Mr. Keynes avait résumé la situation européenne en affirmant que « les problèmes les plus importants... n'étaient ni politiques, ni territoriaux, mais financiers et économiques, et que les dangers à venir ne se trouvaient pas dans des questions de frontières et de souveraineté, mais de ravitaillement, de charbon et de transports ». La persuasion, dans ce cas, porta ses fruits; et dans la période qui suivit, les hommes d'Etat semblent avoir pris ces paroles pour guide. On se demande aujourd'hui comment tant de gens ont pu rester aveugles devant les ambitions ouvertement proclamées de l'Allemagne. « Mon programme », a dit en 1941 le chancelier Hitler, « était l'abolition du Traité de Versailles. Le reste du monde peut bien prétendre aujourd'hui que je n'ai révélé ce programme qu'en 1933, 1935 ou 1937 : quelle absurdité ! Au lieu d'écouter les bavardages imbéciles des émigrés, ces messieurs auraient été mieux avisés de lire ce que j'écrivais, ce que j'ai écrit mille et mille fois. » Mais on peut ajouter que, même hors d'Allemagne, des millions de gens n'auraient vu aucun mal à « l'abolition du Traité de Versailles » par Hitler. Cela n'aurait signifié pour eux que la réparation d'une monstrueuse injustice. Une seule chose importait : il fallait le faire « par des moyens pacifiques ». Comment y parvenir? Cela, semble-t-il, ne les intéressait pas. Ils étaient incapables d'imaginer que cela pourrait entraîner la destruction de peuples libres.

Et pourtant, Hitler n'avait-il pas déclaré avec la plus extrême précision qu'il se donnait pour but une expansion territoriale de l'Allemagne en Europe même ? « Une nation ne peut être assurée d'une existence libre que si elle possède une portion suffisante de la surface du globe... Il faut que le mouvement national-socialiste lutte pour mettre fin à la disproportion qui existe entre notre population et notre territoire, et que ce dernier soit considéré non seulement comme la base de notre prospérité, mais comme le tremplin de notre politique de puissance... Nous autres, nationaux-socialistes, nous mettons fin à la politique commerciale et coloniale d'avant-guerre, et nous inaugurons la politique territoriale de l'avenir[1]. » Mais on aurait eu tort de prendre tout cela au sérieux. Rappelez-vous qu'il l'avait écrit en prison, — pauvre diable, son excitation était pardonnable ; et même s'il en pensait toujours autant quinze ans plus tard, c'est sans doute que ses idées étaient brouillées par quelque faute de raisonnement économique. Les maux du peuple allemand ne pouvaient avoir pareille cause. Ne le saviez-vous pas? « Les dangers à venir ne se trouvaient pas dans des questions de frontières et de souveraineté, mais ravitaillement, de charbon et de transport. »

Et les gouvernants, dans l'espoir sincère d'acheter ainsi le consentement de l'Allemagne, et d'ailleurs exprimant l'opinion générale, parlaient d'accès aux matières premières, de traités de commerce et d'emprunts internationaux. C'est seulement après l'occupation de Prague que les implications territoriales du « Lebensraum » se montrèrent enfin jusqu'à l'évidence.

Non seulement cette manière d'envisager les choses influença l'opinion dans son appréciation des causes et des objets de la guerre actuelle, mais elle eut part aux erreurs tragiques que commirent les Démocraties en négligeant de la préparer — ou plutôt, en négligeant les mesures qui auraient si facilement permis de l'éviter.

Depuis vingt ans, on faisait croire au public que l'Allemagne avait été écrasée à Versailles, — que rien n'avait été omis qui pût « l'appauvrir immédiatement et empêcher son développement futur[2] ». Bien qu'elle fût libérée de tous paiements au titre des réparations depuis 1931, bien qu'il fût patent qu'elle réarmait, personne ne pensait sérieusement qu'elle pût redevenir très dangereuse avant un grand nombre d'années. Assez dangereuse pour dé-

1. *Mein Kampf*, chap. XIV.
2. *E.C.P.*, p. 102; *C.E.P.*, p. 96.

clencher une guerre, — oui, ce malheur pouvait arriver ; mais qu'elle fût assez puissante pour vaincre les démocraties, cela, c'était inimaginable. Mr. Keynes n'avait-il pas démontré que pendant trente ans, l'Allemagne ne pourrait verser plus de cent millions de livres sterling par an pour les Réparations ? Que son épargne annuelle tomberait même probablement au-dessous de ce niveau ? Comment se procurerait-elle donc les sommes bien supérieures qu'il lui faudrait pour réarmer au point de pouvoir triompher des forces réunies des démocraties ? Comment une nation aussi affaiblie, ployant sous les charges d'un traité inspiré par la vengeance, pourrait-elle braver les ressources conjuguées des Alliés d'hier et de demain ? Les finances nazies chancelaient. L'économie nazie était menacée d' « écroulement ». L'Allemagne n'avait pas de denrées alimentaires. Elle n'avait pas de matières premières. Son économie était fondée sur les produits de remplacement. La seule application de l'arme économique suffirait à la mettre à genoux. On prenait à tort pour des ignes de dénuement économique les mesures pleines de prévoyance et d'efficacité par lesquelles le Gouvernement allemand portait à son plus haut point la puissance militaire de la nation. Il était devenu proverbial en Grande-Bretagne et en France en 1939 de dire que l'Allemagne était déjà si épuisée par ses préparatifs belliqueux, que la souplesse de son économie et le moral de son peuple étaient au niveau de 1917, troisième année d'une guerre ininterrompue ; les démocraties, d'autre part, pourraient entrer en lice toutes fraîches comme au sortir d'un bon repos.

Ainsi le mythe des « nations prolétaires » soigneusement exploité par l'Allemagne, lui permettait de persuader monde que ses griefs pourraient la conduire à provoquer la guerre, mais que sa pauvreté lui interdirait de la gagner.

Les mêmes illusions qui rendaient presque inconcevable une victoire allemande, contribuaient aussi à faire sous-estimer ses conséquences éventuelles.

Déjà lancée avant 1914, l'idée que dans les conditions actuelles il n'y a pas de vainqueur, que tous les pays belligérants sombrent également dans la même catastrophe, que « la guerre ne résout rien », que « la guerre ne paye pas », avait été « démontrée de façon concluante », disait-on, par l'issue de la dernière guerre [1]. Mr. Keynes n'avait-il pas expliqué que la « Paix Carthaginoise » n'était « *matériellement ni juste, ni possible* » ? Les faits n'étaient-ils pas palpables ? De là le scepticisme manifesté à l'égard des avantages économiques que l'Allemagne pourrait tirer de ses conquêtes. Même après l'annexion de l'Autriche et de la Tchécoslovaquie, même après l'invasion de la Pologne, du Danemark et de la Norvège, des voix s'élevaient encore pour affirmer qu'elle pourrait tout au plus saisir quelques stocks, mais qu'en fin de compte elle serait hors d'état d'exploiter avec profit ses nouveaux territoires; loin de figurer à son actif, ils ne pourraient, économiquement, que devenir une charge.

Il n'était certes pas illogique d'avancer que la victoire et l'imposition de tributs pourraient contribuer à une ruine générale et appauvrir les vaincus sans enrichir les vainqueurs; et Mr. Keynes n'en disait pas plus dans ses critiques des clauses du Traité relatives aux réparations. Mais bien des esprits furent conduits un peu plus loin par le spec-

1. « S'il est une leçon qu'on puisse tirer de cette guerre, écrivait, en 1920, *le Times,* dans son compte rendu des *Conséquences Economiques de la Paix,* c'est avant tout que les calculs des économistes, des banquiers et des experts financiers, qui prêchaient l'impossibilité de la guerre parce que « la guerre ne paye pas », n'étaient que de dangereuses sottises. » Dix ans plus tard, on avait désappris la leçon. Après avoir cité ce passage, Sir Andrew Mc Fadyean écrivait : « S'il est une leçon qu'on puisse tirer de cette guerre, c'est avant tout que la proposition des économistes, que la guerre ne paye pas et que de trop grandes exigences à l'égard des vaincus, non seulement sont contraires aux enseignements des économistes, des banquiers et des experts financiers, mais ruinent les fins mêmes qu'elles poursuivent — que cette proposition émane du bon sens le plus évident. » (*Reparation Reviewed,* Londres, 1930, p. 5.)

tacle même de l'Allemagne après sa défaite : si l'imposition d'un tribut était chose *impossible,* la défaite même, après tout, devenait économiquement inoffensive. Donc, même si l'on se mettait à penser, chose impensable, à une hégémonie allemande en Europe, un tel fait pourrait, sans doute, avoir de vilaines conséquences politiques, mais il ne troublerait guère, en somme, la condition du commun des mortels. Les salaires et les pensions seraient toujours payés. Les affaires continueraient. Qui sait ? Une Europe unifiée, fût-ce sous Hitler, pourrait améliorer son organisation économique, accroître sa production, diminuer son chômage, et n'était-ce pas là, au fond, tout ce qui importait? — le ravitaillement, le charbon, les transports, et non pas les frontières et les souverainetés.

Car bien peu de gens faisaient l'effort de se représenter à quel degré d'extrême servitude pourraient être réduits les peuples vaincus. Quiconque annonçait de pareilles abominations ne rencontrait que scepticisme, suspicion et colère. Elles sortaient d'une imagination morbide. Elles sentaient la « propagande de guerre ». Nombreux furent ceux — et des mieux informés — qui haussaient les épaules avec dérision lorsqu'on leur parlait de l'exploitation massive des populations. Ces choses là, disaient-ils, « ne pouvaient pas se faire ».

Sans doute faut-il tenir un large compte de ces illusions quand on cherche à expliquer les fautes « incroyables » des démocraties occidentales. Mais il y avait chez elles autre chose que pur égarement intellectuel. Sans le « complexe de culpabilité [1] », sans le manque de foi qui paralysaient leur volonté, la suite pitoyable de capitulations qui aboutit à la catastrophe de 1939-40 n'aurait jamais été possible.

Clemenceau avait dit un jour : « Nous n'avons pas à nous excuser de notre victoire. » Il n'aurait

1. Cette expression fut lancée, je crois, par le regretté R. de Roussy de Sales (*The Making of To-morrow,* New-York, 1941).

pu mieux dépeindre ce qui allait suivre. Le meaculpisme — car tel est le nom que mériterait bien cette tendance — tient une grande place dans la pensée politique française et anglaise de l'entre-deux-guerres. Le Traité, avait écrit Mr. Keynes, fut « une violation de la parole donnée et de la morale internationale » comparable à l'invasion de la Belgique[1]. « Ceux qui signeront ce traité signeront l'arrêt de mort de bien des millions d'Allemands, hommes, femmes et enfants[2]. »

De telles paroles troublaient bien des consciences. Longtemps avant que le chancelier Hitler parût sur la scène européenne, les meaculpistes menaient campagne pour la revision du Traité. Quand les concessions répétées des Alliés reçurent pour récompense, certes méritée, la Révolution Nationale-Socialiste, les meaculpistes répétèrent inlassablement que le chancelier Hitler était le produit du Traité de Versailles et du traitement odieux qu'on avait infligé à la République allemande. Mais depuis lors ils se montrèrent moins disposés à accepter les faiblesses de leur gouvernement en présence des nouveaux empiètements de l'Allemagne. Si seulement ce n'était pas Hitler! Quelle désolation d'avoir à souscrire aux exigences de ce méchant homme, alors qu'il y en avait tant d'autres à qui l'on aurait pu céder sans le moindre inconvénient. Mais enfin... il le fallait bien. Ce Traité de Versailles, voyez-vous... Et si quelqu'un était en passe de l'oublier le Chancelier avait tôt fait de le lui rappeler. Les injures à l'adresse du « Diktat » étaient un des refrains favoris de sa guerre des nerfs à grand spectacle. Et voici que dans ses invectives résonnait, dans bien des oreilles, comme un écho sinistre des *Conséquences Economiques de la Paix*.

Ainsi, à chacune des nouvelles exigences que l'Allemagne accumulait toujours plus haut, répon-

1. *E.C.P.*, p. 59. *C.E.P.*, p. 59-60.

2. Paroles de Brockdorff-Rantzau, citées par Mr. Keynes. Celui-ci ajoutait qu'à ce reproche il ne voyait pas de réponse. V. plus loin, p. 261.

dait une véritable crise de contrition. En 1936, ce fut la remilitarisation de la Rhénanie. Pouvait-on interdire à l'Allemagne d'occuper son propre territoire? Encore une de ces abominations de Versailles. « Il n'est pas douteux », écrit E. H. Carr, « que si les Puissances intéressées au *statu quo* se résignèrent facilement à la remilitarisation de la Rhénanie et à l'annexion de l'Autriche, cette passivité n'était pas due seulement au fait que c'était suivre la ligne de moindre résistance, mais aussi, en partie, au sentiment très répandu que ces changements étaient en eux-mêmes raisonnables et justes[1] ».

C'est sans doute à Munich que le meaculpisme atteignit son apogée. Il appartiendra à l'historien de juger si cette capitulation était ou non la meilleure solution alors possible, eu égard aux données de la stratégie diplomatique et militaire. Mr. Winston Churchill ne craignit pas de l'appeler « une défaite au sens le plus fort du mot ». La défaite même est parfois inévitable. Mais le fait est qu'elle fut alors représentée comme un triomphe de la négociation pacifique, et c'est dans cet esprit qu'une majorité écrasante de l'opinion, en France comme en Grande-Bretagne, se montra disposée à l'accepter. Rien ne peut mieux rendre l'atmosphère du moment que le plaidoyer de Mr. Chamberlain, après l'entrée des Allemands à Prague. « Je n'ai jamais contesté, dit-il, que les conditions que j'ai pu obtenir à Munich n'étaient pas celles que j'aurais moi-même désirées; mais comme je l'expliquai alors, ce n'était pas un problème nouveau que j'avais à résoudre. Il n'avait cessé de se poser depuis le Traité de Versailles et il aurait été résolu depuis longtemps si les hommes d'Etat des vingt dernières années avaient eu de leur devoir une conception plus large et plus éclairée[2]. » Ceux qui

1. E. H. Carr : *The Twenty Years' Crisis,* 1940, p. 281. A une autre page du même livre, le professeur Carr mentionne l'« esprit de vengeance sans précédent des traités de paix et particulièrement de leurs clauses économiques ».

2. Discours prononcé à Birmingham le 17 mars 1939.

ont entendu ce discours n'en oublieront jamais l'accent, — *Versailles!* cela disait tout. Cela suffisait à tout expliquer, à tout justifier, à tout absoudre. Aux sombres jours de septembre 1938, quand les cœurs les plus droits étaient comme déchirés entre le sentiment de l'honneur et l'amour de la paix, la liberté et la vie de la Tchécoslovaquie avaient pesé bien peu par rapport à la lourde pression du complexe de culpabilité. Mais, après tout, n'était-ce pas une simple question de frontières ? Et les dangers à venir ne résidaient pas dans les questions de frontières ou de souveraineté, mais de ravitaillement, de charbon et de transports.

Mais voici qu'éclatait l'indignation de Mr. Keynes : « La France et nous », écrivait-il « n'avons fait que sacrifier notre honneur et nos engagements envers une nation civilisée et loyale, pour fraterniser avec la vilenie[1] ». Que n'avait-il compris, vingt ans plus tôt, que le Traité de Paix, en donnant à cette nation frontières et souveraineté, lui avait fourni les moyens de sa résurrection ?

Une autre année s'écoula. Une autre grande guerre se déclencha. Mais si, en Grande-Bretagne et en France, l'opinion se montra consentante et même résolue, il n'y eut que peu ou point d'enthousiasme. Les consciences avaient été mises à trop rude épreuve. Certains allaient jusqu'à se demander si cette guerre se livrait pour une juste cause. Horrifié, Mr. Keynes découvrit alors qu'il était impossible aux mêmes hommes auxquels on avait prêché pendant vingt ans que le Traité de Versailles était injuste et inapplicable de voir clairement en quoi l'invasion de la Pologne, en détruisant une des réalisations les plus critiquées du Traité de Versailles, les obligeait maintenant à se battre. « Ce sont les intellectuels de gauche, écrivait-il, qui ont crié le plus fort pour exiger contre l'agression nazie la résistance à tout prix. Quand

1. *New Statesman and Nation,* 8 octobre 1938.

on en vient au fait et au prendre, il ne leur faut pas quatre semaines pour se souvenir qu'ils sont pacifistes et pour envoyer des lettres défaitistes à notre tribune libre, abandonnant la défense de la liberté et de la civilisation au colonel Blimp et aux anciens d'Eton et de Harrow — Dieu nous les conserve[1] ! » Les conséquences extrêmes du pacifisme et du défaitisme allaient bientôt se manifester ailleurs encore.

III

Il n'est guère possible d'excuser la décision prise par le gouvernement français en juin 1940 de demander un armistice séparé. Mais l'expiation en a été terrible et il n'est, hélas, pas très difficile de l'expliquer.

C'est sur la France, il faut s'en souvenir, qu'ont porté les attaques les plus vives de Mr. Keynes : « Pour les parties du Traité dont nous nous occupons, ce sont les Français qui dirigèrent le débat... Pour autant que les principales lignes économiques du Traité représentent une idée raisonnée, cette idée est celle de la France et de Clemenceau[2]. »

Mr. Keynes, nous le verrons, n'était pas sans sympathie pour la personne de Clemenceau, mais quant à sa politique, il lui attribuait les mobiles les plus injustifiables et les conséquences les plus monstrueuses. « Il s'agissait », écrit-il, « par des annexions de territoires, entre autres mesures, de réduire la population de l'Allemagne; mais c'est surtout le système économique dont dépendait son relèvement — ce vaste édifice bâti sur le fer, le

1. Lettre au *New Statesman and Nation*, 14 octobre 1939.

Le colonel Blimp, création du caricaturiste Low, personnifie le chauvinisme insulaire et borné. Nous avons dû renoncer à rendre l'expression « *the Old School Tie* » (la cravate aux couleurs de l'Ecole) qui s'emploie parfois ironiquement pour symboliser l'esprit de tradition des vieilles écoles aristocratiques. (N. d. T.)

2. *E.C.P.*, pp. 25-26. *C.E.P.*, pp. 33-34.

charbon et les transports — qu'on entendait détruire[1] ». Mr. Keynes ne donnait pas seulement l'impression que la France poursuivait délibérément l'asservissement économique de l'Allemagne; il affirmait que sa politique aurait pour conséquence l'extermination de « millions d'Allemands, hommes, femmes et enfants[2] ».

Mr. Keynes avait fort bien compris le problème qui hantait, non seulement les hommes d'Etat français, mais le peuple français tout entier. Il avait décrit avec exactitude leur souci de sécurité, qui découlait de la situation respective de la France et de l'Allemagne. Il reconnaissait la difficulté de la position de la France « sortie victorieuse du conflit actuel, avec l'aide, cette fois-ci, de l'Angleterre et de l'Amérique, mais dont la situation future restait précaire » aux yeux de Clemenceau qui prévoyait « le jour où l'Allemagne pourrait lancer de nouveau contre la France ses masses plus nombreuses, avec la supériorité de ses ressources et de sa technique[3] ». Ces craintes, il les connaissait bien; mais il les jugeait mal fondées. C'étaient « des pseudo-problèmes[4] ». « On ne pouvait », écrivait-il, « ni mépriser Clemenceau, ni ne pas l'aimer. On pouvait simplement avoir des vues différentes sur la nature de l'homme civilisé, ou, tout au moins, entretenir d'autres espérances[5] ».

Vingt-quatre ans plus tard, dans un discours qui fit quelque sensation, le maréchal Smuts expliquait au monde que la guerre actuelle, entre autres enseignements, nous avait appris qu'il est impossible de faire abstraction des problèmes de puissance. Si, en 1919, on n'avait pas rejeté, comme venant « d'un vieillard dont les impressions les plus fortes et les idées les plus actives se rattachaient au passé

1. *E.C.P.*, p. 32. *C.E.P.*, p. 39.
2. V. ci-après, p. 262.
3. *E.C.P.*, pp. 31-32. *C.E.P.*, pp. 38-39.
4. *E.C.P.*, p. 138, — en anglais : *unreal issues, C.E.P.* p. 126.
5, *E.C.P.*, p. 26. *C.E.P.*, p. 35.

et non à l'avenir [1] », les avis de Clemenceau, à qui cinquante années d'expérience avaient appris que « la politique de puissance est inévitable [2] », peut-être aurait-il été possible d'échapper aux conséquences tragiques d'une vérité trop tardivement révélée. « L'espérance », voilà ce que Mr. Keynes offrait en 1919. Mais les délégués de la France à la Conférence avaient déclaré déjà qu'ils ne pouvaient hasarder le sort de leur pays sur de simples espérances.

« Des espérances, sans certitude », disaient-ils, « ne peuvent pas suffire à ceux qui ont subi l'agression de 1914. Des espérances, sans certitude, ne peuvent pas suffire à la Belgique, victime de sa fidélité à la parole donnée, punie de cette fidélité par l'invasion, l'incendie, le pillage, le viol, la ruine. Des espérances, sans certitude, ne peuvent pas suffire à la France envahie avant la déclaration de guerre, privée en quelques heures (parce qu'elle avait éloigné ses troupes de la frontière pour éviter les incidents) de 90 % de sa production de minerai et de 86 % de sa production de fonte ; à la France, qui a eu 1.351.000 tués, 734.000 mutilés, 3.000.000 de blessés, 490.000 prisonniers martyrisés dans les prisons allemandes ; qui a perdu 16 % de ses mobilisés, 57 % de ses soldats de moins de trente et un ans, c'est-à-dire de la partie féconde de la nation, à la France, qui a vu anéantir le quart de son capital productif, détruire systématiquement ses régions industrielles du Nord et de l'Est, emmener en captivité ses enfants, ses femmes et ses jeunes filles [3] ».

Comme condition indispensable de leur sécurité, les Français demandaient « une garantie d'ordre physique » : l'occupation militaire des têtes de pont

1. *E.C.P.*, p. 33. *C.E.P.*, pp. 39-40.
2. *E.C.P.*, p. 30. Voir *C.E.P.*, p. 37.
3. « Mémoire du Gouvernement français sur la fixation au Rhin de la frontière occidentale de l'Allemagne et l'occupation interalliée des ponts du fleuve », 26 février 1919, cité par André Tardieu, *La Paix*, Paris, 1921, pp. 174-175.

du Rhin, à laquelle participeraient les principales Puissances Alliées. Car ils ne voulaient à aucun prix que leur proposition parût être le prétexte d'un agrandissement pour leur propre pays; « la France », affirmaient-ils, « ne demande rien pour elle-même, ni un pouce de territoire, ni aucun gain de souveraineté. Elle ne veut pas annexer la rive gauche du Rhin ». Ils insistaient sur le fait qu'étant donné la situation géographique de leur pays, les garanties qu'ils demandaient étaient dans l'intérêt général des Alliés : « Pour que les Puissances maritimes », disaient-ils, « puissent utilement participer sur le continent à une guerre défensive contre une agression venant de l'Est, il faut qu'elles aient la garantie que le territoire français ne sera pas envahi en quelques jours. En d'autres termes, s'il ne reste pas assez de ports français pour que les armées d'outre-mer débarquent leurs troupes et leur matériel, pas assez de sol français pour qu'elles se concentrent et se déploient en avant de leurs bases, la guerre continentale contre une puissance visant à dominer le continent sera interdite aux démocraties d'outre-mer. Elles seront privées de leur champ de bataille le plus proche et le plus naturel. Et il ne leur restera que la guerre maritime et la guerre économique [1] ».

Ce fut sans doute cette perspective qui poussa Mr. Churchill à écrire que la sécurité de la France était « le problème fondamental de la Conférence de la Paix [2] ». Mais, pour certains autres, il n'y avait là que des « pseudo-problèmes ». Et, en cette occurrence, la persuasion fut vaine. Ni le Président Wilson, ni Mr. Lloyd George ne contestaient l'importance de la question; mais quant à la Rhénanie, ils se montrèrent inflexibles. La séparer de l'Allemagne, ce serait violer le droit des peuples à disposer d'eux-mêmes. Mr. Lloyd George exprima la crainte de créer ainsi une nouvelle Alsace-Lorraine, qui risquerait à chaque instant de troubler la paix

1. Mémoire du 26 février 1919, ouvrage cité, p. 166.
2. W. S. CHURCHILL : *The Aftermath,* p. 216.

de l'Europe. Lui et le Président « s'opposèrent résolument à ce projet ». « Nous le considérions », écrit-il, « comme le reniement positif et déshonorant d'un des principes fondamentaux pour lesquels les Alliés avaient déclaré combattre, et qu'ils avaient proclamés à leurs peuples aux heures d'épreuve [1] ».

A la fin de mars, la situation paraissait sans issue, et la Conférence passait par sa crise la plus grave. C'est alors que les premiers ministres et le Président décidèrent de traiter ces questions délicates dans le « Conseil des Quatre », réduit à eux seuls. Cependant, Mr. Keynes ne voyait dans leurs efforts qu' « intrigue creuse et stérile [2] ».

On arriva tant bien que mal à un compromis. Au lieu d'une occupation militaire permanente de la Rhénanie par les Alliés, le Président Wilson et Mr. Lloyd George offrirent à Clemenceau un traité de garantie selon lequel les Etats-Unis et la Grande-Bretagne s'engageaient à prêter assistance à la France au cas où l'Allemagne l'attaquerait sans provocation. Après quelque hésitation, l'offre fut finalement acceptée. L'occupation de la Rhénanie devait être réduite par des évacuations successives et prendre fin au bout de quinze ans. Et, pour remplacer la barrière du Rhin, la France se reposerait sur le traité de garantie.

Un premier espoir s'envola quand le Sénat américain rejeta le Traité de Versailles. Un second le suivit de près: quoique la Chambre des Communes eût ratifié à l'unanimité le traité de garantie, la Grande-Bretagne, dont la signature avait été donnée conjointement à celle des Etats-Unis, cessait d'être liée. Les Français se trouvèrent donc, pour citer Mr. Churchill, « isolés et purent s'estimer abandonnés et joués [3] ». Qu'ils n'aient pas aussitôt, comme ils auraient certes pu le faire à bon droit, repoussé

1. D. Lloyd George : *The Truth about the Peace Treaties,* Londres, 1938, I, p. 396.
2. *E.C.P.,* p. 5. Voir *C.E.P.,* p. 16.
3. Ouvrage cité, p. 222.

à leur tour le Traité de Versailles, et saisi eux-mêmes les garanties auxquelles ils avaient renoncé en échange d'assurances désormais caduques, c'est le premier signe de cette lassitude qui allait progressivement dégénérer en apathie mortelle.

Au lieu de suivre cette ligne de conduite, la France s'attacha obstinément à ce qui subsistait du Traité, qu'elle allait dorénavant considérer comme un minimum. Mais cette attitude allait bientôt lui valoir l'accusation d'être militariste, impérialiste, d'aspirer à l'hégémonie de l'Europe, d'être une menace pour la paix. Elle insistait pour que l'Allemagne payât : Mr. Keynes la traitait de « Shylock geignant » réclamant « sa livre de chair [1] ». Poincaré et Tardieu exigeaient l'exécution du Traité. « La population de l'Allemagne augmente », écrivait M. Poincaré, « ses industries n'ont pas souffert, elle n'a pas d'usines à reconstruire, ni de mines inondées. Les ressources de son sol et de son sous-sol sont intactes. Dans quinze ou vingt ans, elle sera maîtresse de l'Europe. La France se trouvera en face d'elle avec une population à peine accrue[2] ».

Mais, pour Mr. Keynes, Poincaré et Tardieu étaient « des enragés... qui, si leurs paroles devaient être prises au sérieux, et ne constituaient pas une simple manœuvre pour conquérir le pouvoir, étaient capables de troubler la paix de l'Europe [3] ». Lorsque, à la suite des manquements répétés de l'Allemagne, la France prit la décision d'occuper la Ruhr, l'Angleterre la regarda faire en marquant sa désapprobation, protesta, mais ne voulut pas, cependant, s'opposer ouvertement à son ancienne alliée. Mais Mr. Keynes ne se tint pas pour satisfait. Lord Grey ayant poussé à un compromis qu'il jugeait nécessaire, s'entendit reprocher par lui son

1. J. M. Keynes : *A Revision of the Treaty*, Londres, 1922, pp. 186-187, désigné par la suite par R.T. — *Nouvelles Considérations sur les Conséquences de la Paix*, Paris, 1922, p. 196 (désigné ci-après par N.C.).

2 Cité dans : *Miscellaneous*, n° 3, 1923. Cmd 1812, *Interallied Conference of Reparations*, pp. 123-124.

3. *R.T.*, p. 21. *N.C.*, p. 22.

ignorance, et donner des leçons dans l'art difficile de la politique étrangère. « Lord Grey », écrivait Mr. Keynes, «ne paraît même pas soupçonner que la France a un plan bien défini pour l'avenir de l'Europe, plan à peine dissimulé, qui détruirait tout ce qui est cher à lord Grey, et que c'est là le nœud de toute la situation diplomatique [1] ». Pareils soupçons ne furent pas accueillis en France avec indifférence. Ils eurent de grandes répercussions dans notre pays où la crainte de voir l'opinion britannique s'éloigner de nous, ou même nous devenir hostile, s'imprimait de plus en plus dans les esprits. Ces craintes jouèrent leur rôle lors des élections de 1924, où un revirement politique amena la chute de Poincaré et le triomphe du cartel des gauches. Mais elles s'étendaient encore à d'autres milieux, et étaient partagées par des hommes tels que Foch, en qui l'opinion étrangère croyait pourtant voir l'incarnation du militarisme français. En 1922, comme un homme politique lui demandait s'il était partisan d'une marche sur Berlin comme moyen de pression pour obtenir le paiement des réparations, il répondit que c'était un projet impraticable, — qu'il faudrait procéder à une mobilisation partielle: « Quel effet produirait-elle dans toute l'Europe et dans le monde entier, en Angleterre, en Amérique, dans les pays neutres où tant de gens sont toujours prêts à nous épier, à nous suspecter, à dénoncer notre esprit chauvin et impérialiste ? [2] »

Vers 1924, les pilotes de l'Europe entrèrent dans des eaux plus tranquilles, et pendant quelques années trompeuses de calme et de prospérité, il sembla que l'Europe eût enfin trouvé la paix. Mais, dira-t-on, et le Traité de Versailles? N'était-il pas toujours une source empoisonnée de maux et de griefs? Tant que le statut économique et territorial de l'Europe ne serait pas modifié, le malaise alle-

1. J.-M. Keynes : *Lord Grey's Letter to the Times*, dans : *Nation and Athenaeum*, 13 oct. 1923.

2. Recouly : *Le Mémorial de Foch*, Paris, éd. de 1932, p. 125.

mand ne resterait-il pas une menace pour la paix, comme le fit bien voir, plus tard, la montée du National-Socialisme?

Pareille opinion n'était, en tout cas, pas universelle. Aux jours idylliques de 1928 on pouvait lire, par exemple, dans la revue *Nation and Athenaeum* que les principaux obstacles à la pacification de l'Europe avaient alors disparu, à cette seule exception près : l'occupation de la rive gauche du Rhin. Ce danger une fois écarté, le reste apparemment deviendrait facile : « Il suffit de nous demander comment l'Allemagne pourrait de nouveau menacer sérieusement la paix pour comprendre la suprême importance de la Rhénanie. Ni le nationalisme, sentimental ou ambitieux, ni même, croyons-nous, le ressentiment à l'égard des clauses territoriales du traité de Versailles ne suffiraient à créer chez elle le sentiment sincère et général d'un tort causé à la nation. Seule l'occupation prolongée de la rive gauche du Rhin pourrait porter l'amertume à une intensité telle que le peuple allemand, en dépit du Pacte de la Société des Nations et du Pacte de Paris, se lancerait dans une politique de revanche difficile et hasardeuse. Seule l'occupation de la rive gauche du Rhin pourrait nous conduire jusque-là, mais elle pourrait bien nous y conduire tout droit [1] ».

Quelques mois plus tard, un comité d'experts se réunissait à Paris (Poincaré, cet « enragé », était alors au pouvoir), pour reviser les accords relatifs aux Réparations : c'était la première d'une série de conférences qui allaient aboutir à l'adoption du plan Young. En juin 1930, les dernières troupes françaises évacuaient la Rhénanie. Trois mois plus tard, 107 députés nationaux-socialistes entraient au Reichstag au pas cadencé.

Le peuple français n'avait nourri aucune illusion

1. *The Importance of the Rhineland* (Editorial sans signature). *The Nation and Athenaeum*, 15 décembre 1928, p. 403. Mr. Keynes était alors rédacteur en chef de cette revue.

quant à l'avenir que l'Allemagne pourrait ménager à l'Europe. Mais on lui reprochait depuis si longtemps de faire obstacle à la reconstruction de l'Europe par son formalisme pointilleux, par ses vues bornées et désuètes, par ses ennuyeuses tracasseries! Maintenant que la France avait consenti à quitter le Rhin, personne ne pourrait plus lui imputer d'intentions agressives. Elle allait procéder à une réorganisation de son armée dans un esprit exclusivement défensif, construire des fortifications, et aussi, bien entendu, maintenir ses alliances dans le cadre du Pacte de la Société des Nations, avec les nouveaux Etats de l'Europe orientale, Pologne et Tchécoslovaquie; car le grief principal, celui de la Rhénanie, n'existant plus désormais, la défense de l'Europe de Versailles ne pouvait plus, n'est-ce pas? être dénoncée comme la perpétuation d'une injustice.

Mais de singulières inquiétudes faisaient déjà leur chemin. En 1919, le Traité n'avait pas été accueilli au Parlement avec un enthousiasme sans réserve; au contraire, on y avait manifesté un vif désappointement parce que la sécurité du pays, affirmait-on, n'était pas assurée et parce que l'ordre politique établi en Europe était trop instable pour se maintenir par lui-même; d'où l'accusation, souvent portée contre le Traité, de manquer de sagesse politique; était-il sage de laisser tant de petits Etats nouveaux jouir de leur indépendance nationale au voisinage d'une Allemagne qui restait puissamment centralisée? Mais on ne mettait guère en doute qu'il inaugurât parmi les nations européennes une ère de justice longtemps attendue. Et, à la Chambre, à part une poignée de députés isolés, seul un petit groupe de socialistes avaient voté contre le Traité. Avant le vote final, leur porte-parole, M. Lafont, s'était plaint des « insuffisances économiques et financières » du Traité. Ce n'était là, toutefois, que l'opinion du petit nombre, et, à une exception près, les noms de ces hommes sont aujourd'hui tombés dans l'oubli.

Peu à peu, d'autres critiques se firent entendre. Lorsque le livre de Mr. Keynes fut publié en France, il causa d'abord une très vive irritation : « Mr. Keynes », écrivait M. Tardieu « dépasse les limites permises de la plaisanterie, et ne fait que se moquer des victimes de l'Allemagne ». Mais en même temps, ce livre ne laissa pas de faire impression sur les Français qui craignaient de voir porter contre leur pays l'accusation de perpétuer le chaos et la ruine de l'Europe. Ils avaient dès l'abord salué le Traité avec joie, comme une réalisation de l'idéalisme libéral; et voici que Mr. Keynes montrait, avec toute l'autorité de l'expert, que c'était, du point de vue économique, une monstruosité. Etait-ce possible ? Ce Traité était-il vraiment aussi mauvais qu'il le disait ? En 1921, « même en France », écrivait Mr. Keynes, « il devenait ridicule de louer la perfection du Traité [1] ». Le désenchantement croissait rapidement.

Ces sentiments jouèrent un rôle qui ne fut pas négligeable dans le tourbillon fantastique des idées, dans la confusion mentale que le chancelier Hitler organisa et qu'il exploita avec une science consommée de la stratégie psychologique. Le peuple français avait vu tomber l'un après l'autre les bastions du nouvel ordre européen ; d'abord, l'écroulement du Traité de Garantie; puis, l'évacuation de la Rhénanie par les Alliés, sa réoccupation par l'Allemagne et le rapide réarmement de celle-ci. Et maintenant qu'approchait l'acte final, et que les ténèbres de l'angoisse s'épaississaient autour d'eux, les Français sentaient s'ébranler, miné lentement, leur bastion central, leur force spirituelle même, leur foi dans la justice de la cause qu'ils s'étaient engagés à défendre. Hitler leur cornait aux oreilles que le Diktat était ridicule, monstrueux, infâme, indéfendable; ne le savaient-ils pas déjà? N'était-ce pas reconnu depuis longtemps, du consentement de tous? Et les meaculpistes de faire écho. Et quand vint le temps des ultimes décisions, auxquelles les

1. *R.T.*, p. 24. *N.C.*, p. 24.

événements précédents n'avaient servi que de préliminaires indispensables, quand vint le moment de tenir ses promesses à la Tchécoslovaquie, la France, en proie à un désarroi sans nom, la vue troublée, le cœur déchiré par de féroces querelles de partis, se cramponna désespérément à la paix à tout prix; car enfin, elle n'allait pas faire la guerre pour cet absurde Traité de Versailles.

Après avoir abandonné à la légère toutes les positions favorables, après avoir évacué le Rhin, avoir permis à l'Allemagne de réarmer, de réoccuper la Rhénanie, d'annexer l'Autriche et de détruire la Tchécoslovaquie, la Grande-Bretagne et la France décidèrent qu'enfin le moment était venu de mettre le holà. L'Allemagne envahit la Pologne; l'Angleterre et la France déclarèrent la guerre. Mais que pouvaient-elles faire de plus ? L'Allemagne tenait maintenant la Rhénanie, et les Alliés, avec les forces limitées dont ils disposaient, n'osaient pas risquer immédiatement une offensive contre les nouvelles fortifications allemandes. Cependant, les dangers de cette situation n'étaient pas imprévus : les hommes qui, à la Conférence de la Paix, avaient défendu le projet d'une occupation interalliée de la ligne du Rhin, avaient montré clairement leur souci de protéger ainsi les nouveaux Etats créés par les Alliés à l'est et au sud de l'Allemagne. « Supposez », écrivaient-ils, « l'Allemagne maîtresse du Rhin et voulant attaquer la République de Pologne ou la République de Bohême. Installée défensivement sur le Rhin, elle tiendra en échec (et pour combien de temps?) les peuples d'occident venus au secours des jeunes républiques, et celles-ci seront écrasées avant d'avoir pu être secourues [1] ». Mais c'étaient là, affirmait-on dès cette époque, des « pseudo-problèmes », et les démocraties occidentales avaient préféré croire que les dangers de l'avenir ne résidaient pas dans des questions de frontières et de souve-

1. Memorandum du Gouvernement français, du 26 février 1919. Cité par A. Tardieu : *La Paix*, Paris, 1921, p. 171.

raineté, mais de ravitaillement, de charbon et de transports.

Les Français étaient partis en guerre résolument, mais comme en Angleterre, il entrait dans leur disposition plus de résignation que d'enthousiasme. Tout le monde tombait d'accord que Hitler allait trop loin. « Il faut en finir », disait-on. Mais enfin, la raison pour laquelle on faisait la guerre n'apparaissait pas clairement. La France n'avait pas été attaquée comme en 1914. La Pologne, son alliée, l'avait été, sans doute; mais fallait-il mourir pour Dantzig? Et le doute se répandait, porté par le souffle puissant de la propagande allemande; et le moral s'effritait rapidement.

Du moins, avait-on quelque espoir qu'après cette guerre-ci, les sacrifices prochains seraient récompensés par la garantie d'une sécurité durable? Les bombardements aériens, dont les effets s'étaient déjà montrés en Pologne, allaient causer les ravages les plus effroyables; mais l'Allemagne serait tenue à réparer ces dommages? On demandait à des millions d'hommes d'offrir leur vie; c'est donc qu'on leur promettait quelque chose qui en valût la peine, pour eux-mêmes ou pour leurs enfants? Mais non, aucune assurance ne leur était donnée. Les déclarations officielles sur les buts de guerre, quand les gouvernements se hasardaient à en publier, se bornaient aux généralités les plus timorées; car il fallait éviter toute apparence de menace à l'adresse de l'Allemagne, de crainte de « jeter les Allemands dans les bras de leurs chefs ». On courtisait l'ennemi. Quant aux Alliés? Oh! non, ce n'était pas nécessaire; la question ne se posait même pas.

Un peuple démocratique, on pouvait y compter, se battrait toujours sans attendre « égoïstement » une récompense. Ces âmes charitables ne s'avisèrent même pas que, pour chaque Allemand douteux que, peut-être, ils « arrachaient aux bras d'Hitler », ils risquaient de pousser un Français dans les bras de Pétain. Car plus d'un Français sous les armes réfléchissait, pendant cet âpre hiver de 1939-40, aux événements des vingt dernières années. Sécurité... Réparations... Nous n'avions eu guère plus de l'une que de l'autre après la victoire; et cette fois-ci semblait-il, il fallait compter sur moins encore. Pas de nouveau Versailles. Il fallait nous garder de tirer profit de notre victoire. C'était, ne l'oubliez pas, une guerre contre l'hitlérisme et non contre le peuple allemand. Le jeu prenait de plus en plus l'allure d'une partie de pile ou face : « pile, tu gagnes, et face, je perds ».

L'heure décisive arriva. Les armées françaises furent taillées en pièces. Le manque de préparation, l'incompétence, la désunion, la confusion, le défaitisme, la trahison même, tout y eut part. Mais si même aucune de ces causes n'avait agi, le « problème fondamental », souligné par Mr. Churchill, subsistait : « Il devait suffire », écrivait-il en 1929, « de constater qu'à partir de 1940 l'Allemagne aura environ deux fois plus d'hommes d'âge militaire que la France [1] ».

Certains voulaient voir, dans le Traité de Versailles, le dessein de mettre fin à cette disproportion, « d'affaiblir et de détruire l'Allemagne par tous les moyens possibles [2] ». Cependant, vingt ans après Versailles, l'Allemagne, ainsi que l'avait prévu Clemenceau aussi bien que Mr. Churchill, reparaissait comme la puissance la plus formidable du Continent avec toute la force que lui donnait « la supériorité de sa population, de ses ressources et de sa technique ». La situation de la France était tout autre; comme l'avait remarqué Mr. Keynes [3], c'est, après la Serbie, la France qui, de tous les belligérants de 1914-1918, avait subi proportionnellement les pertes et les souffrances les plus grandes; une des plus riches régions de son territoire avait été systématiquement ravagée; et comme elle n'avait reçu qu'une faible partie des réparations, elle avait été réduite à ses seules ressources pour re-

1. Ouvrage cité, p. 216.
2. *E.C.P.*, p. 138. *C.E.P.*, p. 126.
3. *E.C.P.*, p. 115. *C.E.P.*, p. 107.

médier au désastre. Le retour de l'Alsace et de la Lorraine avait ajouté à l'ensemble de sa population un nombre d'habitants à peu près égal aux pertes subies pendant la guerre; mais cet apport était bien loin de permettre le remplacement des effectifs combattants; sa natalité permettait à peine de maintenir le niveau de la population; ainsi, vingt ans après Versailles, la France sortait de la victoire dans un état de banqueroute démographique; et, si lourdes qu'aient été les fautes de notre pays, il ne saurait être rendu seul responsable de ce malheureux état de choses.

Toutes ces pensées devaient être présentes à l'esprit des hommes qui, en juin 1940, furent appelés à décider si, oui ou non, la France continuerait à combattre. La plupart d'entre eux étaient bridés par de mesquins préjugés politiques, incapables de se hausser jusqu'à de si grands problèmes, dénués d'espérance, de foi et d'esprit combatif. Mais tous n'étaient pas des traîtres; et quel avenir s'offrait à eux? Même si, finalement, on remportait la victoire, y avait-il la moindre chance que ses fruits soient meilleurs qu'en 1919? Rien, pas même l'offre révolutionnaire d'une Union de la France et de la Grande-Bretagne, ne le faisait présager. C'est en vain que la générosité de Mr. Churchill, se dépassant elle-même, nous assurait que les liens de notre amitié avec l'Angleterre n'étaient pas rompus. La France était sortie de la guerre précédente victorieuse, mais épuisée; cette fois-ci, pensaient-ils, si la guerre continue, victorieuse ou non elle sera anéantie... « Il faut en finir. » Sinon ce qui arrivait maintenant ne pourrait que se répéter dans dix ou vingt ans; car ce qui arrivait maintenant n'était pas autre chose que ce qui avait été prédit vingt ans auparavant, et par une voix que n'avait jamais altérée les accents du défaitisme : « Si nous[1] ne tenons pas le Rhin d'une façon permanente... c'est une bataille à notable infériorité numérique, sans aucun obstacle naturel pour la rendre plus facile,

1. Les Alliés.

qu'il nous faudra supporter dans les plaines de Belgique. C'est de nouveau la Belgique et le Nord de la France transformés en champ de bataille, en champ de défaite; c'est bientôt l'ennemi atteignant les côtes d'Ostende et de Calais, les mêmes pays ravagés une fois de plus... Il n'y a pas de secours suffisant, arrivant à temps d'Angleterre ou d'Amérique, pour éviter un désastre dans la plaine du Nord, pour éviter à la France une défaite complète, ou l'obligation, pour y soustraire ses armées, de les replier sans retard derrière la Somme, ou la Seine, ou la Loire, en vue d'y attendre le secours de ses Alliés [1]. »

Cependant, sous le soleil flamboyant de juin, des torrents humains se déversaient par toutes les routes de France. Après des années de la plus énervante appréhension, couronnées par la brutalité du désastre final, les esprits ne savaient plus réagir, les cœurs restaient sans force. L'armistice était proclamé, c'était la paix, c'était la fin, plus de terreur, plus de mort. Mais la France était battue, écrasée, anéantie. On ne pouvait pas le croire, on ne voulait pas le penser. Et puis... serait-ce vraiment si grave? Les Allemands n'étaient pas si méchants que cela. On avait beaucoup exagéré. En tout cas, ils ne pouvaient pas changer grand chose aux conditions d'existence de la plupart des gens. Nous avions tous appris, n'est-ce pas? que la conquête est impraticable. Voyez comme l'Allemagne s'est vite relevée après Versailles. La France aussi se relèverait. C'était la Paix. Chacun allait bientôt rentrer chez soi. Ainsi les Français, fuyant les affres de leur désespoir, se jetaient pour s'étourdir dans de douloureuses illusions. Il avait été difficile, peut-être, de mystifier aussi cruellement ce vieux peuple; il était trop tard maintenant pour le démystifier.

Ni Clemenceau, ni Foch, non plus que Poincaré

1. Foch. Note lue à une réunion des chefs de gouvernements, le 31 mars 1919. Min. des Aff. étr. Documents relatifs aux négociations concernant les garanties de sécurité, etc., Paris, 1924, p. 35.

ou Tardieu, ces « enragés », n'auraient jamais signé l'armistice. Ils auraient combattu jusqu'à la fin, sachant bien que cette fin ne pouvait être aussi amère que les jours que nous vivons[1]. Bénis sont les peuples qui, en de pareils moments, trouvent des chefs pareillement trempés, « justes, sages, vaillants »...

Mais les « enragés » sont des hommes d'une trempe particulière, précieuse autant que rare. C'est une race qui, depuis quelques années, ne recevait guère d'encouragement. Maintenant sonnait l'heure du conciliateur. Ce conciliateur était l'un de ceux qui, en 1919, avaient voté contre le Traité de Versailles. Il avait nom Pierre Laval. Le Gouvernement de Bordeaux signa l'armistice et la France sortit de la guerre.

1. Ecrit avant la libération de la France (Note du traducteur).

CHAPITRE III

LA CONFERENCE

Les accords politiques, recherchant des fins sociales, doivent être réalisés par des moyens sociaux. Les esprits doivent s'y efforcer ensemble. Il faudra du temps pour parvenir à cette union des esprits qui peut seule produire tout le bien que nous désirons. Notre patience accomplira plus que notre violence.

BURKE, 1790.

I

1919 avait donné une première et décisive impulsion aux courants politiques des vingt années suivantes. C'est donc vers ces journées capitales que nous ferons bien de tourner les yeux une fois de plus, pour découvrir le fil conducteur qui nous guidera à travers ce dédale. Et c'est pourquoi ceux des témoins qui sentaient vivement à quel point ces décisions engageaient l'avenir, voyaient dans la Conférence une tragédie. « Le mot », écrivait J. Bainville au début d'avril, « était sur toutes les lèvres ». C'était aussi l'impression de Mr. Keynes. « Le sentiment d'une catastrophe imminente », notait-il dans son célèbre tableau de la Conférence, « planait sur ces délibérations superficielles; la vanité et la petitesse de l'homme devant les grands événements qu'il lui faut affronter; les graves conséquences de décisions prises sans souci des réalités; la légèreté, l'aveuglement, la suffisance, les clameurs confuses venues du dehors, — tous les éléments de la tragédie antique s'y trouvaient réunis [1] ». Dans la mesure où la tragédie nous inspire terreur et pitié au spectacle du malheur voulu par le destin, cette observation convenait à merveille; mais ce qui faisait à la Conférence un fond tragique, ce n'était pas tant la marche des événements extérieurs, la misère et le déclin de l'Europe, conséquences de la guerre qui venait de se terminer, que le sort de la Conférence même. L'état chaotique de l'Europe était bien une tragédie; mais celle qui se déroulait à la Conférence était tout autre. Car les conflits qui se manifestaient au cours de ses enfantements douloureux marquaient la rencontre de forces depuis longtemps à l'œuvre.

Un prédicateur français déclarait un jour que depuis le partage de la Pologne, l'Europe vivait en état de péché mortel. Il y a certes beaucoup à dire en faveur de l'opinion qui fait remonter l'agitation moderne des nationalités aux partages du XVIIIe siècle, grâce auxquels les grandes puissances de l'Europe orientale s'accordèrent à remettre à plus tard la solution de la question d'Orient qui venait de se poser. Car, en s'attribuant des parts égales de ce que Frédéric appelait sarcastiquement « le corps eucharistique de la Pologne », la Russie, la Prusse et l'Autriche avaient réussi, pour ainsi dire, à transposer dans l'espace un problème qui ne manquerait pas de se poser de nouveau, inexorablement, dans le temps. Sous l'impulsion des espérances et des passions soulevées par la Révolution française, les aspirations des nationalités, temporairement étouffées à Vienne, bouillonnèrent et jaillirent d'un bout à l'autre du XIXe siècle. La révolte de la Grèce, qui revendiqua par ses actes le droit des peuples à se libérer du joug étranger, fut le signal du réveil

1. Voir *E.C.P.*, p. 4. *C.E.P.*, p. 15.

des nations méditerranéennes démembrées. Bientôt après, l'avalanche soudaine qui entraîna la monarchie française fut précipitée par les passions nationalistes, dressées contre l'Europe de Vienne, et le choc se répercuta dans l'Europe entière : en Pologne, l'insurrection s'alluma et fut réprimée; tandis que la sécession de la Belgique d'avec la Hollande, après avoir causé de vives craintes pour la paix de l'Europe, établit avec succès les fondements d'une nation restée debout jusqu'à nos jours. Dix ans plus tard, lorsque le peuple qui allait former le premier Etat arabe s'affranchit du joug ottoman, les contre-coups de la question d'Orient se firent sentir jusqu'aux rives du Rhin et faillirent mettre aux prises la France et la Prusse. En 1848, la Lombardie et la Vénétie, la Bohême et la Hongrie prirent les armes pour secouer la domination des Habsbourg; tous ces mouvements furent domptés; mais bientôt l'urne trop pleine débordait de nouveau, et l'Italie réalisait triomphalement son unité grâce au brûlant enthousiasme du Risorgimento. Puis, la même année qui vit noyer dans le sang une seconde insurrection polonaise, vit aussi la première étape de la marche triomphale de la Prusse vers l'hégémonie; l'attaque contre les duchés danois qui aboutit à l'annexion du Slesvig et du Holstein fut lancée par Bismarck en vue de réaliser l'unité nationale de l'Allemagne; de même, la guerre contre la France, où le vainqueur remporta l'Alsace et la Lorraine, réunies pour former le « Reichsland » qui allait couronner et cimenter le nouvel édifice du Reich.

Une nouvelle Europe était née, où les « grandes unités » dominaient la scène; un « extraordinaire épisode de l'évolution économique de l'homme [1] » avait commencé. Les grandes puissances allaient-elles s'en estimer satisfaites? La paix était-elle assurée? Mais des millions d'hommes restaient assujettis à la domination étrangère; dans une mesure à peine moindre que l'Empire Ottoman, la Monar-

1. *E.C.P.*, p. 9. *C.E.P.*, p. 20.

chie Austro-Hongroise était un assemblage de races différentes qui s'agitaient pour obtenir une plus large autonomie, sinon une complète indépendance. Le groupe le plus important de beaucoup était celui des peuples slaves, qui cherchaient un appui du côté de la Russie, — le « grand frère » — de même que la Russie voyait dans les « bratouchki » le moyen de répandre son influence en Europe centrale et méridionale. La dislocation graduelle de l'Empire Ottoman allait profiter soit à la Russie, soit à l'Autriche-Hongrie, et, étant donnée la décrépitude de l'édifice austro-hongrois, ce double processus de désintégration partagerait ses effets entre la Russie et l'Allemagne.

« La clef de toute la situation en Europe Orientale, et c'est un fait auquel on ne saurait prêter trop d'attention à l'heure actuelle », écrivait Sir Halford Mackinder en 1919, « c'est la prétention des Allemands à dominer les Slaves[1] ». Après la guerre austro-prussienne de 1866, Mazzini avait prédit que la chute de la Turquie serait suivie par celle de l'Autriche; et, l'année même du Congrès de Berlin, l'intervention de la Russie en faveur des sujets slaves de la Turquie ayant presque déclenché une guerre avec l'Empire Britannique, l'historien français Sorel déclarait que lorsque l'Europe croirait avoir résolu la question d'Orient, elle verrait inévitablement surgir la question d'Autriche. C'est la question d'Autriche qui déchaîna la guerre en 1914; et, la même année, la question d'Irlande, cet abcès chronique au flanc de la politique intérieure britannique, avait amené le pays au seuil de la guerre civile. Si Mr. Keynes, en 1919, confessait avec candeur que c'était pour lui une « sensation nouvelle... de devenir un Européen dans ses préoccupations et son point de vue[2] », il faut sans doute lui pardonner d'avoir réprimandé le Conseil des Quatre pour s'être empêtré dans des « pseudo-problèmes » de

1. H. J. MACKINDER : *Democratic Ideals and Reality*, éd. Pélican, 1944, p. 96.
2. *E.C.P.*, p. 3 *C.E.P.*, p. 15.

frontières et de souveraineté. Comment blâmer la brave femme qui, trouvant ses gâteaux brûlés dans son four, jugeait les préoccupations du roi Alfred entièrement dépourvues de réalité [1] ? Mais on n'a pas grand peine à comprendre qu'aux yeux des hommes d'Etat réunis en 1919 pour organiser un monde d'où seraient éliminées les principales causes de guerre, le problème des nationalités ait été au cœur même de la question.

Cependant, sans hésiter, Mr. Keynes les accusait de manquer du sentiment de leur responsabilité. « Ils ne s'intéressaient pas à la vie future de l'Europe, ils ne se souciaient pas de ses moyens d'existence. » « Il est extraordinaire », écrivait-il, « que le problème économique fondamental d'une Europe mourant de faim et se désagrégeant sous leurs yeux, soit précisément la seule question à laquelle il ait été impossible d'intéresser les Quatre [2] ». A une pareille accusation, il faut des preuves sérieuses; il est donc quelque peu déconcertant de la voir porter par un homme qui, en qualité de représentant du Chancelier de l'Echiquier avait siégé au Conseil Suprême Economique. Celui-ci avait été institué en février 1919 sur l'initiative du président Wilson, et réunissait tous les services interalliés qui s'occupaient des problèmes de finances, de ravitaillement, de blocus et de matières premières. Ses fonctions étaient « d'examiner toutes les mesures d'ordre économique à prendre après la guerre pendant la période de reconstruction, de façon à assurer : *a*) les approvisionnements voulus en matières premières et tous autres produits nécessaires à la restauration des régions dévastées; *b*) le rétablissement économique des pays qui ont le plus souffert de la guerre; *c*) le ravitaillement général des

1. Tous les Anglais connaissent depuis l'enfance l'histoire du roi Alfred. Celui-ci, s'abritant chez une paysanne qui ne le reconnaît pas, s'absorbe dans de graves pensées et laisse brûler les gâteaux que la bonne femme lui a confiés. (N. d. T.)

2. *E.C.P.*, p. 51, p. 211. *C.E.P.*, p. 54, p. 183.

pays neutres et ex-ennemis, sans que ceci soit au détriment des fournitures nécessaires aux pays alliés et associés ». Son mandat consistait donc entièrement en tâches d'administration économique (telles que la réorganisation des transports européens) et d'assistance aux nombreux pays d'Europe que menaçait la famine. En s'acquittant de cette tâche, sa Section des Secours, dirigée par Mr. Herbert Hoover[1], distribua quelques trente-cinq millions de tonnes de fournitures et objets de toutes sortes[2]. Il est d'ailleurs naturel que le Conseil, qui avait à régler le sort, non seulement de l'Europe, mais aussi de plusieurs autres régions du monde, n'ait pas voué à ce chapitre de son ordre du jour une proportion excessive de son temps surchargé. Après qu'une longue séance, le 5 mars, eut été presque entièrement occupée par la question des secours à l'Europe, Mr. Balfour exprima l'opinion qu'« il était inutile que toutes les propositions du Conseil Suprême Economique fussent soumises à l'approbation des Cinq Puissances. Le Conseil Economique, à son avis, possédait l'autorité exécutive dans les limites de sa compétence[3] ». A très juste titre, le Conseil Suprême des Alliés déléguait ses pouvoirs dans ce domaine au Conseil Economique. S'il fallait adresser au Conseil Suprême quelque critique sur ses méthodes, on pourrait dire qu'il a cédé à la tentation de trop faire par lui-même et il est peut-être regrettable qu'il n'ait pas plus souvent adopté cette sage attitude, lorsqu'il s'agissait

1. « Le seul homme, écrivait Mr. Keynes, qui soit sorti grandi des épreuves de la Conférence de Paris. » *C.E.P.*, p. 219 *n*. *E.C.P.*, p. 257 *n*.

2. On appréciera d'autant mieux l'importance de ce chiffre en le comparant aux projets faits en 1943 par l'U.N.R.R.A. pour les secours à l'Europe après la libération : on calculait qu'il faudrait 45 millions de tonnes de matériaux et denrées dans les six premiers mois, pour une tâche dépassant de loin celle de 1919.

3. D. H. Miller : *My Diary at the Conference of Paris*, 1928, vol. XV, p. 155. *Foreign Relations of the United States, The Paris Peace Conference*, 1919, vol. IV, p. 199.

de problèmes non permanents, en se déchargeant de certaines tâches exécutives et administratives sur une organisation secondaire[1].

Ainsi, la prétendue indifférence des Quatre à l'égard de ces questions ne doit pas être attribuée à « des intrigues creuses et stériles ». Les faits sont là, et montrent que les secours et la reconstruction n'avaient pas été oubliés. Mais ni les secours d'ordre économique, ni la reconstruction n'auraient compté pour grand chose si les peuples européens déracinés n'avaient pu savoir à quelle unité politique ils appartiendraient à l'avenir, où ils en étaient enfin, et s'ils allaient désormais se redresser ou se courber. Ce n'est qu'à cette condition que l'Europe pourrait se remettre au travail. Si les hommes d'Etat de 1919 s'attaquèrent d'abord aux problèmes politiques et territoriaux, plutôt qu'à l'administration économique, ce n'est guère la preuve que « l'avenir de l'Europe ne les intéressait pas ». Cela démontre seulement qu'ils ne croyaient pas possible de mettre en train même le relèvement économique avant d'avoir rétabli l'ordre et la paix sur le continent. Et, si l'on songe aux passions nationales

1. Le blocus de l'Allemagne était l'un des problèmes d'administration économique les plus urgents. Le maintien de ce blocus pendant une période de quatre mois à partir de l'Armistice a figuré dans l'arsenal de la propagande allemande qui s'efforçait de convaincre le monde entier de l'inhumanité des Alliés. Nous n'avons pas à nous occuper ici de cette question, si ce n'est pour remarquer que Mr. Keynes ne jugea pas opportun de choisir cet épisode comme exemple des crimes et des folies de 1919. Les retards apportés au relâchement du blocus furent dûs, dit-il, au peu d'empressement que mirent les Allemands à transférer aux Alliés les navires marchands nécessaires au transport des denrées alimentaires. « Les Allemands refusaient de conclure parce qu'ils n'avaient pas la garantie formelle des Alliés qu'en livrant leurs bateaux, ils recevraient les denrées alimentaires. Mais si l'on reconnaît aux Alliés quelque bonne foi (leur attitude à l'égard de certaines clauses du Traité n'avait pas été impeccable et pouvait quelque peu justifier les soupçons de l'ennemi), leurs exigences n'avaient rien d'excessif. » (*E.C.P.*, p. 161 *n*. *C.E.P.*, p. 143 *n*.)

allumées d'un bout à l'autre de l'Europe, le problème n'était pas facile à résoudre.

Car certaines des forces qui avaient contribué à déchaîner la guerre devaient aider les Alliés à remporter la victoire. Lors de l'assaut final livré aux Empires Centraux, les Alliés avaient trouvé dans le soulèvement des nations slaves un appui opportun et puissant ; et seuls les hasards de la guerre purent créer les conditions extraordinaires qui rendirent possible, en un moment peut-être unique dans l'histoire, de croire à l'avenir d'une Europe constituée de nations libres. « Hélas », écrivait Clemenceau, dix ans plus tard, « il faut avoir le courage de le dire, nous n'étions pas entrés en guerre avec un programme de libérateurs... Nous étions partis en alliés des oppresseurs russes de la Pologne, avec les soldats polonais de la Silésie, de la Galicie, combattant contre nous. Par l'effondrement de la Russie militaire, la Pologne se trouvait tout à coup libérée, recréée, et voici que dans toute l'Europe, les nationalités relevaient la tête et notre guerre de défense nationale se voyait transformée par la force des choses en guerre de libération... L'Europe de droit, au lieu de l'Europe démembrée, c'était le plus beau coup de théâtre [1] ». Or, s'il était possible de résumer en une seule maxime le programme apporté à l'Europe par le Président Wilson, cette maxime serait certainement que le droit des peuples à disposer d'eux-mêmes allait avoir le pas désormais sur la politique d'équilibre des puissances. « Un principe évident », déclarait-il dans son discours des Quatorze Points, « est à la base de tout le programme que j'ai tracé. C'est le principe de la justice envers tous les peuples et toutes les nationalités, et de leur droit à vivre *sur un pied égal* de liberté et de sécurité, qu'ils soient forts ou faibles ». « Les peuples et les provinces », disait-il un peu plus tard, « ne doivent pas passer de main en main, d'Etat souverain en Etat souverain, comme

1. G. Clemenceau : *Grandeurs et Misères d'une Victoire,* Paris, 1930, pp. 160-161.

de simples marchandises ou des pions dans un jeu, fût-ce le grand jeu, aujourd'hui et à tout jamais discrédité, de l'équilibre des puissances ». La paix du monde ne serait jamais plus à la merci du ferment de l'irrédentisme national : c'était là une résolution bien arrêtée dans l'esprit du Président, et aussi, d'ailleurs, dans celui de Mr. Lloyd George.

Mais peut-être ne s'étaient-ils pas aperçus que, chaque fois que ce ferment avait réussi à troubler la paix de l'Europe, c'était en détruisant d'abord l'équilibre des puissances et que, si cet équilibre n'était pas fermement établi, les « droits égaux » des nations faibles disparaîtraient tôt ou tard devant les forces inégales des nations puissantes.

Les difficultés suscitées par la création de tant d'Etats indépendants ont fait naître des réflexions de plus en plus nombreuses sur les vertus du droit des peuples à disposer d'eux-mêmes, vertus qui, aux yeux de bien des gens, en 1919 et depuis lors, ne pouvaient être mises en doute que pour des motifs réactionnaires inavouables. C'est ainsi que Mr. Keynes put représenter Clemenceau comme rendant un hommage purement verbal, par diplomatie, « aux idéaux de naïfs Américains et d'Anglais hypocrites », mais en même temps, refusant d'attribuer « au principe de libre disposition des peuples aucune valeur, sauf celle d'une formule ingénieuse par laquelle on fait jouer la balance des forces dans son propre intérêt[1] ». Quelle que fût la véritable opinion de Clemenceau, d'autres que lui, à cette époque, devaient faire entendre des critiques surprenantes : « Quand le Président parle de libre disposition des peuples », écrivait en décembre 1918 Mr. Robert Lansing, « quelle unité a-t-il dans l'esprit? Pense-t-il à une race, à une région, ou à une communauté ? Sans une définition pratique de l'unité adoptée, l'application de ce principe sera dangereuse pour la paix et pour la stabilité... C'est une expression chargée de dynamite. Elle fera naître des espoirs irréalisables et coûtera, je le crains,

1. *E.C.P.*, p. 30. *C.E.P.*, pp. 37-38.

des milliers de vies humaines. Finalement, elle ne pourra manquer de tomber en discrédit, et passera pour le rêve d'un idéaliste qui n'en aura compris le danger que trop tard, alors qu'il n'était plus temps d'arrêter ceux qui essayaient d'en appliquer le principe. C'est une calamité que le mot ait jamais été prononcé. Que de souffrances il causera [1] ». Etant donnée la légende si répandue qui fait de la Conférence une lutte entre l'idéalisme américain et le cynisme européen, il est intéressant de constater qu'une des critiques les plus réalistes de la libre disposition des peuples qui aient été faites à l'époque, émanait, non d'un politicien machiavélique de l'ancien continent, mais d'un Secrétaire d'Etat américain.

Ces réserves ont été reprises récemment et ont fait l'objet d'une étude plus systématique. C'est ainsi que, dans un livre qui a eu de nombreux lecteurs, le professeur E. H. Carr a souligné de façon frappante la différence entre la libre disposition des peuples, considérée comme un droit subjectif, basé sur le désir « d'un groupe de grandeur raisonnable de constituer un Etat », et la nationalité, « comportant des caractères objectifs tels que différence de type physique, ou de langue, de culture et de tradition [2] ». « Il existe, écrit-il, entre la libre disposition et la nationalité une opposition virtuelle. » Et il accuse les négociateurs du Traité de n'en avoir pas tenu compte, parce qu'ils « ne percevaient aucune discordance, ni même aucune distinction à faire » entre les deux principes. Toutefois, cette confusion s'explique par le fait que les deux idées coïncidaient pratiquement en Europe occidentale et dans la plupart des pays d'outremer dont la civilisation en était dérivée. Mais en Europe orientale, les choses n'étaient pas si simples. Là, poursuivait le professeur Carr, la langue n'était

1. R. LANSING : *The Peace Negotiations, a Personal Narrative,* Boston et New-York, 1921, p. 97.

2. E. H. CARR : *Conditions of Peace,* London, 1942, p. 41.

pas le signe certain de la volonté subjective de former un Etat : on le vit bien lors des plébiscites d'Allenstein et Marienwerder, où les habitants de langue polonaise votèrent pour l'Allemagne, et de Klagenfurt où les habitants de langue slovène votèrent pour l'Autriche. En somme, sauf dans les cas où l'on prévoyait des plébiscites, c'est la nationalité plutôt que la libre disposition, qui servit à la Conférence de principe directeur.

Ce conflit ne pouvait être résolu au seul bénéfice de l'un des deux principes en cause sans bouleverser profondément la vie même des peuples que la Conférence s'était donné pour tâche de rendre à une existence normale. Portée à ses conséquences extrêmes, la libre disposition aurait signifié non seulement des plébiscites *universels,* mais des plébiscites permanents. En effet, pourquoi la structure d'une nation serait-elle fixée à jamais par ce qu'avaient pensé en 1919 les hommes qui la composaient? Renan avait appelé la vie d'une nation véritablement unie « un plébiscite quotidien ». Mais il aurait été le premier à ajouter que ceci ne pouvait s'appliquer littéralement à des nations en formation avant que le temps, la tradition, l'usage eussent fait une réalité vivante de « l'âme, du principe spirituel » sans lequel une nation n'existe pas. « Avoir des gloires communes dans le passé, une volonté commune dans le présent, avoir fait de grandes choses ensemble, vouloir en faire encore, voilà la condition essentielle pour être un peuple. » Personne, en 1919, ne proposait que toute l'Europe fût soumise à des plébiscites, et les partisans les plus fervents de la libre disposition comprenaient eux-mêmes les dangers d'anarchie auxquels on s'exposerait en la poussant jusqu'à ses conséquences extrêmes. Rien ne permettrait alors de distinguer le droit de libre disposition du « droit » de sécession; et le monde entier se souvenait que le Président qui se faisait aujourd'hui le champion de la libre disposition était le successeur d'un autre Président qui avait engagé son pays dans la guerre la plus terrible de son histoire pour la sauver de ce péril même. L'interprétation littérale de ce principe aurait signifié qu'à moins de déterminer par des plébiscites la structure politique de l'Europe tout entière, on violerait le programme wilsonien.

Aucun de ceux qui participaient à la Conférence ne soutint ce point de vue, pas même le Président Wilson. Dès le début de la Conférence et avant que Mr. Lloyd George eût vraiment eu le temps de l'« enjôler », il montra fort bien que l'application de ses principes à des cas concrets ne pouvait se faire de façon aussi sommaire. « Qu'on soumette aux Grandes Puissances », disait-il le 30 janvier, « une carte d'Europe montrant les territoires à délimiter, d'après les facteurs économiques et raciaux; elles pourront alors se réunir pour considérer les propositions et apprécier les données telles que l'opportunité, les antagonismes naturels, etc..., qui n'ont pu trouver place dans les études purement théoriques [1]. » Plus d'une fois, lorsqu'il s'agit de résoudre des difficultés de cette nature, on admit la nécessité d'un compromis. « Dans bien des régions du monde », déclarait Mr. Balfour « on allait être amené à tempérer les principes ethnographiques par des considérations économiques et géographiques. Il parut qu'on accroîtrait la confusion et qu'on doublerait la difficulté en commençant par faire voter les populations pour ne tenir ensuite aucun compte de leur vote. Ne vaudrait-il pas mieux dire d'avance qu'on serait obligé de donner le pas à certaines considérations sur le sentiment national, plutôt que de consulter celui-ci et de rendre ainsi presque impossible d'alléguer celles-là ? [2] » Ce que le professeur Carr attribue à une confusion entre la libre disposition et la nationalité était plutôt la reconnaissance tacite de l'impossibilité de résoudre le conflit entièrement en faveur de l'une ou de l'autre. De plus, le fait que la *langue* n'est pas un critérium suffisant de la volonté de constituer une

1. D. H. MILLER, ouvrage cité, vol. XIV, p. 77.
2. D. H. MILLER, ouvrage cité, vol. XV, p. 529.

nation est la preuve, non que la libre disposition ne coïncide pas avec la nationalité, mais seulement que la nationalité ne coïncide pas avec la langue.

Comme ceux de l'individu, les besoins de la nation sont multiples, et ils ne sont pas toujours compatibles entre eux. Chez un « groupe national » le seul désir de constituer un Etat indépendant ne pouvait guère suffire comme base de sa future existence nationale. Les peuples « intéressés » ne souhaitaient pas seulement appartenir à telle ou telle nation, il leur importait grandement aussi que cette nation fût forte, prospère et en sécurité.

Les conséquences économiques des changements territoriaux ont donné lieu à de fréquents malentendus. Dans un livre célèbre, Sir Norman Angell entreprit un jour de dissiper certains d'entre eux en démontrant que sous le régime du capitalisme moderne, de la propriété privée et de la libre entreprise, les annexions de territoire n'enrichissaient pas, par elles-mêmes, le pays vainqueur. Tant que le droit de propriété des vaincus était respecté (et le contraire était manifestement impossible), les vainqueurs gagnaient en territoire et en population mais non en richesse; réciproquement, les habitants restés dans le pays mutilé ne se trouvaient pas directement appauvris. Nous avons appris aujourd'hui que par l'extermination et l'expropriation massives, l'Etat totalitaire a su faire de ses gains autre chose qu'une « Grande Illusion »; mais étant donné l'humanité que montrèrent les vainqueurs de 1919, les conclusions de Sir Norman Angell prenaient alors une réelle signification pratique.

D'ailleurs, même en s'en tenant à ces méthodes, aujourd'hui dépassées, pour les transferts de territoires, la présence d'importantes ressources économiques n'est pas indifférente au pays qui doit les perdre ou les acquérir. L'annexion d'une population riche aura pour conséquence l'enrichissement de la nation *dans son ensemble*. Les finances nationales sont renforcées par l'imposition des régions les plus riches; et même en l'absence des multiples interventions de l'Etat qui pourraient transformer les ressources nouvelles en propriété nationale, au sens littéral du mot, le seul fait de leur inclusion à l'intérieur des frontières accroîtra la fortune nationale, ne fût-ce qu'en permettant à la population de se déplacer vers les régions riches sans perdre sa nationalité. Pour toutes ces raisons, on invoqua maintes fois, pendant la Conférence, des « considérations économiques » à l'appui de revendications territoriales.

D'autre part, il se peut faire que la suppression d'une frontière entre deux régions améliore la situation économique de l'une et de l'autre, abstraction faite de la somme de leur *puissance* économique; car du même coup se trouve supprimé tout *prétexte* d'entraver le libre jeu des forces qui joueront naturellement en faveur de la meilleure localisation géographique des facteurs de production. Mais l'existence d'une frontière politique, *en elle-même,* ne rend ces transformations ni impossibles, ni même plus difficiles. A l'intérieur d'un Etat, les produits d'une région s'échangent contre ceux d'une autre région; tout l'effet d'une nouvelle frontière sera de substituer au commerce interrégional un commerce international, — mais non de supprimer tout commerce. Ainsi, selon Mr. Keynes lui-même, les frontières politiques seraient de peu d'importance pour les relations économiques en régime de libre échange. Mais, ajoutait-il, « les hommes ont inventé des méthodes pour s'appauvrir eux-mêmes et se nuire les uns aux autres »; et, « si l'on tient compte des passions et des mobiles actuels de la société capitaliste européenne, la production totale se trouvera diminuée par suite de l'établissement de chaque nouvelle frontière politique réclamée et par les sentiments, et par la justice historique : en effet, le nationalisme et les intérêts privés imposeront une nouvelle frontière économique qui suivra, elle aussi, les limites politiques [1] ».

1. *E.C.P.,* p. 91. *C.E.P.,* voir p. 87.

Ce qui est arrivé depuis lors suffirait, semble-t-il, à confirmer amplement la justesse de cette observation. Partout les barrières douanières, renforcées par toutes sortes d'inventions destinées à favoriser l'autarcie ont entravé le plein développement économique de l'Europe et du reste du monde. Mais la conclusion qu'en tire Mr. Keynes ne se justifie guère : si des frontières économiques devaient surgir partout où l'on avait tracé des frontières politiques, la faute en était « aux passions et aux mobiles actuels de la société capitaliste européenne », et non au Traité de Paix. L'idée que les « régions économiques naturelles » ne doivent pas être partagées « arbitrairement » peut à première vue paraître parfaitement raisonnable; mais qu'est-ce qu'une « région économique naturelle » ? Si l'on vise à une autarcie complète, quelles sont les limites auxquelles s'arrêtera l'expansion territoriale ? Aucun des pays d'Europe ne peut se suffire économiquement et même leur réunion en une seule unité européenne ne leur permettrait pas d'y parvenir. Si les observations de Mr. Keynes sur les pernicieuses conséquences économiques des frontières politiques avaient été logiquement poussées à leurs conclusions, elles n'auraient pas justifié sa critique des changements apportés par le Traité aux frontières *existantes :* elles auraient bien plutôt exigé qu'il demandât leur abolition complète, à moins que l'« Eldorado économique » d'avant guerre qu'il dépeint dans son premier chapitre, ait représenté à ses yeux un si haut sommet de félicité universelle qu'il ait rendu haïssable le moindre changement apporté à l'état de choses de 1914. Mais Mr. Keynes qui, nous le verrons, avait des observations sévères à présenter sur l'impossibilité d'un retour à l'Europe de 1870, ne semblait pas se rendre compte qu'il serait tout aussi difficile de revenir, même approximativement, à 1914.

Et cependant, la Conférence multipliait les efforts les plus ingénieux, afin de pourvoir les nouveaux Etats de ressources économiques leur permettant de faire de leur indépendance politique une réalité. Mr. Harold Nicolson s'est plaint des difficultés que créaient ces problèmes : « On ne nous avait donné... aucune directive », écrit-il, « au sujet de l'inévitable conflit entre la « libre disposition » et les intérêts économiques. Les Français représentaient sans cesse que notre premier devoir était de rendre les nouveaux Etats « viables [1] »..., ou, en d'autres termes de les doter des éléments essentiels de sécurité, de transports et de ressources économiques, à défaut desquels il leur serait impossible de fonder solidement leur indépendance. Nous ne sûmes jamais jusqu'à quel point nous devions accepter cette thèse [2]. » La raison en était peut-être qu'il était impossible en fait d'établir une règle rigide d'après les seules normes économiques.

Le cas des régions de langue allemande de la Bohême est un exemple typique de ce genre de problème. Lorsqu'il le présenta au Conseil Suprême, M. Benès prononça un long plaidoyer en faveur du maintien de l'ancienne frontière entre l'Allemagne et la partie bohémienne de l'Autriche-Hongrie. De ce fait, il ne le niait pas, une minorité nationale allemande se trouverait comprise dans le nouvel Etat tchécoslovaque ; mais il donnait une série d'arguments historiques et politiques en faveur de cette solution. « Toutefois », ajoutait M. Benès, « le meilleur argument sur lequel on puisse fonder les droits des Tchèques est d'ordre économique. C'est dans les parties tchéco-allemandes de la Bohême que sont situées presque toutes les industries du pays. La Bohême, dans son ensemble, était la région la plus fortement industrialisée de la Monarchie... Sans les territoires de la périphérie, la Bohême ne pourrait vivre. Le centre du pays est agricole et les deux parties dépendent si étroitement l'une de l'autre qu'elles ne pourraient subsister l'une sans l'autre. Si l'on donnait aux Allemands le pourtour de la

1. En français dans le texte (N. d. T.).
2. *Peacemaking,* p. 130

Bohême, ils posséderaient aussi l'arrière pays[1]. » En conséquence, et presque sans discussion, il fut décidé que la frontière entre la Bohême et l'Allemagne resterait telle qu'elle était en 1914. Une minorité de quelque trois millions d'habitants de langue allemande fut incorporée à la Tchécoslovaquie. C'est là l'exemple bien net d'un cas où les « considérations économiques » ont prévalu sur la stricte application du droit des peuples à disposer d'eux-mêmes. Peut-être est-ce pour cette raison même que Mr. Keynes se trouva satisfait de la solution ainsi adoptée, car il ne lui adressa aucune critique. Et, pourtant, ce fut précisément la question des Allemands des Sudètes qui conduisit l'Europe au seuil de la guerre en septembre 1938. Ainsi, même lorsqu'on accordait au ravitaillement, au charbon et aux transports toute l'attention qu'ils méritaient, les frontières et les souverainetés constituaient encore des risques de crise.

Mais le choix entre avantage politique et avantage économique ne saurait être fixé une fois pour toutes: il appelle autre chose et plus qu'un jugement de fait, puisqu'en dernière analyse il faut bien qu'il se fonde sur un choix entre des valeurs. Longtemps avant la célèbre phrase du maréchal Goering à propos de la priorité des canons sur le beurre, Adam Smith, entre autres, avec la charmante simplicité de son époque, avait exprimé l'opinion que la défense importait beaucoup plus que l'opulence. Mais il n'y a pas au monde de raison *démontrable* qui puisse empêcher quiconque de préférer celle-ci à celle-là, ni de troquer, si l'occasion s'en présente, la liberté contre la prospérité. Après tout, la plus ancienne transaction de ce genre dont la relation nous soit parvenue n'aurait jamais eu lieu si Esaü

1. MILLER, ouvrage cité, vol. XIV, p. 215. Dans le rapport final de la Commission des Questions Tchécoslovaques, l'argument économique en faveur de l'inclusion des Sudètes à la Tchécoslovaquie venait en première ligne. « Il existe, disait le rapport, une interdépendance économique totale entre les Tchèques et les Allemands de Bohême. »

n'avait *préféré* le plat de lentilles. Pendant longtemps, l'opinion générale a été que ce n'était pas lui, en fin de compte, qui avait fait la meilleure affaire; mais sans doute ne faut-il voir là qu'un préjugé hypocrite, à une époque qui accepte les yeux fermés la « primauté de l'économique sur le politique » et, d'ailleurs, sur toutes choses. En 1919, les jours étaient proches où M. Ford allait déclarer que ce qui est économiquement justifié l'est aussi moralement. Et proclamer que le Traité était économiquement mauvais, suffisait déjà à le condamner tout entier. Les temps annoncés par Burke étaient venus : c'était en vérité l'ère des économistes et des calculateurs.

Dans cet éternel débat, il est peut-être un peu trop facile et il n'est certes pas suffisant, de protester que l'homme ne vit pas de pain *seulement :* car cela n'a jamais voulu dire qu'il peut se passer de pain entièrement, et cela peut même signifier que le pain doit souvent venir en première ligne. Mais en était-il vraiment ainsi en 1919 ? Les choses en étaient-elles au point où toutes les questions autres que le ravitaillement, le charbon et les transports étaient devenues « insignifiantes », et devaient le rester à l'avenir? Et s'il en était ainsi, à quoi bon, dans quel but s'être battu pendant quatre mortelles années? Si l'existence des nations était un « pseudo-problème », combien il eût été plus simple de se soumettre en 1914 à ce que Mr. Keynes voulait bien appeler « l'égoïsme sans frein » du peuple allemand, et de s'incliner devant l'inévitable hégémonie des Empires Centraux, plutôt que de troubler l'admirable ordre économique qui régnait en Europe? On se serait épargné ainsi bien des ennuis. « Tout cela est votre faute » déclarèrent Noske et Koester, les aimables socialistes allemands venus à Bruxelles sur les talons de l'armée allemande, rendre amicalement visite à leurs camarades belges en septembre 1914; « pourquoi ne nous avez-vous pas laissés passer? Notre gouvernement vous aurait largement dédommagés et de plus nous vous aurions apporté les bienfaits du suffrage universel et des assurances sociales que vous n'avez pas encore réussi à obtenir ». « Mais », répondirent les Belges, « que serait devenu l'honneur national ? » « L'honneur national ? dit Koester, idéologie bourgeoise. Les socialistes n'ont rien à voir avec ça ». Ce n'est pas en vain que la social-démocratie allemande s'était nourrie de l'interprétation économique de l'Histoire.

Donc, après tout, peut-être étaient-ce les socialistes allemands qui avaient raison et les Belges qui avaient tort. Mais, dans leur candeur, les chefs des nations qui avaient prodigué les vies de leurs enfants pour la défense de leur *souveraineté* dans la limite de leurs *frontières,* allaient prendre les choses autrement. C'est pourquoi, à la Conférence, souverainetés et frontières passèrent avant tout, oui, même avant le ravitaillement, avant le charbon, avant les transports. S'il est du devoir de tout économiste averti de faire entrer en ligne de compte « ce qu'on voit et ce qu'on ne voit pas [1] », il doit aussi se souvenir que, ce faisant, il borne encore ses calculs au seul problème économique. Mais l'homme d'Etat, dont l'idéal, en un sens, est d'être le *calculateur universel,* et chez qui la faculté suprême est ce don de la vision « sans laquelle les peuples périssent » doit chercher par-dessus tout à connaître — et cela, sans limites — ce qu'on voit et ce qu'on ne voit pas. Car, si les économistes traitent de l'élément *mesurable* des affaires humaines, la politique est bien le domaine des *impondérables.* En jugeant que c'était des revendications nationales et des ambitions politiques qu'allaient sortir les périls durables de l'avenir, les hommes d'Etat de 1919 pensèrent sans doute qu'on n'obtiendrait pas la reconstruction économique au prix de la destruction spirituelle; ils durent se souvenir que les Belges avaient préféré l'honneur national aux bienfaits des assurances sociales allemandes, que César Bat-

1. Citation de F. Bastiat, en français dans le texte (N. d. T.).

tisti, géographe et économiste, avait donné sa vie pour que le Trentin devînt italien, bien qu'il sût que les pommes de son verger se vendaient mieux sur les marchés d'Autriche; ils regardèrent moins, peut-être, les choses qu'on voit, que les choses invisibles, ces sources profondes d'inquiétudes nationales, ces régions obscures où, comme le leur rappela un jour le Président Wilson, les griefs couvent sourdement, pareils aux étincelles qui rampent invisibles à travers la forêt sous le lit épais des feuilles mortes; puis, un beau jour, l'incendie éclate et fait rage. Peut-être, après tout, se sont-ils souvenus que les choses qu'on voit sont temporelles, mais que les choses invisibles sont éternelles.

II

J'ai toujours éprouvé beaucoup de sympathie pour le petit garçon qui voulait écrire une histoire de France « avec tous les détails ». Puisque l'Histoire ne peut procéder par accumulation, il faut bien qu'elle adopte la sélection; et puisque, en dernier ressort, le choix résulte d'un équilibre arbitraire entre des préférences personnelles, jamais l'Histoire n'est parfaitement impartiale : elle ne saurait l'être qu'en embrassant « tous les détails ».

Il est donc permis à chacun de faire observer que le sujet du livre de Mr. Keynes était limité et que ce n'est pas jouer franc jeu que d'attirer l'attention uniquement sur un fait resté en dehors du tableau qu'il a tracé; il en est beaucoup qui manquent au mien, je le reconnais sans peine. Par exemple, comme cet ouvrage a affaire aux idées de Mr. Keynes et non à sa personne (et comme, au surplus, je n'ai pas le privilège de le connaître), il m'est impossible de faire au lecteur le plaisir de lui en tracer le portrait; et j'avoue que, faute d'indications sur la couleur de ses chaussures ou sur le grain de son épiderme, cette histoire aura de fâcheuses lacunes. Dans sa vision prophétique des destinées de l'Europe, Mr. Keynes semble avoir attaché beaucoup de prix à des faits de cette nature; combien l'avenir de l'humanité aurait pu être changé si le Président avait eu les doigts plus effilés, ou les jambes plus longues [1]. L'auteur n'a pu avoir connaissance de pareils détails d'ordre anatomique ou vestimentaire, qu'en vivant journellement dans le proche entourage des Quatre : telle sera sans doute l'impression du lecteur. Ainsi lorsqu'un des plénipotentiaires américains, dans un livre publié peu après le sien, affirma que Mr. Keynes donnait une impression « entièrement erronée [2] » des séances du Conseil, notre auteur rétorqua triomphalement que le même livre confirmait sa propre description des gants gris de Clemenceau [3]. Mais alors, demandera-t-on à bon droit, pourquoi s'en tenir là? Pourquoi ne pas révéler aussi au monde que Wilson portait un pince-nez et que Lloyd George avait la moustache grise?

Ce ne sont là que bagatelles. Etant donnée la gravité du sujet Mr. Keynes avait demandé qu'on lui pardonnât d'avoir pris parfois, en décrivant la

1. « Sa tête et ses traits étaient bien dessinés et semblables en tous points à ses photographies; les muscles de son cou et son port de tête étaient distingués », écrit Mr. Keynes, expliquant comment l'aspect physique du Président, « démentit en partie, mais non entièrement, les illusions qu'il avait eues à l'égard de cet homme d'Etat. Mais, poursuit-il, le Président, comme Ulysse, était plus imposant assis que debout, et ses mains, bien qu'adroites et assez vigoureuses, manquaient de sensibilité et de finesse. » *E.C.P.*, p. 37. *C.E.P.*, p. 43.

2. Voir E. M. House et Ch. Seymour : *What Really Happened at Paris*, New-York, 1921, p. 65 *n.* « La réunion désordonnée et orageuse, écrit le professeur Haskins, qu'il décrit, dans le grand salon de la maison du Président, semble avoir été rendue telle par la présence de nombreux conseillers économiques dont il était, et qu'on avait convoqués pour une raison particulière. Le vrai travail du Conseil se faisait dans le calme et avec méthode dans le bureau du Président Wilson, à un étage plus bas; et ce n'est servir ni la cause de la vérité ni celle de la paix que d'affirmer le contraire. »

3. Lettre au *Times*, 24 mai 1921.

Conférence, « les libertés qui sont habituelles aux historiens mais que, malgré la connaissance plus grande que nous en avons, nous hésitons d'ordinaire à prendre vis-à-vis des contemporains [1]. » Si les libertés en question avaient été celles qui permettent aux historiens d'écrire avec plus d'égards pour la vérité que pour les sentiments ou la réputation de leurs personnages, point n'était besoin de s'en excuser. Mais certaines, au moins, des « libertés » prises par Mr. Keynes, étaient, nous le verrons bientôt, d'un ordre un peu différent; et c'est l'auteur de ces lignes, bien qu'il fût à Paris lui aussi, mais dans une position qui ne lui permettait pas d'acquérir cette « connaissance plus grande » donnée aux contemporains [2], qui prie le lecteur de lui pardonner s'il recourt simplement aux documents écrits, aujourd'hui accessibles aux historiens [3].

« Deux projets rivaux se disputaient l'organisation future du monde : les Quatorze Points du Président, et la Paix Carthaginoise de M. Clemenceau [4] », écrit Mr. Keynes, ouvrant ainsi le récit de ce conflit pathétique entre les forces de l'idéalisme et du progrès, et celles du cynisme et de la réaction, conflit qui devait aboutir à « l'effondrement final » de l'homme en qui l'Europe avait vu le messager de si beaux espoirs. Depuis lors, le grand public n'a jamais pu se débarrasser de l'impression

1. *E.C.P.*, p. 24. *C.E.P.*, p. 33.

2. Etienne Mantoux était né à Paris en 1913.

3. Quand ces lignes furent écrites, les seuls comptes rendus de la Conférence qui fussent accessibles, se trouvaient dans des publications privées, telles que celles qui sont citées ici. Depuis lors, le Département d'Etat américain a entrepris la publication complète des minutes de la Conférence. Jusqu'à présent (juillet 1944) les documents publiés n'ajoutent presque rien à ce qui était déjà connu. C'est seulement lorsqu'on publiera dans leur totalité les minutes du Conseil des Quatre que l'histoire tout entière sera dévoilée aux yeux du public.

4. *E.C.P.*, p. 51. *C.E.P.*, p. 54.

créée par cette légende captivante et hautement sensationnelle.

Mr. Keynes a rendu un hommage sincère et émouvant au patriotisme enflammé de Clemenceau et aussi à son charme étrange. Son portrait du vieux Tigre, qui « n'avait qu'une illusion, la France, et une désillusion, l'humanité, y compris les Français [1] », est un coup de crayon magistral auquel nul ne saurait rien ajouter ni retrancher. Mais il alla plus loin, accusant Clemenceau, et, avec lui toute la politique française, de vouloir délibérément *détruire* la nation allemande. « La politique de la France consistait, autant que possible, à remonter le cours du temps et à défaire tout ce qu'avait accompli, depuis 1870, l'évolution de l'Allemagne : par des pertes de territoires et d'autres mesures, sa population devait être diminuée; mais surtout, le système économique dont dépendait sa force nouvelle, l'immense structure édifiée sur le fer, le charbon, les transports, devaient être détruits [2]. » Le but de Clemenceau, d'après lui, était « d'affaiblir et de détruire l'Allemagne par tous les moyens possibles [3]. » Cette politique, poursuit-il, était condamnée non seulement par son inhumanité, mais parce qu'elle était impraticable. « Mon propos, dans ce livre, est de montrer qu'une Paix Carthaginoise n'est, en pratique, ni juste, ni possible... Nous ne pouvons pas ramener en arrière les aiguilles de la pendule. Nous ne pouvons pas en revenir à l'Europe Centrale de 1870 sans susciter de telles tensions dans la structure de l'Europe, sans déchaîner de telles forces humaines et spirituelles que, passant outre aux races et aux frontières, elles écraseront non seulement nous et nos « garanties » mais nos institutions, et l'ordre établi de notre Société [4]. »

1. *E.C.P.*, p. 29. *C.E.P.*, p. 37.
2. *E.C.P.*, p. 32. *C.E.P.*, p. 39.
3. *E.C.P.*, p. 138. *C.E.P.*, pp. 125-126.
4. *E.C.P.*, p. 33. *C.E.P.*, p. 40.

Or, il est bon de dire[1] non seulement qu'il est parfaitement possible de ramener en arrière les aiguilles d'une pendule, mais encore que si la pendule n'est pas à l'heure, on a souvent bien raison de le faire. Toutefois, là n'est pas le point essentiel. L'essentiel c'est que sans une bien surprenante imagination historique, le traité qui laissait en Europe une Allemagne unifiée et une Autriche démembrée, ne saurait porter le reproche de ramener l'Europe à 1870, époque à laquelle l'état de choses était exactement inverse. L'essentiel, c'est que l'édification par l'Allemagne de sa puissance économique, entre 1871 et 1914, avait été grandement aidée par son unité politique; et que le « retour de l'Europe Centrale à 1870 » aurait signifié, premièrement, la destruction de cette unité.

Avant de conclure à l'impossibilité d'une semblable politique, une partie appréciable de l'opinion française demandait qu'on ne laissât passer aucune occasion d'exploiter à fond tous les courants qui se manifesteraient en ce sens en Allemagne; et, à mesure que s'écroulait l'Empire des Hohenzollern. divers symptômes menaçants étaient apparus par les fentes de la carapace. La Bavière s'était proclamée République indépendante. En Rhénanie grandissait le réel désir d'une séparation d'avec la Prusse. En Wurtemberg, à Bade, en Saxe même, la suzeraineté de Berlin subissait de rudes assauts. Il est impossible aujourd'hui de dire jusqu'où ces forces auraient conduit les Etats allemands, si les Alliés s'en étaient occupés davantage; mais ce qui est certain, c'est que l'ampleur qu'elles avaient atteinte ne fut pas mieux comprise que ne l'avait été, avant la conclusion de l'Armistice, la faiblesse de l'Allemagne.

On raconte qu'en juin 1919, après que Scheidemann eut démissionné plutôt que de signer la paix, et alors qu'il ne restait au gouvernement allemand que quelques heures pour accepter ou rejeter les

1. C'est, je crois, M. C. S. Lewis qui, fort justement, en a fait la remarque.

termes du Traité, Bauer, le nouveau chancelier, en proie à une hésitation suprême, fut pressé par le haut commandement allemand de refuser la signature. A ce moment, une délégation des Etats allemands du Sud lui demanda audience. « Si le Traité n'est pas signé », déclarèrent les délégués, « les armées alliées stationnées sur le Rhin feront leur entrée en Allemagne. Nous serons les premiers à subir l'invasion. Plutôt que d'en venir là, nous préférons souscrite pour notre part aux conditions des Alliés et nous séparer du Reich. »

Peut-être l'Europe avait-elle traversé un de ces moments exceptionnels de l'Histoire qui, saisis au vol par une main géniale, peuvent se prolonger en un avenir durable. « Il y a un flux et un reflux dans les affaires humaines... » Mais pour Clemenceau le Jacobin, qui voyait dans la réalisation de l'unité nationale une des forces irréversibles des temps modernes, et qui se souvenait qu'en 1870, donnant le démenti à nos lamentables illusions, Saxons et Bavarois s'étaient levés en masse pour défendre, avec la Prusse, la patrie allemande et lancer à ses côtés l'assaut contre la France, — l'unité de l'Allemagne était un fait acquis et définitif. En ce sens, il était bien un homme de 1870. S'il refusa d'écouter ceux qui plaidaient pour la cause séparatiste, ce ne fut pas seulement par égard pour l'attitude de ses collègues américain et britannique, ce fut parce qu'à ses yeux, ces propositions portaient la marque de la réaction et parce qu'au fond de sa philosophie politique il y avait bel et bien la conviction (que beaucoup de ses critiques ne manquèrent pas de lui reprocher) « qu'on ne peut pas ramener en arrière les aiguilles de la pendule ». La question, déclara-t-il à la Chambre « fut réglée à la Conférence presque avant d'avoir été posée ».

Ainsi les Alliés ou bien ne virent pas, ou bien ne voulurent pas voir combien était puissant le flot qui les portait. Le Traité de Versailles fut signé, l'unité de l'Allemagne fut sauvée; les navigateurs, sans tenir compte de la marée propice, poursuivirent leur voyage. Et pendant que se préparait le livre accusateur qui allait lui reprocher sa « Paix Carthaginoise », Clemenceau, défendant sa politique devant le Parlement, plaidait l'impossibilité de détruire définitivement l'Allemagne. « Aujourd'hui » dit-il, « nous sommes les maîtres. Toutefois, si nous voulons une conciliation utile pour nos enfants et pour l'avenir, il faut user de cette maîtrise avec la modération suffisante mais nécessaire pour nous assurer sa durée. Si nous faisons cela, l'Allemagne est désarmée. Mais aussi, si nous voulons qu'elle nous paye les réparations des pays dévastés, il faut qu'elle travaille. C'est tout un problème auquel nous ne pouvons échapper. Souvent, à ceux des diplomates italiens qui ne veulent pas comprendre qu'ils doivent se faire des amis des Serbes et des Slaves, je dis : « Unissez-vous à eux au lieu « d'en faire des ennemis. » Je dirais presque la même chose pour les Allemands. Je ne veux pas aller les chercher, je n'ai pas pour eux les sentiments qu'il conviendrait... Tout de même, soixante millions d'hommes au centre de l'Europe, cela tient de la place, surtout quand ce sont des hommes d'une remarquable intelligence, des hommes de science, de méthode, qui ont témoigné dans l'ordre industriel de qualités de tout premier plan. Avons-nous intérêt à le nier? N'est-ce pas la vérité? Nous n'avons pas le droit de l'oublier... Voyez-vous, l'unité n'est pas les protocoles de la diplomatie, l'unité est dans le cœur des hommes.[1] »

Les Chambres ratifièrent le Traité; mais, quelques mois plus tard, Clemenceau fut battu aux élections présidentielles, et bon nombre des votes qui lui furent hostiles témoignaient d'un ressentiment à l'égard de l'homme qui « avait gagné la guerre et perdu la paix ». C'est une des ironies coutumières du destin que Clemenceau, après dix ans d'un méprisant silence, ait passé les derniers mois de sa vie à répondre à ceux qui lui reprochaient d'avoir compromis la sécurité de son pays, et qu'il

1. Discours au Sénat, 11 octobre 1919.

soit mort la plume à la main, ou peu s'en faut, pour justifier, dans un livre déchirant, son refus de démembrer l'Allemagne. Si l'on soutient que l'excès des divisions territoriales fut le principal obstacle mis par le Traité au relèvement économique de l'Europe, le fait de s'être dressé contre les projets de démembrement de l'Allemagne, en face d'une violente opposition, et au prix de sa propre chute, devrait être porté au crédit de Clemenceau.

Mais moins de justice encore fut rendue à Woodrow Wilson.

IV

Ce que Mr. Keynes appelle « l'effondrement du Président Wilson » a été, selon lui, le résultat non d'un honnête compromis entre les besoins réels du vieux monde et les remèdes idéaux du nouveau, mais de la faiblesse d'un homme que ses insuffisances personnelles laissaient sans défense devant le dur cynisme de Clemenceau ou le magnétisme charmeur de Mr. Lloyd George : « Ce Don Quichotte aveugle et sourd, écrit-il, entrait dans un repaire où c'était son adversaire qui tenait en main une lame rapide et étincelante[1]. » On ne saurait exagérer l'importance symbolique d'une fausse interprétation, pour ne pas dire d'un travestissement qui devait jeter dans l'opinion publique le germe d'un malentendu historique.

Il n'est pas nécessaire de nous étendre ici sur les dons personnels du Président. Mr. Keynes nous assure qu' « il avait un esprit lent et incapable de s'adapter... qu'il ne peut guère s'être rencontré d'hommes d'Etat de premier rang plus impropres que lui aux souples manœuvres de la négociation[2] ». Mr. Balfour, pour citer un homme qui, on peut nous le concéder, avait quelque expérience du tapis vert, était loin de se montrer aussi exigeant sur ce point:

1. *E.C.P.*, p. 38. *C.E.P.*, p. 43.
2. *E.C.P.*, pp. 39-40. *C.E.P.*, p. 45.

« Il était étonné », disait-il à Mr. Nicolson, « de voir le Président faire preuve d'autant de qualités dans la discussion verbale que dans ses communications écrites. Son attitude aux séances des Cinq est ferme, modérée, réservée ; il est éloquent, bien informé et convaincant [1]. » Dès le mois de mars, Mr. Lloyd George disait à Lord Riddell que Clemenceau était « submergé par l'éloquence torrentielle du Président, qui semblait le paralyser [2] ». Clemenceau, sans doute, avait d'abord ressenti quelque irritation, à peine dissimulée, contre ce qui, pour lui, n'était guère que philosophie pour école du dimanche; ce que réclamait l'état critique de l'Europe n'était-il pas la patience et le respect — la patience devant les difficultés présentes et le respect du passé? Le programme de Wilson, « la première fois qu'il l'exposa », disait Clemenceau au colonel Bonsal, « me parut purement utopique. Je lui dis : « Mr. Wilson, si j'acceptais ce que vous proposez et estimez suffisant pour assurer la sécurité de la France, si j'acceptais cela après que tant de millions d'hommes sont morts ou ont souffert, je suis persuadé, et même j'espère, que mon successeur me prendrait par la peau du cou et me ferait fusiller à l'aube au pied du donjon de Vincennes. C'est après ça que nous avons commencé à nous comprendre [3] ». Car sous la rude écorce du pessimiste battait un cœur capable de sentir ce qui faisait de Mr. Wilson un grand homme et une grande conscience. « Mr. Wilson », disait-il, « a vécu dans un monde où l'on peut dire que la démocratie a connu la sécurité; j'ai, moi, vécu dans un monde où il était de bon ton de fusiller les démocrates. Après quelques semaines de corps à corps, j'ai été convaincu que votre Président et moi voulions les mêmes choses, tout en étant très loin de nous accorder sur les voies et moyens conduisant

1. H. Nicolson : *Peacemaking 1919,* p. 244.
2. *Lord Riddell's Intimate Diary,* Londres, 1933, p. 36,
3. Stephen Bonsal : *Unfinished Business,* New-York, 1944, p. 68.

au but désiré[1]. » Selon un des témoins les plus directs de ces conversations, on était étonné de voir l'effort que faisait sur lui-même le vieux lutteur pour se rapprocher du point de vue de son antagoniste. D'autre part, nous savons de bonne source qu'au cours de ces « batailles » le Président se sentit de plus en plus profondément attaché à l'homme en qui il avait trouvé « un ami aussi solide qu'il avait été, à certains moments, un ennemi sans détours ». Ce sont les mots mêmes que Wilson, isolé et infirme, adressa à Clemenceau lorsque, trois ans plus tard, à Washington, ils se rencontrèrent pour la dernière fois[2]. Et à mesure que, de jour en jour, se poursuivaient ces discussions laborieuses, l'envergure morale du Président s'affirmait, triomphant des méfiances premières de ses collègues européens.

Sa situation était véritablement exceptionnelle : celle du chef d'un Etat devenu le plus puissant du monde, ne recherchant pour lui-même ou pour son pays aucun avantage politique ou matériel, et uniquement préoccupé — selon l'expression de Mr. Keynes lui-même — « de ne rien faire qui ne fût conforme au droit et à la justice[3] ». Cette fois, pensait-il, les maux qui depuis si longtemps affligeaient l'Ancien Monde ne seraient plus traités par la méthode hasardeuse et périmée d'un équilibre de forces entre des groupes rivaux, mais par l'institution d'une Ligue universelle où les nations seraient libérées de toute domination illégitime, et où l'intérêt de tous au maintien de la paix suffirait à tenir en respect l'agresseur possible.

Ses déclarations de l'année précédente avaient donné une première esquisse de ce projet. Déjà ses idées, que Mr. Keynes devait décrire comme « nébuleuses et incomplètes[4] », ne se limitaient pas à l'énoncé pur et simple de principes abstraits : ceux-ci, par exemple dans le discours des Quatorze

1. *Ibid.*
2. *Ibid.*, p. 283.
3. *E.C.P.*, p. 211. *C.E.P.*, p. 183.
4. *E.C.P.*, p. 39. *C.E.P.*, p. 44.

Points, s'incorporaient dans les ébauches de solutions géographiques indiquées pour chacun des pays intéressés. En tant que déclaration publique de politique générale, les Quatorze Points ne manquaient certes pas de précision: Mr. Nicolson pense même que cette précision « allait jusqu'à la témérité [1] ». Il y avait, cependant, une différence du tout au tout entre un programme de paix et un traité de paix. Si les discours ou adresses du Président avaient en eux-mêmes constitué une solution complète et satisfaisante des problèmes de la paix, il n'aurait pas été besoin de Conférence ni de Traité. Il n'y aurait eu qu'à transcrire ces textes sur une feuille de papier, à prier les plénipotentiaires d'y apposer leurs signatures et tout finissait comme dans un conte de fée. Mais pour remettre sur pied un système aussi compliqué et aussi délicat que celui où devaient trouver place deux ou trois cents millions d'êtres humains, de races, de langues, de traditions, d'intérêts différents et groupés en forces inégales, quelques abstractions olympiennes n'étaient sans doute pas tout ce qu'il fallait.

De là les graves inconvénients d'une méthode revêtant ces principes, avant même que l'armistice eût été signé, d'une valeur quasi contractuelle. Dans leur correspondance d'octobre 1918 avec le Président, les Allemands avaient proposé d'abord que des négociations de paix fussent conduites sur la base des Quatorze Points; le Président alla plus loin, exigeant de l'Allemagne qu'elle acceptât l'ensemble de ses déclarations comme base de la paix elle-même. Mais quand, à la fin du mois, les Alliés européens, à qui jusqu'alors le programme du Président n'avait jamais été communiqué officiellement, et qui, par conséquent, n'avaient eu encore aucune occasion de le discuter comme expression d'une politique commune, furent priés par le Président d'examiner la demande d'armistice du gouvernement allemand, on ne pouvait guère s'attendre à les voir, après quatre années de sacrifices sans me-

1. *Peacemaking, 1919*, p. 39.

sure, engager sur-le-champ, en quelques phrases qui ne pouvaient manquer de se prêter à des interprétations diverses, le sort même et l'avenir de leurs peuples.

Rien dans leur attitude ne permettait de soupçonner l'influence de motifs inavouables : mettre en doute l'excellence, *sub specie aeternitatis,* de l'un quelconque des Quatorze Points, n'avait rien en soi qui indiquât de noirs desseins. Les Quatorze Points étaient énoncés en termes brefs et souvent équivoques; de plus, ils étaient sous certains rapports, le résultat de circonstances déterminées, et c'est pourquoi le Président n'avait pas hésité, quand tel ou tel problème s'était présenté à lui plus clairement, à les modifier à la lumière des événements. Ainsi le dixième point, déclarant qu' « aux peuples de l'Autriche-Hongrie, dont nous désirons sauvegarder et assurer la place parmi les nations, doit être accordée la plus grande latitude pour leur développement autonome », ne pouvait signifier que la Monarchie danubienne devait être détruite pour faire place à plusieurs Etats souverains. Mais quand arriva le moment où le Président eut à répondre à la demande d'armistice de l'Empereur Charles, des événements de la dernière importance étaient intervenus. Les nationalités slaves, dans leur révolte si opportune contre la Monarchie austro-hongroise, avaient reçu l'appui officiel des gouvernements alliés, qui avaient encouragé la formation d'une armée tchécoslovaque et avaient même reconnu le Comité National Tchécoslovaque. Le 18 octobre, le Président Wilson donna à entendre au gouvernement de Vienne que le dixième point avait cessé d'être valable : « En raison, disait la note américaine, d'événements d'une importance capitale survenus depuis ses déclarations du 8 janvier dernier, et qui ont sensiblement modifié l'attitude et la responsabilité du gouvernement des Etats-Unis... le Président n'est plus libre d'accepter simplement comme base de la paix l'autonomie de ces peuples; mais il est obligé de demander qu'eux-mêmes, et non lui, décident à l'égard du gouvernement austro-hongrois, de ce qui satisfera leurs revendications[1].» Ainsi le premier acte de l'« effondrement » du Président Wilson a eu lieu non « dans l'atmosphère fiévreuse et délétère de Paris », mais entre les murs paisibles de la Maison Blanche, et sous l'influence maléfique, non de Clemenceau ou de Lloyd George, mais de Masaryk.

Lorsque, quelques jours plus tard, les chefs des gouvernements alliés se réunirent à Paris pour entreprendre avec le colonel House, envoyé extraordinaire du Président Wilson, l'examen des Quatorze Points, il leur était bien difficile de s'engager à fond sans autre éclaircissement. Après tout, il s'était passé aussi bien des choses depuis que ces Points avaient été énoncés, quelque dix mois auparavant. L'Allemagne, alors au sommet de ses espérances de victoire, les avait dédaignés et repoussés et sa réponse avait été, quelques semaines après, le traité de Brest-Litowsk, qui arrachait à la Russie près d'un tiers de sa population. L'impression produite par les Quatorze Points sur le moral du soldat allemand avait été alors si négligeable que l'Allemagne, par ses offensives répétées de mars, de mai et de juillet 1918, avait presque réussi à rompre le front allié en Occident. Il était bien commode pour les Allemands d'accepter les Quatorze Points maintenant que leur effondrement militaire était imminent. Mais vers la fin d'octobre 1918, le moment n'était guère favorable à une exégèse minutieuse du programme wilsonien : « En temps de paix, disait un jour Foch, on est obligé d'écouter de longs discours, mais voilà : personne ne meurt pendant qu'on les débite. » Le colonel House avait nettement fait connaître que le Président, si son programme n'était pas accepté, pourrait bien se retirer de la conversation, poser la question devant le Congrès et même conclure avec l'Allemagne une paix séparée. Pendant ce temps, chaque jour de retard

1. *Public Papers of Woodrow Wilson,* vol. V, pp. 281-282.

coûtait des milliers de vies humaines. Mais le colonel House, homme de bonne volonté s'il en fut jamais, ayant compris la nécessité de compléter les formules restées un peu sommaires par des précisions plus explicites, avait préparé un commentaire des Quatorze Points : le Président l'avait approuvé, ajoutant que « les détails d'application mentionnés ne devaient être considérés que comme de simples suggestions d'un caractère explicatif, à l'usage de la Conférence de la Paix [1]. » Dans ce commentaire, qui fut soumis aux chefs des gouvernements alliés pendant ces discussions, on ne peut dire qu'une solution complète ait été donnée pour tous les problèmes embarrassants; mais, dans tous les cas où la conclusion restait douteuse, les alternatives étaient indiquées aussi clairement que possible. Ainsi, dans le premier point : « Des conventions connues de tous, préparées au grand jour », signifiait la suppression de tous les traités secrets, mais n'excluait pas « des négociations diplomatiques confidentielles sur des sujets délicats ». Ainsi, au point VII, la « restauration » de la Belgique voulait dire que « toutes les conséquences » de l'invasion allemande, faite en violation du droit international, devaient être compensées, — y compris la totalité de la dette de guerre de l'Etat belge. Au point XII (« Un Etat Polonais indépendant... habité par des populations indiscutablement polonaises, auquel doit être assuré un libre et sûr accès à la mer ») « le problème principal, disait le Commentaire, est de savoir si la Pologne devra recevoir des territoires à l'ouest de la Vistule, coupant ainsi de l'Empire les Allemands de la Prusse Orientale, ou s'il est possible de faire de Dantzig un port franc et de la Vistule un fleuve international ».

1. R. S. Baker : *Woodrow Wilson, Life and letters: Armistice,* New-York, 1939, p. 533. Le texte complet du commentaire, rédigé en grande partie par MM. Walter Lippmann et Frank Cobb, a été publié pour la première fois par Ch. Seymour : *Intimate Papers of Colonel House,* 1929, vol. IV, pp. 198-209. Voir aussi Churchill : *The Aftermath,* p. 107.

Ainsi se poursuivait le Commentaire. Mr. Keynes assurait ses lecteurs que « le Président n'avait aucun plan, aucune directive, aucune idée constructive capable d'insuffler la vie aux commandements fulminés du haut de la Maison-Blanche [1] ». En réalité, il n'y avait probablement parmi les Alliés aucun chef d'Etat qui eût apporté à Paris un plan de travail aussi étendu et aussi détaillé. Mais il était évident que les Quatorze Points se prêtaient encore à une interprétation assez large : si large en vérité, que le colonel House, dans son grand désir d'arriver promptement à un compromis, apaisait les scrupules des premiers ministres, en leur assurant qu'ils n'avaient pas besoin, en somme, de se montrer trop pointilleux. « Le Président, leur disait-il, a exigé des Allemands qu'ils acceptent en bloc toutes ses déclarations et celles-ci contiennent de quoi justifier presque tout ce qu'on peut souhaiter d'imposer à l'Allemagne [2]. »

C'est ainsi qu'en fin de compte les chefs des gouvernements alliés acceptèrent le programme du Président, avec deux réserves seulement, relatives, l'une à la liberté des mers, l'autre à la question des réparations. Ces réserves notifiées à l'Allemagne, les négociations pour l'Armistice s'engagèrent, et les hostilités prirent fin. Mais, comme l'a fait observer depuis Mr. Nicolson, « il est difficile d'écarter l'impression que les Puissances ennemies acceptèrent les Quatorze Points tels quels, tandis que les Puissances alliées ne les acceptaient que selon l'interprétation du colonel House [3] ».

On doit excuser Mr. Keynes de n'avoir, à cette époque, rien su d'une situation aussi peu satisfaisante. Cela ne veut pas dire cependant que son interprétation du « Contrat préalable à l'Armistice », soit de nature à nous satisfaire. « L'Allemagne, écrit-il, s'étant elle-même réduite à l'impuissance

1. *E.C.P.*, p. 39. *C.E.P.*, p. 44.
2. Lloyd George : *The Truth about the Peace Treaties*, vol. I, p. 80.
3. *Peacemaking 1919*, p. 16.

sur la foi du Contrat, l'honneur des Alliés les obligeait tout particulièrement à tenir leurs engagements pour leur part, et s'il s'y trouvait quelque ambiguïté, à ne pas user de leur supériorité pour en tirer avantage.[1]. » Ceci revenait à dire que les Alliés ne pouvaient s'écarter de l'interprétation *la plus favorable* à l'Allemagne sans s'exposer à un reproche de déloyauté; car les « ambiguïtés » étant de fait nombreuses et de grande portée, il devenait toujours possible à l'Allemagne de faire valoir que les Alliés les avaient exploitées à son détriment.

Au sujet, par exemple, du point X, le colonel House avait expliqué que, si le Président n'avait pas dit expressément que l'Alsace-Lorraine devait être restituée à la France, c'était cependant son intention formelle. Clemenceau lui avait répondu que l'interprétation allemande serait certainement différente. Et, quelques semaines plus tard, le général Groener, intendant général de l'armée allemande, expliquait à son gouvernement qu'il fallait à tout prix conserver une partie de l'Alsace-Lorraine, « faute de quoi l'Allemagne dans une guerre à venir, ne serait plus jamais en état de prendre l'offensive ». « Ce doit être un jeu d'enfant, ajoutait-il, d'obtenir ce qu'il nous faut si Wilson est avec nous[2]. » L'interprétation que Mr. Keynes donnait du « Contrat préalable à l'Armistice », qu'il le désirât ou non, aurait ainsi forcé le Président Wilson à se ranger à tout coup du côté de l'Allemagne.

Nous verrons, dans un autre chapitre, quelles ont été les répercussions de cet état de choses sur le problème des réparations. En ce qui concerne l'attitude générale du Président à la Conférence de la Paix, il était évident — comme il l'avait lui-même fait entendre — que l'objet même de la Conférence devait être de trouver comment son programme s'appliquerait aux réalités concrètes de l'Europe; car il s'agissait d'un organisme vivant, qu'on ne pouvait à volonté faire entrer dans un cadre rigide

1. *E.C.P.*, p. 55. *C.E.P.*, p. 57.
2. K. F. Nowak : *Versailles*, 1928, p. 195.

et théorique. Et, quand le Président, ayant traversé les brumes de l'Atlantique, plongea son regard inquiet dans la fourmilière européenne, il sentit tout d'un coup d'une manière aiguë l'effrayante complexité des problèmes.

« Ce que nous faisons, déclarait-il en débarquant aux Etats-Unis pour le bref séjour qu'il y fit pendant la Conférence, c'est examiner tous les éléments d'un procès; c'est entendre les personnes les plus directement intéressées et celles dont la mission est de nous apporter des témoignages officiels, prêter l'oreille aux revendications qui s'opposent, qu'elles aient rapport aux nationalités nouvelles ou aux nouvelles relations économiques et commerciales nées du grand conflit mondial que nous venons de traverser. Et j'ai été frappé par la modération de ceux qui nous présentaient leurs revendications nationales. Je puis attester que je n'ai vu nulle part éclater la passion. J'ai vu la conviction profonde, j'ai vu les larmes venir aux yeux d'hommes qui regardaient comme un privilège de pouvoir plaider la cause de peuples opprimés ; mais ce n'étaient pas là des larmes d'angoisse, c'étaient des larmes d'ardent espoir[1] ». Peut-être, à ces moments solennels, quelque heureux souvenir de sa vie calme et contemplative d'autrefois, de ses méditations sous les grands ormes de l'Université de Princeton, ramenait à la mémoire du Président ces lignes que, jeune professeur de politique, il avait prises si fort à cœur : « Si je mettais autant de confiance dans mes propres idées générales et vagues que je dois y apporter de réserves, je ne me permettrais pas de vous en faire part, même à vingt lieues seulement du centre de vos affaires. Il faut que je voie de mes yeux, que je touche de mes mains, pour ainsi dire, non seulement les conditions permanentes, mais aussi les temporaires, avant d'oser suggérer le moindre projet politique. Il me faut savoir de quelles forces on dispose et combien il y a d'inclination à accepter, à exécuter,

1. Discours prononcé à Boston le 24 février 1919.

à persévérer. Il me faut voir tous les obstacles et tous les appuis, et les moyens de modifier le plan, s'il y avait lieu d'y apporter des modifications. Il me faut voir les choses et voir les hommes. S'ils ne concourent pas à notre dessein, s'ils n'y sont pas adaptés, les plus beaux projets théoriques pourront être non seulement inutiles, mais néfastes. Il faut que les plans soient faits pour les hommes. Nous ne pouvons prétendre à faire les hommes et à enchaîner la nature à nos desseins. A distance, on ne peut que se tromper sur les hommes. De près, ils ne répondent pas toujours à leur réputation. La perspective change et les montre même tout différents de ce que nous avions cru. Et si, de loin, notre jugement des hommes est incertain, nous devons juger plus mal encore des circonstances, dont la forme et la couleur varient sans cesse, et qui s'enfuient comme des nuages... [1] »

Et, lorsque vint le temps de résoudre les grands problèmes, le Président, instruit par le contact journalier des hommes qui en avaient la charge, s'était convaincu que chacun de ces problèmes recouvrait un conflit entre les conditions existantes et les désirs humains, que seul pouvait dénouer un compromis.

C'est peut-être dans le cas de la Pologne que ces difficultés se montrèrent sous leur aspect le plus caractéristique. Le treizième Point du président Wilson lui avait expressément promis un libre et sûr accès à la mer. Dans son rapport sur cette question, le Service d'Information de la Délégation américaine reconnut que, si cet accès se faisait à travers un territoire polonais, la province de Prusse Orientale, avec 1.600.000 Allemands, serait coupée du reste de l'Allemagne. « Mais si la Pologne n'obtient pas de cette façon un accès à la mer, les 600.000 Polonais de Prusse Occidentale resteront sous la férule allemande et 20.000.000 de Polonais en Pologne proprement dite n'auront probablement

1. Burke : *Lettre à un Membre de l'Assemblée Nationale*, 1791.

pour leur commerce qu'un débouché malaisé, précaire, soumis au bon plaisir d'une puissance étrangère que l'on peut présumer hostile. Nous pensons que, de ces deux maux, il faut préférer le moindre et accorder à la Pologne un corridor jusqu'à la mer. » Le rapport recommandait aussi d'y comprendre Dantzig : « Bien qu'on ait quelque difficulté à recommander l'incorporation de ces 150.000 Allemands dans l'Etat polonais, il paraît évident qu'il s'agit là d'une nécessité économique et géographique majeure, et que toute autre solution du problème ne pourrait être qu'une demi-mesure, de nature à mécontenter les deux parties à la fois[1]. »

En mars, la Commission des Affaires Polonaises présenta son rapport à la Conférence. Elle concluait à l'unanimité à l'établissement d'un « corridor » et à l'attribution de Dantzig à la Pologne.

Mr. Lloyd George exprima sa crainte que cette solution, à son avis en désaccord avec les Quatorze Points, ne risquât de créer des dangers « non seulement pour la Pologne, mais pour le monde... Partout, disait-il, où nous pourrons montrer que nous ne faisons que retourner contre les Allemands la politique d'expropriation pratiquée par eux-mêmes en Pologne, nos décisions pourront être acceptées par les Allemands, mais les territoires auxquels je pense seraient représentés comme une *Germania irredenta* et ils contiendraient les germes d'une guerre future. Le jour où la population de ces territoires se soulèverait contre les Polonais et où leurs compatriotes voudraient se porter à leur assistance, est-ce que la France, la Grande-Bretagne et les Etats-Unis entreraient en guerre pour maintenir cette population sous la domination polonaise ? Je me sens obligé d'élever cette protestation contre ce qui me paraît une proposition des plus dangereuses. »

Le Président Wilson fit observer que « la discussion avait fait ressortir une difficulté qui, comme

1. D. H. MILLER : *My Diary*, vol. I, doc. 441, pp. 43 et suiv.

on l'avait dit d'ailleurs, se serait en tout cas présentée; quant à lui-même, il n'était pas encore arrivé à une conclusion bien arrêtée sur la question. Il espérait que cette discussion serait poussée assez à fond pour mettre en lumière tous les éléments du problème. On trouverait partout en Europe des groupes étrangers en possession de territoires où leur situation peut se justifier par des raisons historiques ou économiques. Il reconnaissait que l'annexion de deux millions d'Allemands constituait une violation d'un certain principe; mais l'Allemagne avait été avertie que nous réclamerions pour la Pologne un libre et sûr accès à la mer. On ne pouvait donc faire aux Puissances Alliées et Associées le reproche d'agir ainsi simplement parce qu'elles en avaient la force. Il s'agissait d'un des objets pour lesquels nous avions combattu. La difficulté était d'arriver à trouver l'équilibre entre des raisons qui s'opposaient... Il fallait se rendre compte, continuait le Président, de la faiblesse du nouvel Etat créé par les Alliés : il était faible, non seulement parce que, dans le passé, il s'était montré incapable de se gouverner, mais parce que, dans l'avenir, il fallait s'attendre à le voir partagé entre des factions, notamment en raison de l'opposition entre groupes de religions différentes. Il était donc indispensable d'examiner non seulement les besoins économiques, mais les nécessités stratégiques de cet Etat, qui aurait à se garder contre l'Allemagne de deux côtés, la province allemande détachée du côté de l'Est constituant un élément particulièrement agressif. Il était impossible d'éviter, dans chacun des deux Etats, un mélange de populations antagonistes. Le Conseil aurait à décider quel était le mélange qui offrait les meilleures chances de sécurité. Quant à lui, il croyait dangereux de tracer la ligne frontière aussi près que le proposait Mr. Lloyd George du chemin de fer de Dantzig à Thorn. Il partageait, d'ailleurs, les inquiétudes de Mr. Lloyd George. Il pouvait s'élever en Allemagne un désir de libérer des populations allemandes de la domination polonaise, auquel il serait difficile de résister. La question était de peser les considérations qui s'opposaient. Ce qu'il avait voulu, c'était faire entrer dans la balance les autres éléments du problème [1]. »

La Commission des Affaires Polonaises, à qui la question avait été renvoyée, ayant répondu qu'elle maintenait intégralement ses propositions comme fournissant à son avis « la meilleure solution possible », les Quatre, après un nouvel examen, décidèrent finalement d'accorder à la Pologne le « corridor » et de faire de Dantzig une ville libre sous la protection de la Société des Nations. C'est ainsi que les Quatre, en présence d'un problème des plus embarrassants, s'efforcèrent de concilier les besoins économiques et stratégiques de la Pologne et les droits nationaux d'une population allemande. Cependant, pour Mr. Keynes, le cas de Dantzig n'était qu'un exemple typique de ce « réseau de sophismes et d'exégèse jésuitique qui devait en fin de compte couvrir d'un voile d'hypocrisie le langage et la substance du Traité tout entier [2] ».

Tel était donc le chemin qui conduisit le Président à « l'effondrement » et à « la trahison ». Tout comme « l'irrésistible logique des événements », (pour emprunter le langage du Secrétaire d'Etat

1. D. H. MILLER, ouvr. cité, vol. XV, p. 427. V. aussi D. LLOYD GEORGE : *The Truth about the Peace Treaties*, vol. II, p. 979 et suiv., et *Foreign Relations of the United States : The Paris Peace Conference*, vol. IV, pp. 417-418.

2. *E.C.P.*, p. 47. Voir *C.E.P.*, p. 50. Mr. Keynes, il est vrai, reconnaissait que le Président était capable quelquefois de « s'incruster dans le sol » comme il fit pour l'affaire de Fiume (*E.C.P.*, p. 40. *C.E.P.*, p. 45), — sans mentionner cependant que, dans ce cas particulier, l'attitude du Président avait été déterminée essentiellement par le souci, — selon les termes employés par ses experts géographiques, — « des intérêts commerciaux de l'Europe centrale », ou, comme il l'exprimait lui-même, « de la vie commerciale et industrielle des régions dont ce port était le débouché ». Voir R. S. BAKER : *Woodrow Wilson and the World Settlement*, 1923, vol. III, pp. 288-290.

Lansing), l'avait conduit de la neutralité à la guerre et de « la paix sans victoire » de 1916 à « la force sans réserve et sans limite » de 1918, de même sa perception des faits, s'éclaircissant en peu de temps, lui avait fait faire un pas de plus. Ce qu'il voulait avant tout, c'était faire disparaître aussi complètement que possible la plaie des irrédentismes nationaux. Mais le mélange des éléments ethniques, la complication des nécessités économiques, le besoin, pour des Etats jeunes et petits, d'une garantie de sécurité contre les entreprises d'un grand voisin, — quelque chose de plus que la simple promesse d'une Société des Nations douée de toutes les vertus, — tout cela ne permettait pas d'arriver par des raccourcis à la libre détermination universelle. Ainsi, lorsqu'il s'agit de délimiter le nouvel Etat tchécoslovaque, Mr. Robert Lansing pouvait faire observer que tracer les frontières en prévision de leur valeur stratégique en cas de guerre, c'était agir à l'encontre de tout l'esprit de la Société des Nations et des principes du Président Wilson; mais M. Cambon expliquait alors qu'il avait entendu lui-même le Président déclarer que l'établissement des nouveaux Etats devait leur assurer les conditions indispensables à leur survivance [1].

Ainsi la France, selon les mots mêmes du Président, restait debout « à la frontière de la liberté », en face de problèmes menaçants et encore sans solution. Car ayant, par un contact plus direct avec les Français, goûté, pour ainsi dire, l'amertume de leur expérience, il s'était persuadé de plus en plus que leur soif de sécurité répondait à une réalité tragique. « Une des choses les plus intéressantes dont je me sois rendu compte de l'autre côté de l'Océan, disait-il à ses compatriotes dans un des discours prononcés pendant sa dernière et épuisante campagne dans les Etats de l'Ouest, c'est que l'état d'esprit des Français à l'égard du règlement

1. MILLER : *My Diary,* vol. XVI, p. 12. *Foreign Relations of the United States : The Paris Peace Conference,* 1919, IV, p. 544.

de cette guerre est déterminé dans une large mesure par le fait que, pendant près de cinquante ans, ils ont craint de la force allemande précisément ce qui devait arriver, et leur constante préoccupation s'exprime ainsi : « Il faut que nous trouvions « les moyens propres à libérer nos cœurs de cette « crainte intolérable. Nous ne pouvons pas, nous « ne voulons pas vivre encore cinquante ans sous « ce nuage menaçant ! » Cette menace n'avait jamais cessé: la guerre avait été comme la foudre qui sort du nuage [1]. » « Je crois, mes chers compatriotes, disait-il quelques jours plus tard, que le seul peuple de l'Europe qui ait compris instinctivement ce qui allait arriver, et ce qui, de fait, est arrivé en 1914, c'est le peuple français... [2] »

Et cependant, fidèle à ses principes, le Président n'avait jamais donné son consentement à l'annexion de la Sarre, réclamée par les Français. « Je suis prêt, disait-il à ses conseillers, à accorder à la France toute indemnité en nature à laquelle elle peut justement prétendre; je n'ai pas le droit de lui livrer une population qui ne désire pas lui appartenir, ni de placer cette population sous un gouvernement spécial, cela valût-il mieux pour elle, si elle-même ne le veut pas [3]. » Il se refusa également à admettre aucune solution risquant de créer sur la rive gauche du Rhin une autre Alsace-Lorraine ; mais il comprit en même temps que, pour satisfaire aux demandes légitimes de la France, il ne pouvait faire moins que de lui promettre, en compensation, le soutien de la République Américaine avec toutes ses forces. Car, dans une Europe constituée comme elle devait l'être, rien de moins qu'une telle assurance ne pouvait suffire à protéger l'avenir des Etats nouvellement formés. « Ces nations si faibles, expliquait-il plus tard, sont situées dans la zone même que l'Allemagne avait pensé conquérir

1. Discours prononcé à Columbus, Ohio, 4 sept. 1919.
2. Discours prononcé à Minneapolis, Minnesota, 9 sept. 1919.
3. Baker, ouvrage cité, vol. II, p. 73.

et dominer, entre la frontière allemande et la Perse. Si le concert des Etats du monde ne se maintient pas pour protéger leur indépendance et leur liberté, l'Allemagne en fera ce qu'elle voudra. Nous assisterons alors à ce singulier spectacle : nous aurons dépensé des millions et des millions de notre trésor américain et, chose bien plus précieuse, des centaines de milliers de vies américaines, pour accomplir une œuvre que nous laisserons à la merci des maîtres de l'intrigue, de ceux qui savent le mieux combiner les influences les plus malfaisantes pour triompher du droit et du bien, de ceux qui représentent au plus haut degré tout ce que nous détestons, tout ce que nous entendons ne jamais cesser de combattre. Car, mes chers concitoyens, si l'Allemagne renouvelait jamais sa tentative, que nous soyons ou non dans la Société des Nations, nous reviendrions nous y opposer. Nous ne sommes pas de ceux qui restent à l'écart, en spectateurs du crime... [1] »

Et ainsi, dans ses efforts pour se rapprocher des peuples sur qui la responsabilité du maintien de la paix devait, en fin de compte, retomber, s'ils n'étaient pas assurés d'un appui constant et actif venant de l'autre côté de l'Océan, le Président avait peut-être « trahi » le rêve d'un monde purifié de la présence de la force : mais alors, qu'avait-il donc trahi d'autre qu'un rêve ? « Vous me direz : « Vous avez traversé la mer et vous avez eu des cauchemars ! disait-il à ses compatriotes. Je n'ai pas rêvé. Je vous parle de choses dont j'ai eu la preuve en les voyant de mes yeux bien ouverts, et non alourdis par le sommeil, et je sais que notre pays, s'il veut s'isoler, restera, tout isolé qu'il soit, partie d'un monde en armes [2]. » Aujourd'hui, nous entendons beaucoup parler des « réalités de la puissance ». A un homme d'esprit aussi vif que Mr. Keynes, la pensée du Président pouvait sans doute paraître « lente et incapable de s'adapter ». Pourtant, en

1. Discours à Indianapolis, 4 septembre 1919.
2. Discours à Saint-Louis, Missouri, 5 septembre 1919.

ces quelques mois si pleins, le Président avait parcouru tout un terrain que d'autres ont mis vingt-cinq ans à découvrir.

Mais le coup le plus cruel, — et qui a laissé une marque historique, — c'est celui que Mr. Keynes a porté au Président en racontant qu'au dernier moment il avait repoussé tout amendement de nature conciliante, parce qu'il ne voulait pas reconnaître qu'aucun de ses principes eût été violé. Le spectacle de ce Canard Sauvage, accroché au fond de l'étang, se cramponnant aux herbes enchevêtrées et à tous les détritus qu'elles retenaient, — c'en était trop pour Mr. Keynes. Il fallait un chien vraiment extraordinaire pour plonger après lui et le ramener à la surface. Mr. Keynes dénonça donc, en termes implacables, « l'art de se duper soi-même », le « réseau de sophismes », « l'exégèse jésuitique », « l'insincérité sans précédent... » Quand la délégation allemande affirma que les Quatorze Points avaient été violés, le reconnaître aurait été pour le Président « la destruction de son respect pour lui-même, la rupture de l'équilibre intime de son âme... Mr. Lloyd George, désirant user, au dernier moment, d'autant de modération qu'il osait en conseiller, découvrit avec horreur qu'il ne pouvait pas, en cinq jours, persuader le Président qu'il s'était trompé sur ce qu'on avait mis cinq mois à lui faire accepter comme juste et équitable. Décidément, il était plus difficile de désenvoûter le vieux presbytérien qu'il ne l'avait été de l'envoûter, car c'était s'attaquer à sa foi en lui-même et à son respect de lui-même. » Et voilà ! Mais un éminent homme d'Etat, presque un éminent Victorien, avait été, lui, converti d'une manière décisive et glorieuse.

En diagnostiquant « un complexe freudien à l'origine de ce lamentable effondrement », Mr. Keynes avait donné à son analyse de ce cas de pathologie mentale un ton à la dernière mode, d'un effet irrésistible. Je ne puis, pour ma part, prétendre avoir exploré aussi profondément les replis les plus cachés de la conscience présidentielle. Mais quelques-uns des documents montrant ce qui s'est passé exactement entre le Président et ses collègues sont dès maintenant à notre disposition, et le mieux est peut-être de les laisser parler eux-mêmes.

Une sorte de préfiguration de la politique « d'apaisement », — était-ce un bien, était-ce un mal ? — se montra dans la crise qui s'ouvrit à la fin de mai, après la réception des observations allemandes sur le projet de Traité. Très alarmé, Mr. Lloyd George craignait que les Allemands refusassent de signer. Certaines des dispositions du Traité, sur lesquelles il avait attiré l'attention pendant la Conférence, prêtaient vraiment, pensait-il, à de sérieuses objections et pouvaient, même si l'Allemagne signait aujourd'hui le Traité, provoquer de nouveaux dangers dans l'avenir. Mais si l'Allemagne refusait sa signature, il faudrait que les armées alliées avancent sur son territoire, il faudrait retarder la démobilisation, et alors, quelles clameurs en Angleterre ! Que de tourments déjà depuis six mois : et voici que s'ouvrait une nouvelle perspective de complications sans fin !... Aussi, le Premier Ministre, après une longue séance du Cabinet Impérial, proposa d'apporter au Traité plusieurs adoucissements, et il fut autorisé à insister pour qu'il fût fait des concessions sur quatre points principaux : les frontières orientales de l'Allemagne, son admission à la Société des Nations, la durée de la période d'occupation et le problème des réparations : sur ce dernier point, il s'agissait de fixer à un chiffre défini le total de la dette allemande envers les Alliés [1].

La résistance vint surtout de la délégation française. « Il faut, a écrit M. Tardieu, par quelques traits pris parmi des milliers, évoquer ces infernales semaines... Avec une émotion non feinte, le Premier Ministre confessait le désaveu qu'il s'infligeait à lui-même... « Ce que je veux, c'est la paix, et l'Angleterre veut la même chose : elle se soucie

1. D. Lloyd George : *The Truth about the Peace Treaties,* vol. I, pp. 718-719.

peu des détails... Je suis prêt à toute concession qui nous permettra de conclure... Si nous faisons, par nos exigences, tomber le gouvernement allemand, nous n'aurons, en face de nous, plus personne pour signer...» Et lancinante, haletante, adjurante, arrivait la conclusion : « Il faut qu'ils signent... Avec des concessions, ils signeront... Warburg dit qu'avec des concessions, ils signeront. Il faut conclure... [1] ».

Finalement, M. Tardieu adressa au Colonel House un vigoureux appel : « Mr. Lloyd George, écrivait-il, nous dit : « Ils ne signeront pas, et nous aurons mille difficultés ! » C'est l'argument que nous avons entendu si souvent pendant la guerre : après la bataille de la Marne, après Verdun, après l'offensive allemande au printemps de 1918, il y a eu des gens, dans tous nos pays, pour dire : Faisons la paix pour éviter des difficultés. Nous ne les avons pas écoutés, et nous avons bien fait. Nous avons continué la guerre et nous l'avons gagnée. Aurons-nous moins de courage pour la paix que nous n'en avions pour la guerre ? [2] »

Le Président, d'autre part, n'était nullement opposé à toute idée de concession. Dans la matinée du 3 juin, il tint une réunion de la délégation américaine au complet, et, après un examen prolongé des quatre questions soulevées par la délégation britannique, il donna brièvement son opinion sur les modifications proposées :

« La question qui m'occupe, dit-il, est celle-ci : les Allemands ont-ils justifié leurs réclamations ? Dans quels cas ont-ils prouvé que les dispositions du Traité sont essentiellement injustes ? Ce n'est pas là où ils ont simplement montré qu'elles sont dures, — car elles le sont, mais les Allemands l'ont mérité. Et, à mon avis il est bon qu'une nation

1. A. Tardieu : *Le Slesvig et la Paix,* 1926, pp. 246-247.

2. Cité par Ch. Seymour : *Intimate Papers of Colonel House,* vol. IV, p. 477.

apprenne une fois pour toutes ce que signifie une guerre injuste. Je n'ai aucun désir d'adoucir le Traité, mais j'ai le désir très sincère de modifier les parties dont on peut nous montrer l'injustice ou la contradiction avec les principes que nous avons nous-mêmes énoncés.

« Prenons, par exemple, la question de Silésie : nous avons dit en termes exprès, dans les documents qui ont été la base même de la paix, que nous entendions rétablir une Pologne libre, formée des provinces dont la population est polonaise. Là où l'on peut nous montrer que le caractère polonais des populations n'est pas indiscutable, nous devons recourir à une consultation populaire... Là où nous avons, sans nécessité, fait entrer des Allemands dans le nouvel Etat, il faudra rectifier la frontière... Prenons l'accès de la Pologne à la mer. Nos experts pour les questions polonaises, les experts alliés réunis, nous ont recommandé, pour des raisons stratégiques, d'accorder à la Pologne un corridor aboutissant à Dantzig, et ce territoire contient des groupes compacts de populations allemandes. Nous avons, dans ce cas, décidé de laisser Dantzig à ses habitants allemands, et, ailleurs, de prescrire un plébiscite. Je pense que nous avons réussi à tracer des frontières ethnographiques, mieux que je ne l'aurais cru possible, car il existe un terrible mélange de races dans quelques-unes des parties de l'Allemagne, celles où nous avons essayé de tirer la ligne de séparation. Mais partout où nous pouvons faire des rectifications, je suis d'avis que nous devons les faire.

« De même, si les dispositions relatives aux réparations sont injustes, parce qu'elles sont impraticables, — non si elles mettent le fardeau des compensations sur le dos des Allemands, car cela est juste, mais si nous leur imposons cette dette de telle façon qu'ils ne pourront pas la payer, — dans ce cas, je suis d'avis que nous devons y remédier.

« En deux mots, nous devons faire appel à notre conscience pour reconnaître où nous pouvons faire des modifications conformes aux principes dont nous nous réclamons [1]. »

Comment peut-on concilier avec ce langage le diagnostic de Mr. Keynes ? Il vaudrait mieux, sans doute, en laisser le soin à un psychiâtre. D'autre part, il est bien vrai qu'en ce qui concerne l'opportunité d'une mutilation du Traité faite pour en hâter la signature, la manière de voir du Président n'était pas, en vérité, très différente de celle de M. Tardieu.

« Eh bien, disait-il à la fin de cette même réunion, je ne voudrais pas paraître peu raisonnable, mais voici mon sentiment : c'est que nous ne devons pas modifier le Traité dans le but d'obtenir qu'il soit signé, si nous pensons qu'il réalise ce que nous avons voulu assurer en combattant; c'est que le moment où il fallait examiner toutes ces questions, c'est celui où nous rédigions le Traité, et j'en ai un peu assez d'entendre des gens nous dire maintenant qu'ils ont peur que les Allemands refusent de signer, cette crainte étant motivée par des conditions qu'ils ont eux-mêmes exigées lors de la rédaction du Traité : je ne peux pas le supporter.

« Et c'est bien ce qui arrive. Ces gens qui ont fait pression sur nous, et ont mis dans le Traité des choses qui sont aujourd'hui des pierres d'achoppement, font maintenant des pieds et des mains pour les en retirer. Ce que je dis, c'est : s'il ne fallait pas les y mettre, retirez-les, mais ne les enlevez pas uniquement pour faire signer le Traité [2]. »

Le moment arriva où les Quatre eurent à s'entendre sur les amendements au Traité. En ce qui concernait l'admission de l'Allemagne à la Société des Nations, le Président déclara qu'il serait de l'intérêt général de voir l'Allemagne dans la Société plutôt qu'en dehors. Mais il ne jugeait pas possible de fixer déjà le moment de son admission : il était indispensable d'être sûrs, d'abord, que son changement de régime était sincère et durable. Quand la

1. R. S. Baker, ouvrage cité, vol. III, pp. 498-499.
2. *Ibid.*, p. 503.

question fut finalement réglée, rien n'indique qu'il y ait eu aucun désaccord sérieux entre lui et Mr. Lloyd George [1]. Il n'y eut pas non plus de difficulté entre eux au sujet de l'occupation militaire : la discussion, sur ce point, restait essentiellement entre Français et Anglais. Ce fut le Président qui finit par trouver un compromis donnant aux territoires occupés une administration civile et non militaire, et ce fut lui qui persuada Clemenceau d'admettre la possibilité d'abréger la période prévue pour l'occupation [2].

Ce qui se passa au sujet des réparations est encore plus édifiant. A la réunion de la délégation américaine, le Président avait accepté l'avis de ses experts financiers qui se prononçaient pour la fixation d'un chiffre défini. « C'était, disait-il, une condition nécessaire pour assurer dans le monde le placement des obligations allemandes. » Quelques jours plus tard, au Conseil des Quatre, il fit valoir le même argument. Mais Mr. Lloyd George n'était pas de cet avis. « La conclusion à laquelle il était arrivé, c'était que, si des chiffres étaient précisés sans plus attendre, leur effet serait d'effrayer les Allemands plutôt que de les rassurer. Et tout chiffre qui ne serait pas de nature à les effrayer resterait au-dessous de celui que M. Clemenceau et lui-même pourraient présenter à leurs peuples dans

1. Mr. Lloyd George lui-même ne consentit pas à fixer un délai de quelques mois pour l'admission de l'Allemagne. Dans la réponse des Alliés aux observations allemandes, il était indiqué que la durée du délai dépendrait de la manière dont l'Allemagne, dans l'intervalle, exécuterait ses obligations internationales : « Si cette condition nécessaire est réalisée, il n'y a aucune raison pour que l'Allemagne ne devienne pas membre de la Société des Nations dans un avenir prochain. » L'Allemagne, comme on sait, fut reçue dans la Société des Nations en 1926. Voir Baker, ouvrage cité, vol. I, p. 724.

2. Baker, *ibid.*, p. 117. « Les articles de cet accord, écrit Mr. Keynes, sont rédigés en termes tout à fait raisonnables et équitables. » *E.C.P.*, p. 96, note. *C.E.P.*, p. 91, note.

l'état actuel de l'opinion publique [1]. » « Demander au Conseil Suprême de fixer une somme définie dans le temps limité dont il disposait, et alors que tant d'autres questions appelaient des discussions immédiates, c'était, disait-il, comme si on demandait à un homme pris dans les tourbillons du Niagara de fixer le prix d'un cheval. » Le Président insista. Mais le Premier Ministre ne voulut rien entendre. « Il pensait que les concessions américaines dépassaient les bornes de ce qui était nécessaire [2]. » C'est pourquoi, quelques jours plus tard, l'idée d'une somme fixée fut abandonnée. « Les propositions américaines, disait le Président, n'ont pas été faites pour céder à l'Allemagne, mais dans un esprit de coopération avec les Alliés. S'ils ne les jugent pas acceptables, il faut y renoncer [3]. » « Finalement, rapporte Mr. Lloyd George, l'amendement britannique fut accepté et incorporé dans la réponse envoyée à la délégation allemande [4]. » C'est ainsi qu'en face des efforts de Mr. Lloyd George dans le sens de la modération, le Président avait pris parti « pour l'intransigeance et contre la conciliation ».

Nous arrivons au dernier point : les frontières orientales de l'Allemagne. Ici la pierre d'achoppement était la Haute-Silésie. Mr. Lloyd George demandait instamment un plébiscite. Mais le Président commençait à en avoir assez de toute cette affaire. « Notre réponse au sujet des réparations, disait-il quelques jours plus tard, a été tellement amenuisée que tous les sacrifices faits par les Alliés ont été abandonnés. Maintenant, on nous propose de faire retomber le sacrifice sur les Polonais [5]. »

1. Baker, ouvrage cité, p. 406.

2. Miller, vol. XIX, pp. 280-281. Burnett, vol. II, p. 167.

3. Miller, *ibid.* Burnett, p. 177.

4. Lloyd George : *The Truth about the Peace Treaties,* II, p. 724. L'amendement britannique invitait l'Allemagne à signer les clauses telles qu'elles étaient et à proposer dans les trois mois une somme totale définie.

5. Baker, ouvrage cité, vol. II, p. 407.

Il faisait allusion au doute exprimé par certains de ses experts quant à la possibilité d'organiser le plébiscite d'une manière satisfaisante, la Silésie étant sous la domination des magnats allemands de la terre et de l'industrie. « Avez-vous oublié de quoi les Allemands sont capables quand il s'agit de propagande et de pression sur les esprits ? Je sais ce qu'ils ont fait en Amérique. Que ne feront-ils pas en Silésie, où ils ont la toute-puissance politique et économique ? [1] » Le Président ne contestait pas le droit des peuples de s'exprimer par le vote; « mais il se demandait si ce droit, en pratique, pourrait s'exercer librement. Même aux Etats-Unis, la domination patronale se fait sentir fortement, en temps d'élection, dans les grandes régions industrielles. »

Mr. Lloyd George dit que « les résultats des élections précédentes en Haute-Silésie avaient montré qu'il n'y avait pas d'intimidation très redoutable. C'était le principe du droit des peuples à disposer d'eux-mêmes qui était en question. Pourquoi aurait-on des plébiscites à Allenstein, à Klagenfurt, en Slesvig, et non en Haute-Silésie ? »

Le Président Wilson répondit que tout ce qu'il voulait, c'était d'être sûr que le droit des peuples à disposer d'eux-mêmes s'exercerait véritablement.

Mr. Lloyd George insista : « Il craignait que le refus d'un plébiscite ne signifiât la reprise de la guerre, tant les Allemands tenaient à la Haute-Silésie. »

Le Président ne voulait toujours pas entendre raison : « Il se souciait moins de savoir si les Allemands signeraient ou non, que de s'assurer que les dispositions du Traité étaient, en elles-mêmes, justes et raisonnables [2]. »

Et pourtant il fut convenu, en fin de compte, que le plébiscite serait inscrit dans le Traité. Le « vieux bonhomme », après tout, n'avait pas été tellement difficile à « désenvoûter »...

1. Mermeix : *Le Combat des Trois*, 1928, p. 248.
2. Miller, ouvrage cité, vol. XIX, pp. 95-97.

CHAPITRE IV

LE TRAITE

La caractéristique de ce traité, c'est qu'il donne la liberté à des peuples qui n'auraient jamais pu la conquérir eux-mêmes.

WOODROW WILSON
Discours à Oakland, Californie
18 septembre 1919.

Pour ce chapitre, comme pour celui qui le suivra, je dois faire appel à la patience du lecteur. Je pense cependant qu'il me pardonnera de m'étendre assez longuement sur des données historiques et statistiques qui, aujourd'hui, peuvent souvent paraître chargées de détails sans actualité, quand il aura examiné avec moi les arguments et les chiffres dont on s'est servi avec tant de succès pour discréditer aux yeux du monde la paix de 1919.

Le Traité de Versailles se trouva, dès le premier moment, sous le feu de critiques lancées presque de tous les côtés. Les uns disaient qu'il était trop dur, les autres qu'il ne l'était pas assez. Beaucoup de gens pensaient que la paix n'était pas juste, beaucoup d'autres qu'elle n'était pas raisonnable. Le jugement peut-être le mieux équilibré est celui de J. Bainville, écrivant que c'était « une paix trop douce pour ce qu'elle avait de dur [1]. » Il y

1 *Action Française,* 8 mai 1919. Voir aussi J. BAINVILLE : *Les Conséquences politiques de la Paix.* Paris, 1920, p. 25.

avait cependant dans toutes ces critiques un trait commun : elles étaient d'un caractère moral ou politique, et ne se prêtaient pas à la démonstration « scientifique » : la nouveauté de l'attaque dirigée par Mr. Keynes consistait dans son affirmation d'une impossibilité économique.

Qu'il fût impossible de ne tenir compte ni des facteurs moraux, ni des facteurs politiques, Mr. Keynes ne l'ignorait pas. « Mais ce côté de la question, écrivait-il, reste à traiter par une autre plume que la mienne. Dans ce qui suit, je cherche à savoir, non si le Traité est juste..., mais s'il est raisonnable et quelles en seront les conséquences [1]... Ce n'est pas un problème spirituel dont il s'agit. L'objet de ce livre est de montrer que la Paix Carthaginoise, *du point de vue pratique,* n'est ni bonne, ni possible [2]. »

Cette manière de traiter le sujet était, en elle-même, parfaitement légitime. Mr. Keynes avait le droit d'examiner, en sa qualité d'expert, les clauses économiques du Traité, ou les conséquences économiques de ses autres dispositions, et de dire dans quelle mesure elles étaient, à son avis, pratiquement exécutables. Mais, s'il voulait s'en tenir là, il ne pouvait en même temps prétendre aller plus avant. Pourtant, après avoir déclaré qu'il s'occuperait essentiellement des questions économiques, il affirmait carrément que les autres questions, comparées à celles-là, étaient « insignifiantes » [3]; que les problèmes les plus importants n'étaient « ni politiques ni territoriaux, mais financiers et économiques [4] »; et en même temps il éclatait en reproches contre « la Paix Carthaginoise ». Elle était d'une fausseté sans précédent; elle violait des engagements sacrés; elle était détestable et odieuse, etc.

Ceci ne veut pas dire que Mr. Keynes n'était pas, comme n'importe qui, libre d'avoir son opinion

1. *E.C.P.,* p. 60. *C.E.P.,* p. 60.
2. *E.C.P.,* p. 33. *C.E.P.,* p. 40.
3. *E.C.P.,* p. 215. *C.E.P.,* p. 186.
4. *E.C.P.,* p. 134. *C.E.P.,* p. 123.

personnelle sur l'ensemble du Traité. Mais, comme l'a dit Mr. Churchill, « s'il avait, pour se prononcer sur les questions économiques, une compétence indiscutable..., sur d'autres côtés du problème, et dont l'importance était bien plus grande, son jugement ne valait pas mieux que celui de beaucoup d'autres. » De plus, une appréciation d'un caractère si général aurait dû être au moins précédée par une étude générale. Comme Mr. Keynes lui-même l'écrivait deux ans plus tard au sujet du problème de la Haute-Silésie, « une bonne décision ne peut être formulée que par des hommes impartiaux, désintéressés, très bien informés, d'une compétence reconnue, et qui ont tout fait entrer en ligne de compte »[1]. Après quoi, il faisait observer combien il serait dangereux de confier le règlement de « ces litiges invétérés, aujourd'hui comme incorporés à la structure compliquée de l'Europe, à de vieux messieurs venus de l'Amérique du Sud ou de l'Extrême-Orient, qui tiendraient compte d'aussi peu de données que possible; dans leur excusable désir de trouver de la simplicité là où il n'y en a pas[2]. » Dans quelle mesure le jeune monsieur de Londres et de Cambridge a-t-il lui-même réussi « à faire tout entrer en ligne de compte » ?

Nous devons constater que Mr. Keynes n'a pas entièrement laissé de côté les aspects non économiques du Traité. C'est ainsi qu'il dénonce la stipulation interdisant à l'Autriche de se réunir à l'Allemagne comme un modèle d'hypocrisie : que signifie la déclaration par laquelle « l'Allemagne reconnaît et respectera strictement l'indépendance de l'Autriche », alors que la réunion de l'Autriche au Reich ne peut se faire sans l'autorisation, par un vote unanime, du Conseil de la Société des Nations[3] ? De même, le statut de la Ville Libre de Dantzig était cité comme une des preuves de l'hypocrisie sans précédent du Traité, car elle ne pou-

1. *R.T.*, p. 10. *N.C.*, p. 11.
2 *Id.*, *ibid.*
3. *E.C.P.*, p. 47. *C.E.P.*, pp. 50-51.

vait être qu'un voile jeté là pour dissimuler l'attribution de Dantzig à la Pologne, en violation des principes wilsoniens [1]. Le régime provisoire de la Sarre était également traité d' « acte de spoliation et d'hypocrisie » [2]. De même, l'auteur consacrait toute une section du livre aux stipulations relatives au système des transports en Allemagne et à celui des douanes, tout en reconnaissant qu'il s'agissait « de piqûres d'épingles et d'interventions vexatoires, moins graves par leurs conséquences matérielles qu'elles n'étaient déshonorantes pour les Alliés, si on les jugeait selon leurs professions de foi [3]. » Il consacrait une autre section de son livre à prouver que le chapitre des Réparations supposait un manquement formel à des engagements sacrés [4].

Aucun des arguments que nous venons de citer ne se réfère à une impossibilité d'ordre économique. Si importants et si frappants qu'ils aient pu être en eux-mêmes, il n'était guère équitable de les mettre ainsi en avant sans même mentionner les résultats d'ordre politique dont il pouvait être fait état à l'avantage du Traité. Mais comme ceux-ci ne se rapportaient qu'à des problèmes « sans réalité », ils étaient laissés presque complètement en dehors du tableau, — à part une brève mention de la Société des Nations qui, quoique son article XIX n'offrît que peu de chances au changement et aux améliorations, représentait déjà, par ses articles XI à XVII, « un progrès considérable et bienfaisant » [5].

Les dispositions du Traité que nous allons maintenant analyser peuvent être divisées en trois catégories : clauses territoriales, la plupart permanentes, quelques-unes transitoires; clauses économiques, la plupart transitoires et quelques-unes permanentes; et clauses de réparations proprement

1. *E.C.P.*, p. 48. *C.E.P.*, p. 51.
2. *E.C.P.*, p. 76. *C.E.P.*, p. 73.
3. *E.C.P.*, p. 93. *C.E.P.*, p. 88.
4. *E.C.P.*, p. 134. *C.E.P.*, p. 122.
5. *E.C.P.*, p. 244. *C.E.P.*, p. 209.

dites, celles-ci temporaires, mais dont les effets s'étendaient sur une période de temps considérable. Ces dernières seront examinées dans un chapitre distinct.

II

Aux termes du Traité, « défi à la justice, à la pitié et au bon sens[1] », l'Allemagne perdait environ 70.000 kilomètres carrés, représentant 13,4 % de son territoire, et quelque 7 millions d'habitants, un peu plus de 10 % de sa population. Elle perdait aussi toutes ses colonies d'outre-mer.

Des territoires européens que le Traité lui enlevait, la plus grande partie avait été annexée par la force au cours des 150 années précédentes, et la prescription, où doivent se combiner le temps et le consentement, ne pouvait guère être invoquée. La partie allemande de la Pologne avait été soumise à la Prusse depuis les partages du XVIIIe siècle. Le Slesvig avait été arraché au Danemark en 1864. L'Alsace et la Lorraine avaient été annexées en 1871 malgré la protestation solennelle de leurs représensailles fut un acte de libération[2].

1. *R.T.*, p. 168. *N.C.*, p. 176.

2. Selon les statistiques allemandes officielles, la répartition linguistique des populations des territoires perdus par l'Allemagne était la suivante :

Population perdue au bénéfice de	Total (en milliers)	*Langue allemande*	*Autres langues*
La France	1.874	1.634	240
La Belgique	60	50	10
Le Danemark	166	40	126
Danzig	331	315	16
La Pologne	3.855	1.364	2.491
Memel	141	72	69
La Tchécoslovaquie ...	48	7	41
Le Territoire de la Sarre	652	652	0
TOTAUX...	7.127	4.134	2.993

Source : *Statistisches Jahrbuch für das Deutsche Reich*, 1924-1925, pp. 14-15. Il faut observer que dans

Les territoires perdus, y compris la Sarre, représentaient 26 % de la production de houille de l'Allemagne avant la guerre, 75 % de sa production de minerai de fer, 69 % de celle du zinc, 26 % de celle du plomb et 14,3 % des terres arables[1] : comme ces dernières étaient de rendement sensiblement moyen, la perte totale en ce qui concerne la production agricole était en proportion de la surface perdue, soit 14 % environ[2].

Comme l'a fait remarquer Mr. Keynes, les pertes de territoire affectaient avant tout les industries du charbon et du fer, dans la Sarre, en Lorraine et en Haute-Silésie.

a) *La Sarre.*

Aux termes du Traité, les houillères de la Sarre devaient être cédées à la France en compensation des dommages subis pendant la guerre par ses mines du Nord. Le territoire de la Sarre devait,

cette statistique, 1.634.000 habitants de l'Alsace et de la Lorraine sont comptés parmi les populations de langue allemande, mais le moins qu'on puisse dire à leur sujet, c'est que la restitution à la France de ces deux provinces était un des objets expressément visés par le programme de Wilson. Si on les met à part, nous trouvons que les territoires perdus par l'Allemagne ne contenaient que 2 millions et demi d'habitants de langue allemande, représentant un peu moins de 4 % de sa population totale avant la guerre. Parmi eux, les habitants de la Sarre étaient placés sous un régime provisoire, avec la faculté, après un délai de quinze ans, de se rattacher, s'ils le désiraient, à la patrie allemande. Les Allemands séparés de l'Allemagne à titre permanent constituaient donc moins de 3 % de la population totale du Reich.

1. *Statistisches Jahrbuch,* 1924-1925, pp. 20, 21, 22.

2. Le professeur J. M. Angell, dans une étude publiée une dizaine d'années plus tard, arrive à la conclusion que le traité avait privé l'Allemagne d'environ 15 % de sa capacité de production (*The Recovery of Germany,* New-Haven, 1932, p. 15). Ces deux chiffres sont probablement un peu trop élevés, car les statistiques allemandes du revenu national montrent que les territoires perdus, dans leur ensemble, étaient d'une richesse inférieure à la moyenne.

pendant quinze ans, être administré par la Société des Nations, après quoi le statut futur de la région serait déterminé par un plébiscite. Mr. Keynes décrivait cette solution comme « un acte de spoliation et une hypocrisie », et citait longuement la protestation de la délégation allemande, affirmant le caractère germanique de la Sarre. Le Traité fut scrupuleusement appliqué. La Sarre resta pendant quinze ans sous l'administration de la Société des Nations, et, pendant ce temps, la population du territoire s'accrut d'environ 100.000 habitants. Le plébiscite eut lieu, comme il était prévu, en 1935. Une propagande intense fut faite par le gouvernement allemand pendant la période précédant le vote : le gouvernement français n'en fit à peu près ucune. Les votants décidèrent, à une majorité de 90,3 %, le retour de la Sarre à l'Allemagne : à ce moment, Hitler était au pouvoir depuis près de deux ans.

Il y avait beaucoup à dire pour et contre le régime institué par le Traité. La France avait droit à un dédommagement pour la destruction de ses mines; elle avait le sentiment qu'il serait difficile d'assurer la livraison du charbon par l'Allemagne, et que seule l'exploitation directe donnerait une garantie concrète : ce qui a suivi a largement justifié cette conviction. Une pression considérable se faisait d'ailleurs sentir, en France, pour l'annexion de la Sarre, réclamée pour des raisons tant politiques que militaires, et les Français présentèrent à la Conférence une requête dans ce sens [1]. Mais cette revendication fut repoussée par le Président Wilson, qui ne voulait pas, même au nom de la nécessité économique, violer le principe de libre disposition dans un cas où la population était nettement allemande. Des négociations assez difficiles conduisirent finalement à un compromis. Il était évidemment regrettable de porter atteinte au statut national de 550.000 personnes pour assurer une compensation en charbon. Mais la transaction adop-

1. Ce qu'ils demandaient, c'était la frontière de 1814, qui traversait le territoire de la Sarre proprement dit.

tée avait un caractère provisoire et était conçue de manière à réserver le droit de la population à disposer d'elle-même à la fin de la période prévue. A quel point, dans l'exercice de ce droit, le sentiment national l'emporta dans le cœur des habitants sur l'intérêt économique, le plébiscite l'a montré. « Le fait que la situation économique, si favorable qu'elle puisse être, n'a probablement, aux yeux de la population, qu'une importance secondaire, a été démontré par le peu de place qu'ont tenu les arguments économiques dans la campagne plébiscitaire et dans le vote qui en a été la conclusion, vote dont le résultat était évidemment contraire à l'intérêt économique des habitants de la Sarre... La Sarre fournit la preuve que, quand il y a conflit entre l'intérêt économique et le lien national, c'est ce dernier qui l'emporte. » Ainsi s'exprime miss Sarah Wambaugh, membre de la Commission du Plébiscite [1].

Cependant, si l'on avait admis que l'économique devait avoir le pas sur le politique, le sort de cette population aurait été considéré en 1919 comme d'un intérêt secondaire; et, du point de vue économique, le raisonnement aurait peut-être conduit à l'attribution de la Sarre à la France plutôt qu'à sa conservation par l'Allemagne. Le bassin de la Sarre se trouvait à l'extrémité du territoire allemand, et son marché le plus proche était celui de l'industrie métallurgique lorraine. Etant donné que le retour de la Lorraine à la France rétablissait l'unité du bassin de Briey, on aurait pu fort bien soutenir qu'il était peu désirable de séparer par une frontière politique le charbon sarrois du fer lorrain, et il n'y aurait pas eu de raison, du seul point de vue économique, de ne pas réunir la Sarre au territoire français, à moins d'être prêt, au contraire, à livrer à l'Allemagne l'ensemble des industries lorraines.

Examinons maintenant la solution proposée par

1. S. WAMBAUGH : *The Saar Plebiscite,* Cambridge (U.S.A.), 1940, p. 316.

Mr. Keynes. « Les arrangements relatifs à la Sarre, écrivait-il dans son dernier chapitre, doivent être maintenus[1] », avec deux réserves toutefois. Tandis qu'aux termes du Traité, l'Allemagne devait être immédiatement créditée au compte des réparations de la valeur des mines de la Sarre, mais devait la payer en espèces si le plébiscite décidait en sa faveur, Mr. Keynes proposait de ne pas la créditer, mais (si les mines lui étaient rendues), de les lui restituer sans paiement. Il ne donnait aucune raison pour justifier la nécessité de ce changement[2]. D'autre part, il estimait que le retour à l'Allemagne et du territoire et des mines devrait se faire « sans condition » (c'est-à-dire, à ce qu'il semble, sans plébiscite) dans le délai de dix ans. Ces changements devaient être accompagnés d'un accord par lequel l'Allemagne et la France s'engageraient à se fournir mutuellement du fer et du charbon. Si le règlement de la question de la Sarre était vraiment « un acte de spoliation et une hypocrisie », on se demande pourquoi il aurait fallu le maintenir, fût-ce pour dix ans au lieu de quinze.

b) *Lorraine.*

Des réflexions analogues se présentent en ce qui concerne les gisements de fer de la Lorraine. « Ces dispositions, faisait observer Mr. Keynes, ne retiendront pas autant notre attention parce qu'elles étaient en grande partie inévitables... Il n'est pas douteux que l'Allemagne doit perdre ces gisements[3]. » Car personne ne contestait la restitution

1. *E.C.P.*, p. 246. *C.E.P.*, p. 211.

2. On pourrait même ajouter que le changement proposé était (particulièrement du point de vue de Mr. Keynes) plutôt illogique, puisqu'une des principales difficultés du problème des réparations était, comme nous le verrons, d'obtenir des versements dans un temps aussi court que possible. Ne pas créditer l'Allemagne immédiatement de la valeur des mines n'aurait fait qu'ajouter à la difficulté où elle se trouvait de faire des paiements rapides.

3. *E.C.P.*, p. 90. *C.E.P.*, p. 86.

à la France de l'Alsace et de la Lorraine. C'est à cette occasion cependant que Mr. Keynes jugea bon d'avancer quelques observations d'un caractère général sur les inconvénients des frontières politiques du point de vue économique. Il paraît certain, écrivait-il, si nous calculons sur la base des tendances et des passions actuelles de la société capitaliste européenne, que la production effective du fer en Europe sera diminuée par un changement de frontière politique (réclamé par le sentiment et par la justice historique) parce que ce changement permet au nationalisme et à l'intérêt privé d'imposer en même temps une nouvelle frontière économique... Les frontières économiques qui seront tracées entre le charbon et le fer, fondations mêmes de l'industrie moderne, n'auront pas seulement pour effet de réduire la production des marchandises utiles, mais risqueraient aussi d'entraîner l'emploi d'une immense quantité de main-d'œuvre à transporter du charbon ou du fer, selon le cas, sur de grands parcours inutiles pour satisfaire aux exigences d'un traité politique, ou parce qu'on aura créé des empêchements à la meilleure localisation de l'industrie[1].»

Il n'expliquait pas, toutefois, pourquoi la frontière de 1919 se montrerait pire que celle de 1914, laquelle coupait droit à travers le bassin industriel de Lorraine et le partageait entre la France, l'Allemagne et le Luxembourg. « Le fait que les forges et les aciéries de Lorraine doivent recevoir leur combustible d'Allemagne, fait remarquer un rapport du Ministère britannique des Munitions, cité par Mr. Keynes, les place dans une situation peu enviable [2]. » Mais alors ? Est-ce que cette situation était une des absurdités économiques du Traité? Et cela aurait-il autorisé la France à annexer toute la Westphalie? Ou peut-être justifié l'annexion par l'Allemagne de toute la Lorraine? La France devenant un producteur de fer de premier ordre, tandis que l'Allemagne conservait la plus grande partie de ses

1. *E.C.P.*, pp. 91-92. *C.E.P.*, pp. 87-88.
2. *E.C.P.*, p. 92, n. *C.E.P.*, p. 87, n.

gisements houillers, l'échange de ces produits complémentaires se ferait dans l'intérêt naturel des deux pays. Comme le disait Mr. Keynes, « ce qui serait certainement le plus économique et le plus profitable serait d'exporter en Allemagne, comme auparavant, une partie considérable de la production des mines [1] ». Précisément. S'il en était ainsi, pourquoi se préoccuper du risque pour l'Allemagne de se voir priver de son approvisionnement de minerai de fer? Tout en remarquant qu'on devait prévoir que la France « chercherait à remplacer dans la mesure du possible les industries allemandes basées sur les gisements de fer par des industries établies de son côté de la frontière [2] », il ajoutait « qu'il se passerait beaucoup de temps avant que les installations et la main-d'œuvre qualifiée nécessaires puissent se former en territoire français ». Il n'y avait donc à craindre aucun bouleversement soudain.

Parmi les remèdes proposés par Mr. Keynes figurait, comme on vient de le voir, un engagement de la part de la France de fournir à l'Allemagne au moins la moitié du minerai de fer que celle-ci faisait venir de Lorraine avant la guerre, et, de la part de l'Allemagne, de fournir du charbon à la France. En calculant « sur la base des tendances et des passions actuelles de la société capitaliste européenne », il y avait toute probabilité, si l'on avait quelque danger à craindre, de le voir bientôt se retourner. L'Allemagne n'aurait jamais à redouter l'insuffisance des fournitures françaises de minerai de fer, — en temps de paix, tout au moins — mais la France trouverait bientôt de la difficulté à faire entrer en Allemagne les produits manufacturés de son industrie sidérurgique. D'autre part, les fonderies de fer françaises n'auraient pas grand peine à acheter le charbon ou le coke allemand; en fait ces importations étaient si essentielles pour l'industrie française qu'en 1931 elles ne furent pas soumises au régime, alors nouveau, du contingentement.

1. *E.C.P.*, p. 91. *C.E.P.*, p. 86.
2. *E.C.P.*, p. 91. *C.E.P.*, p. 86.

Que les craintes exprimées par Mr. Keynes aient été sans fondement, le développement des industries du fer et de l'acier dans cette partie de l'Europe en fournit la preuve.

Production du fer et de l'acier en France et en Allemagne[1].
(en millions de tonnes)

		Minerai de fer		Fonte et ferro-alliages		Acier	
		1913	1929	1913	1929	1913	1929
Allemagne							
	a)	28,6	—	16,6	—	17,6	—
	b)	7,3	6,4	10,9	13,4	12,2	16,2
France							
	a)	21,9	—	5,3	—	4,7	—
	b)	43,0	50,6	8,9	10,4	7,0	9,7
Total	b)	50,3	57,0	19,8	23,8	19,2	25,9

Les deux dates choisies, 1913 et 1929, sont celles d'années où la courbe de la production a atteint des points culminants. Mais, dès 1925, le total de l'acier produit dans les deux pays dépassait le chiffre d'avant 1914, malgré les destructions et l'usure de la guerre. En 1929, la production de la fonte dépassait de 20 % son niveau d'avant-guerre, et celle de l'acier, de 34,3 %, alors que dans l'ensemble de l'Europe (sans l'U.R.S.S.) ces productions étaient pour la fonte de 10,5 % et pour l'acier de 35 % au-dessus des chiffres de 1913. Il est clair que cet accroissement aurait été encore plus rapide si le Cartel International de l'Acier ne s'était pas formé en 1926, entre les industries du fer et de l'acier de la France, de la Belgique, du Luxembourg et de la Sarre, en vue de stabiliser les prix, et s'il n'avait pas à cet effet limité la production totale, la répartissant entre ses membres selon des pourcentages variables. Ce qui menaçait cette partie de l'Europe, après le Traité de Versailles, ce n'était pas (du moins de l'avis des producteurs) l'insuffisance, mais l'excès de la production.

1. *Annuaire statistique de la S.D.N.*, année 1929; 1928 pour les chiffres d'avant-guerre. *a* : territoire avant la guerre ; *b* : territoire après la guerre.

Résumons : si le déplacement de la frontière était « inévitable », comme le reconnaissait Mr. Keynes lui-même, il était sans objet d'en déplorer les conséquences économiques comme une des absurdités du Traité; d'ailleurs ces conséquences, comme la suite l'a montré, n'eurent rien de déplorable. Et quelle raison pouvait-il y avoir de faire cette prévision fantastique, que le déplacement de frontières « risquerait d'entraîner l'emploi d'une immense quantité de main-d'œuvre à transporter du charbon ou du fer, selon le cas, sur de grands parcours inutiles » ? Rien de pareil n'arriva et n'avait la moindre chance d'arriver [1]. Et ce qu'on nous a présenté comme « les impératifs d'un traité politique », n'était, en ce qui concernait la Lorraine, pas autre chose que l'application du point VIII de Wilson : « Le tort fait à la France par la Prusse en 1871 quant à l'Alsace-Lorraine, qui a troublé la paix du monde pendant près de cinquante ans, doit être réparé, afin que la paix puisse être rétablie et affermie dans l'intérêt de tous. »

c) *Haute-Silésie.*

Le cas de la Haute-Silésie est encore plus instructif. Le Traité, comme on l'a vu, avait prescrit un plébiscite qui devait faire connaître si les habitants désiraient appartenir à l'Allemagne ou à la Pologne. Une Commission internationale était chargée de présider au plébiscite et, après le vote, de recommander la frontière à adopter. Cette recommandation devait tenir compte des vœux des habitants et des conditions géographiques et économiques locales [2]. Les principales puissances devaient alors fixer la ligne frontière. Mr. Keynes mentionne

1. Mr. Guy Greer, dans son analyse détaillée de la situation des industries du fer et de la houille dans cette région, parle d'« un plan, mûrement réfléchi, de la Conférence de la Paix pour assurer la continuation du système Ruhr-Lorraine ». G. Greer : *The Ruhr-Lorraine Industrial Problem,* New-York, 1925, p. 95.

2. Art. 88, Annexe, paragr. 5.

cette disposition dans une note. Dans le texte, il explique que « la Haute-Silésie doit être cédée à la Pologne, sous condition d'un plébiscite[1]. Le point essentiel est qu'en réalité la Haute-Silésie ne devait pas être cédée à la Pologne, comme il avait été d'abord envisagé; elle devait être placée sous l'autorité de la Commission jusqu'à ce que son sort fût réglé par le plébiscite. Dans sa note, Mr. Keynes faisait remarquer que, si dans le texte il avait prévu que la Haute-Silésie cesserait entièrement d'être allemande, il n'était nullement certain que cette prévision se réaliserait, car les Allemands affirmaient que les deux tiers de la population se prononceraient pour l'Allemagne : il y aurait donc lieu de modifier ses conclusions dans la mesure où les faits lui donneraient tort.

Il est regrettable que Mr. Keynes n'ait pas jugé bon de modifier son texte sans plus attendre. « Du point de vue économique, ce pays (la Haute-Silésie) est intensément allemand; les industries de l'Allemagne orientale en dépendent pour la houille, et sa perte porterait un coup destructif à l'édifice de l'économie allemande[2]. » Les industries métallurgiques de la région, ajoutait-il, seraient aussi atteintes, car l'Allemagne, privée de ses ressources en minerai du côté de l'Ouest, n'aurait plus de quoi en exporter vers l'Est. « Il paraît certain que l'activité et le rendement de l'industrie diminueront[3]. » Examinons ces observations plus en détail.

La Haute-Silésie était un pays de population mixte. Si cependant, elle était « du point de vue économique, intensément allemande », cet argument devait sans doute prévaloir ! Mais que signifiait-il au juste? Le Président Wilson, quand il avait consulté ses experts avait été informé, comme nous l'avons vu, de l'influence prédominante des magnats de l'industrie et de la terre, qui rendrait difficile d'assurer des conditions favorables à un plébiscite

1. *E.C.P.*, p. 77. *C.E.P.*, p. 75.
2. *E.C.P.*, p. 78. *C.E.P.*, p. 75.
3. *E.C.P.*, p. 92. *C.E.P.*, p. 88.

sincère. Selon la meilleure monographie allemande écrite avant la guerre sur la Haute-Silésie, environ 11.000 kilomètres carrés, sur un total de 13.000, représentaient de grands domaines aux mains de propriétaires allemands; près d'un quart du pays appartenait à sept personnes possédant plus de 20.000 hectares. La situation était analogue dans l'industrie, où, en 1904, 92 % du charbon étaient fournis par 19 propriétaires de mines. D'autre part, les salariés de l'industrie et de l'agriculture étaient surtout polonais [1]. « Une grande partie des industries de la région est entre les mains d'un très petit groupe de grands magnats », disait l'expert américain, le Dr Lord, à la réunion de la délégation américaine du 3 juin 1919. « Cela signifie que la population polonaise est indubitablement dans la dépendance de propriétaires et de capitalistes allemands, et l'expérience de toutes les élections qui ont eu lieu dans ce pays montre qu'il est extrêmement difficile à cette population de voter comme il lui plaît sans mettre en péril ses moyens d'existence [2]. » « Pendant des siècles, disait aux Quatre le premier ministre de Pologne, Paderewski, ces gens ont été traités comme des esclaves. On les a chassés de leur pays, forcés d'aller travailler en Westphalie, à Berlin et ailleurs. Ils espéraient pouvoir, à l'avenir, vivre d'une vie acceptable sur la terre de leurs ancêtres [3]. » Voilà dans quel sens la Haute-Silésie était, « du point de vue économique, intensément allemande » !

Admettons toutefois que Mr. Keynes l'ait entendu dans un sens différent. A ses yeux, il suffisait que les gisements de charbon de la Haute-Silésie fussent « d'une importance essentielle pour la vie écono-

1. Voir J. Partsch : *Schlesien, eine Landeskunde*, Breslau, 1912; L. Eisenmann et autres : *La Silésie Polonaise*, Paris, 1932, pp. 45 et suiv.; et S. Wambaugh : *Plebiscites since the World War*, Washington, 1933, vol. I, p. 209.

2. R. S. Baker, ouvrage cité, vol. III, p. 483.

3. D. Lloyd George : *The Truth about the Peace Treaties*, vol. II, p. 999.

mique de l'Allemagne [1] » ou que ses industries métallurgiques ne pussent prospérer sans le minerai allemand.

Les industriels de la Haute-Silésie avaient cependant, quelques années auparavant, des vues assez différentes. En 1913, une publication de l'Union Silésienne des industries minières avait attiré l'attention sur la situation défavorable de ces industries à l'égard du marché allemand, en raison de leur position à une des extrémités du territoire du Reich, tout au bout du corridor silésien, alors que l'Autriche-Hongrie et la Russie lui offraient de meilleurs débouchés [2]. Pendant la guerre, la Chambre de Commerce d'Oppeln, dans un mémorandum présenté en 1916 au chancelier Bethmann-Hollweg, appuyait sur l'importance des fournitures de bois et de minerai de fer de la Pologne russe, et demandait la suppression de tout obstacle aux achats sur ce marché. Mais ce n'était pas tout. « S'il s'agit de l'intérêt de la Haute-Silésie, disaient les auteurs du memorandum, la réunion à cette province de la Pologne, et particulièrement de ses districts méridionaux, est une nécessité absolue [3]. » Les choses ne devaient plus se montrer aux Allemands sous le même jour quand ce qu'on envisagea fut la réunion *de* la Haute-Silésie *à* la Pologne.

Mais il n'était pas besoin d'explorer des sources aussi peu connues. Si Mr. Keynes avait simplement consulté la brochure spécialement consacrée à la Haute-Silésie, que le Foreign Office avait fait préparer à l'usage de la Délégation britannique à la Conférence de la Paix, il y aurait vu que 28 % seulement de la houille silésienne était envoyé à l'inté-

1. *E.C.P.*, p. 79, n. *C.E.P.*, p. 76, n. La Haute-Silésie produisait, en 1913, 43 millions et demi de tonnes de houille, soit environ 23 % de la production de l'Allemagne.

2. *Handbuch des Oberschlesischen Industriebezirks*, Kattowitz, 1913.

3. *Das Interesse Oberschlesiens an der Zukunft Polens*, Oppeln, 1917, reproduit dans : WIERZBICKI, *The Truth about Upper-Silesia*, Varsovie, 1921, pp. 55 et suiv.

rieur de l'Allemagne, le reste étant, soit consommé sur place, soit exporté, et que, loin de dépendre pour le minerai de fer de la Lorraine alors allemande, la Haute-Silésie devait importer régulièrement pour ses forges de grandes quantités de minerai de Haute-Hongrie, de Styrie et de Suède [1].

Il est difficile de voir comment cette situation aurait pu être affectée par la séparation de la Haute-Silésie d'avec l'Allemagne. Comme l'expliquait en 1921 le député Wierzbicki à la diète polonaise, la Pologne avant la guerre importait 19,5 millions de tonnes de houille et non 10,5 comme l'avait indiqué Mr. Keynes [2] reproduisant les chiffres donnés dans les observations de la Délégation allemande [3]. Dans son second livre, Mr. Keynes prit acte des corrections de M. Wierzbicki; il reconnut que sa note « pouvait induire le lecteur en erreur... J'ai parlé de la demande annuelle de la Pologne en charbon avant la guerre, au lieu de dire comme je l'aurais dû : la demande annuelle, avant la guerre, de la Pologne d'avant-guerre... C'est, il me semble, ajoutait Mr. Keynes, un hommage rendu à l'exactitude générale des *Conséquences Economiques,* que l'avidité avec laquelle des critiques partiaux se sont jetés sur l'omission, dans la note visée, de ces mots : « d'avant-guerre » après le mot « Pologne ». Toute une littérature a grandi là autour [4] ». On a le droit de se demander ce que « la Pologne d'avant-guerre » peut bien vouloir dire : avant 1914 la Pologne était partagée entre l'Allemagne, l'Autriche et la Russie, et il n'existait rien

1. *Handbooks prepared under the direction of the Historical Section of the Foreign Office,* n° 40, Upper-Silesia. Avant 1914 la Haute-Silésie ne recevait de l'Allemagne que 260.000 tonnes de minerai sur les 1.100.000 qu'elle consommait.

2. *E.C.P.*, p. 79. *C.E.P.*, p. 76, note. Voir WIERŹBICKI, ouvrage cité, p. 13.

3. *Comments by the German Delegation on the Conditions of Peace* (texte reproduit dans *International Conciliation,* oct. 1919, n° 143, p. 43).

4. *R.T.*, p. 47. *N.C.*, p. 49.

qu'on pût appeler « la Pologne d'avant-guerre » [1]. Sa demande s'élevait donc sans doute à zéro ?... La tâche de recueillir et de combiner en un ensemble uniforme et véridique les données statistiques de ces trois fractions de territoire devait être bien malaisée, et il n'était pas facile d'être exactement informé des conditions économiques dans la « Pologne d'avant-guerre », quel que puisse être le sens de cette expression. Je ne suis pas bien sûr que la méthode employée dans ce cas soit un exemple probant de l'exactitude générale des *Conséquences Economiques de la Paix*.

D'ailleurs, dans ce raisonnement, les chiffres dont il s'agit n'avaient aucune importance : car, à la critique de Mr. Keynes, une réponse triomphante a été faite... par Mr. Keynes lui-même. Au bas d'une autre page, encore une fois en note, il reconnaissait que, par une stipulation expresse, l'Allemagne acquérait la faculté de recevoir pendant quinze ans du charbon polonais exempté de tout droit à l'exportation : « La perte se trouve ainsi réduite à la répercussion sur sa balance commerciale, et ne peut avoir pour sa vie économique les conséquences plus graves prévues dans notre texte [2]. » Ce que Mr. Keynes oublie d'ajouter (peut-être ne le savait-il pas alors) c'est que cette stipulation additionnelle était due à l'initiative du Président Wilson [3].

1. Ajoutons, au risque d'être rangés nous-mêmes parmi les « critiques partiaux », qu'il n'est fait sur ce point aucune mention de la « Pologne d'avant guerre » dans les observations allemandes : « La demande de la Pologne se montait, immédiatement avant la guerre, à environ 10 millions et demi de tonnes de houille, tandis que le rendement des mines polonaises, en dehors de la Silésie, était de 6,8 millions... Le déficit était couvert pour 1 million et demi de tonnes par les importations de Haute-Silésie... » Ouvrage cité, p. 43.

2. *E.C.P.*, p. 79, note. *C.E.P.*, p. 76, note.

3. La question avait donné lieu à une assez longue discussion à la réunion de la Délégation américaine du 3 juin. « Après tout, avait conclu le Président, il semble qu'on puisse arriver à une solution... par une mesure garantissant les fournitures de charbon, je veux dire, en levant tout obstacle aux envois de charbon en Allemagne. » (R. S. Baker, ouvrage cité, vol. III, p. 485.)

Mais tout l'éloge qu'il accorde aux Quatre pour avoir pris de telles précautions, c'est l'affirmation que « la vie de l'Europe dans l'avenir ne les intéressait pas [1] ».

Tout ce raisonnement, on le voit, ne tenait pas debout. Mais il en est de même de tous ceux qui tendaient à démontrer que toute aliénation de territoire allemand serait suivie par des catastrophes économiques. Sauf en ce qui concerne la capacité de production totale de l'Allemagne, toute perte économique correspondant à une cession territoriale « était limitée à sa répercussion sur la balance commerciale ». Car, si l'on soutenait que la Haute-Silésie, du point de vue économique, était « intensément allemande » parce que les usines allemandes avaient besoin du charbon de cette province, pourquoi ne pas dire aussi bien, puisque les industries françaises du fer et de l'acier dépendaient de l'Allemagne pour leurs fournitures de houille et de coke, que la Sarre ou la Ruhr étaient « du point de vue économique, intensément françaises » ? « L'Allemagne, avait déclaré la Délégation allemande, ne peut pas se passer de la Haute-Silésie, tandis que la Pologne n'en a pas besoin [2]. » Et Mr. Keynes écrivait : « Tandis que les mines de Silésie sont indispensables à la vie économique de l'Allemagne, il n'en est pas de même pour la Pologne [3]. » On aurait cru, après cela, que la Pologne regorgeait de ressources industrielles. Quelle surprise d'entendre Mr. Keynes, un peu plus loin, nous assurer que « la Pologne, à moins que l'ordre et la prospérité règnent chez ses grands voisins, est une impossibilité économique, n'ayant d'autre industrie nationale que le pogrome [4] ». Sans doute, c'était justement parce que la Pologne n'avait pas d'industries de premier ordre, consommatrice de charbon, qu'on en concluait qu'elle n'avait pas besoin de

1. *E,C.P.*, p. 51. *C.E.P.*, p. 54.
2. Observations de la Délégation allemande, p. 42.
3. *E.C.P.*, p. 79, note. *C.E.P.*, p. 76, note.
4. *E.C.P.*, p. 273. *C.E.P.*, p. 231.

charbon. Selon cette manière de raisonner, la conservation des mines de Haute-Silésie par l'Allemagne, déjà en possession d'un véritable monopole de la houille en Europe Centrale, aurait été justifiée par une variante économique du principe : « A celui qui possède, il sera donné », tandis que la Pologne, n'ayant pas de grandes richesses industrielles, aurait à peine pu faire valoir son droit à l'existence nationale.

Comme le prescrivait le Traité, un plébiscite eut lieu en mars 1921 : 480.000 voix se prononcèrent pour la Pologne, 708.000 pour l'Allemagne, ce qui correspondait, notait Mr. Keynes, à la prévision allemande qu'il avait citée en 1919[1]. Comme les Puissances Alliées ne purent s'accorder sur le règlement final, la question fut soumise au Conseil de la Société des Nations. La Haute-Silésie fut partagée de manière à laisser d'un côté le plus grand nombre possible de ceux qui avaient opté pour l'Allemagne, et de l'autre côté, le plus grand nombre possible de ceux qui avaient voté pour la Pologne.

C'est à ce moment que Mr. Keynes exprima son regret que la frontière eût été tracée « sans tenir aucun compte des raisons économiques », et fit des observations pertinentes sur la nécessité, dans des affaires aussi sérieuses, de « faire entrer tout en ligne de compte[2] ». Cependant, le « remède » qu'il avait proposé, trois ans auparavant, au problème de la Haute-Silésie, était le suivant :

« Ce qui est prévu pour la Haute-Silésie doit être maintenu, c'est-à-dire qu'il doit y avoir un plébiscite, et que, dans la décision finale, « il sera tenu « compte (par les principales Puissances Alliées et « Associées) du vœu exprimé par les habitants « ainsi que de la situation géographique et écono- « mique des localités[3]. » « Mais les Alliés (ajoutait Mr. Keynes) devraient déclarer qu'à leur sentiment

1. *R.T.*, p. 46. *N.C.*, p. 47. V. plus bas, p. 256.
2. *R.T.*, pp. 9-10. *N.C.*, pp. 10-11. Voir plus haut, p. 123.
3. C'est le texte même du Traité, art. 88, annexe 5.

les « conditions économiques » exigent l'attribution des régions houillères à l'Allemagne, à moins que le vœu des habitants y soit nettement opposé [1]. » Comme dans le cas de la Sarre, le progrès par rapport au Traité est vraiment remarquable...

Le partage du territoire causa sans doute beaucoup de dérangements dans la vie locale; mais, des deux côtés, on ne tarda pas à se réadapter aux conditions nouvelles. « Le tissu vivant de l'industrie moderne, écrivait miss Wambaugh, a été coupé, mais il continue à vivre. Aucun des désastres tant prédits ne s'est produit [2]. »

Il est fort possible, cependant, que la production du bassin eût été plus considérable si aucun partage n'avait eu lieu. Mais tout d'abord on ne peut dire que la partie allemande de la Haute-Silésie ait beaucoup souffert. Son revenu global, qui était de 3.986 millions de marks en 1913, était monté à 4.575 millions en 1928, s'accroissant donc de 15 % à une époque où beaucoup d'autres régions de l'Allemagne n'avaient pas encore retrouvé leur niveau d'avant-guerre [3]. Et la production industrielle ne donnait aucun signe de fléchissement :

Production industrielle de la Haute-Silésie allemande.

	Houille		Fonte		Fer en barre et acier		Métaux laminés		Total Fer et acier	
	Millions de tonnes		Milliers de tonnes							
		%		%		%		%		%
1913	11 1	100	381	100	355	100	235	100	971	100
1925	10,9	98	289	76	357	101	236	100	882	92
1928	19,7	177	245	64	528	149	412	175	1 185	129

1. *E.C.P.*, p. 247. *C.E.P.*, p. 211.
2. S. Wambaugh, ouvrage cité, p. 102.
3. *Das Deutsche Volkseinkommen, Einzelschrifte zur Statistik des Deutschen Reichs, Statistisches Reichsamt*, Berlin, 1932, n° 24. Les deux chiffres sont établis par rapport au pouvoir d'achat en 1928. Le revenu par habitant était de 915 marks en 1913 et de 993 en 1928.

Le lieutenant-colonel Hutcheson, en citant ces chiffres, les compare à ceux de la partie polonaise de la Haute-Silésie, pour montrer combien il aurait mieux valu que toute la région fût restée aux mains des Allemands [1].

Production Industrielle de la Haute-Silésie Polonaise.

	Houille		Fonte		Fer en barre et acier		Métaux laminés		Total Fer et acier	
	Millions de tonnes		Milliers de tonnes							
		%		%		%		%		%
1913	32,3	100	613	100	1.105	100	828	100	2.456	100
1925	21,4	66	228	37,2	533	48	432	52	1.293	45,7
1928	30,3	94,5	456	74,3	921	83	696	84	2.073	80,4

Ces chiffres montrent clairement que la courbe de la production industrielle a été meilleure en Allemagne qu'en Pologne, où, dix ans après la guerre, elle n'était pas remontée à son niveau d'avant-guerre; et il est facile de faire ressortir que le développement de l'industrie en Pologne n'a pas été marqué par les progrès rapides constatés de l'autre côté de la frontière. Mais faut-il s'étonner que la Pologne, après un siècle et demi de partage, n'ait pas, dès les premières années de sa résurrection, montré la même capacité dans l'ordre économique que l'Allemagne après cinquante ans de progrès sans entraves, favorisés par l'unité nationale? Un tel désavantage rendait impossible à la Pologne de poser les fondations de sa prospérité nationale sans l'assistance de ses amis d'Occident. Mais, tandis que le capital étranger affluait par milliards en Allemagne, la Pologne ne recevait, financièrement parlant, que de maigres encouragements, et le mot d'ordre qui circulait parmi les prêteurs, que ce fus-

1. Lieutenant-colonel Graham Seton Hutcheson: *Silesia Revisited,* 1929, pp. 16-24.

sent des gouvernements ou des établissements privés, ressemblait au sarcasme du poète :

A tous mes ennemis, chère Fortune, envoie
Tes présents, mais jamais, de grâce, à mes amis.

La solution appliquée à la Haute-Silésie n'était pas parfaite et ne pouvait pas l'être. Là, comme toujours, la question est de savoir si on pouvait en trouver une meilleure. S'il faut reconnaître que tout n'alla pas sans secousse après le partage, la raison en est à l'hostilité foncière entre Allemands et Polonais, non au Traité qui avait tenté de donner à chacun son dû. Toute solution évitant le partage aurait eu pour conséquence de mettre davantage une des deux nationalités sous la domination de l'autre, mais elle n'aurait pas supprimé leur opposition. « La restauration de l'Etat Polonais, lit-on dans la réponse des Alliés aux Observations de la Délégation allemande, est un grand acte historique, qui ne pouvait s'accomplir sans rompre beaucoup de liens, ni sans entraîner des difficultés temporaires pour un grand nombre d'individus [1]. » Il est à l'honneur des auteurs de la paix que, selon le mot de F. W. Foerster, « les droits des personnes aient prévalu sur les droits du charbon ».

Le charbon, cependant, sera le héros de l'épilogue que nous donnerons à cette histoire. Mr. Keynes s'est montré très préoccupé à l'idée que l'Allemagne pourrait être privée du charbon de Haute-Silésie. Le Traité, nous l'avons vu, avait réglé cette difficulté. Après le partage, une convention très détaillée fut conclue entre la Pologne et l'Allemagne, à l'effet de parer dans la mesure du possible aux inconvénients résultant du déplacement de la frontière. Cette convention confirmait l'obligation de la Pologne de fournir pendant quinze ans du charbon à l'Allemagne. Le Traité avait prescrit également

1. Réponse des Puissances Alliées et Associées aux Observations de la Délégation allemande, dans *International Conciliation,* nov. 1919, n° 144, p. 31.

que les produits de la partie naguère allemande de la Pologne bénéficieraient à l'entrée en Allemagne de la franchise douanière pendant une période de trois ans[1]. La convention de 1922 fixait pour les exportations de charbon polonais un contingent mensuel de 500.000 tonnes.

En 1925, cette disposition cessa d'être en vigueur. On aurait cru que, si l'Allemagne avait vraiment un tel besoin du charbon de Haute-Silésie, cette date ne marquerait pas un grand changement. Hélas! C'était l'Allemagne, maintenant, qui voulait arrêter les importations de charbon, et c'était la Pologne qui voulait continuer ses livraisons. En juin 1925, l'Allemagne notifia à la Pologne qu'elle n'entendait plus recevoir de contingents de houille en franchise douanière. Il s'ensuivit une guerre de tarifs, et, en 1926, des économistes allemands écrivaient que l'Allemagne pouvait désormais se passer de la houille polonaise, et avait de bonnes raisons de protéger son industrie contre cette invasion charbonnière[2]. Il faut avouer, décidément, que les auteurs du Traité s'étaient montrés bien incapables de comprendre les « réalités économiques »!...

III

Toujours s'il faut en croire Mr. Keynes, la même incapacité foncière se manifesta dans les clauses de la section « Réparations » relatives au charbon; ou plutôt, ces clauses, selon lui, faisaient partie du plan par lequel les auteurs du Traité avaient visé à la « destruction systématique » de l'ensemble formé par les industries de la houille et du fer en Allemagne.

En premier lieu, l'Allemagne devait, pendant une période de quinze ans au plus, livrer à la France,

1. Article 268 *b*.
2. Voir E. Storm : *Geschichte der Deutschen Kohlenwirtschaft* 1913-1926, Berlin, 1926, pp. 279-280.

en compensation de la destruction de ses mines, une quantité de charbon égale à la différence entre leur production d'avant-guerre et celle de chacune des années suivantes ; les livraisons ne devaient pas dépasser 20 millions de tonnes par an pendant les cinq premières années, ni 8 millions pendant les cinq suivantes. « Ce serait là, écrivait Mr. Keynes, une disposition raisonnable en elle-même, et de celles que l'Allemagne devrait pouvoir exécuter si on la laissait pour le faire en possession de ses autres ressources[1]. »

Les autres livraisons étaient d'un caractère quelque peu différent. La disette de charbon qui sévissait alors en Europe faisait craindre à des pays comme la France, la Belgique et l'Italie, qui, en temps normal, comptaient sur les importations de charbon allemand, de voir dans l'avenir l'Allemagne « utiliser ce besoin pour leur arracher des concessions économiques dont l'effet serait d'annuler, dans une large mesure, les clauses économiques et les clauses de réparations du Traité[2] ». Ces craintes, fussent-elles exagérées, pouvaient être justifiées, en un temps de pénurie très prononcée, par le quasi-monopole de l'Allemagne. C'est pourquoi il fut accordé à la France, à la Belgique, à l'Italie et au Luxembourg, des « options » pouvant s'élever jusqu'au niveau de ce que ces pays importaient normalement d'Allemagne avant la guerre. L'ensemble de ces options arrivait à une moyenne annuelle de 25 millions de tonnes. Comme les 20 millions déjà prévus pour la France représentaient un chiffre maximum, Mr. Keynes calculait que le total des livraisons ainsi imposées à l'Allemagne se monterait à quelque 40 millions de tonnes.

C'était là, poursuivait-il, une impossibilité matérielle. La production la plus forte avait été atteinte en 1913, avec un total de 191,5 millions de tonnes. Mais quelles ne seraient pas les conséquences des

1. *E.C.P.*, p. 79. *C.E.P.*, p. 77.
2. B. Baruch : *The Making of the Reparations and Economic Sections of the Treaty*, New-York, 1920, p. 40.

pertes de territoire, de la réduction récente des heures de travail, du mauvais état des exploitations, de l'affaiblissement de la main-d'œuvre par la sous-alimentation « à laquelle il n'est pas de remède s'il faut donner satisfaction ne fût-ce qu'à un dixième des demandes de réparations, — le niveau de vie, dans ce cas, devra plutôt s'abaisser encore[1] ». On ne pouvait plus compter sur le rendement d'avant-guerre, et « il était probable que la production tomberait à 100 millions de tonnes au plus ». Si 40 millions devaient être livrés aux Alliés, il ne resterait plus que 60 millions pour la consommation intérieure. Les besoins de l'Allemagne après la guerre (compte tenu de la réduction de la demande due aux pertes territoriales) s'élèveraient à 110 millions de tonnes, « en présence d'une production de 100 millions, dont 40 réservés aux Alliés... Le sens général de ces faits, ajoutait-il, apparaît avec une évidence irrésistible. En raison de ses pertes en territoire et en capacité de production, l'Allemagne, si elle doit subsister en tant que nation industrielle, ne peut pas, dans les années qui viennent, exporter du charbon; elle devra même avoir recours au droit d'achat qui lui est reconnu en Haute-Silésie. Pour chaque million de tonnes qu'elle sera forcée d'exporter, c'est une industrie qui se trouvera condamnée. Ce système, dans de certaines limites, est possible, — avec des résultats que nous examinerons plus loin. Mais il est clair que l'Allemagne ne peut fournir et ne fournira pas aux Alliés une contribution annuelle de 40 millions de tonnes[2] ».

Que les clauses relatives au charbon aient été, dans l'ensemble, équitables, il n'est guère possible de le contester. L'insuffisance de la production aurait obligé en tout cas la plupart des nations européennes à se contenter de bien moins qu'avant la guerre. Il n'était que naturel d'empêcher, dans l'intérêt général, l'Allemagne de maintenir sa consom-

1. *E.C.P.*, p. 83. *C.E.P.*, p. 80.

2. *E.C.P.*, pp. 83-84. *C.E.P.*, p. 81.

mation au plus près de son niveau d'avant-guerre aux dépens de son surplus exportable, et de l'obliger à prendre sa part des restrictions communes. Mais c'est précisément ce que Mr. Keynes ne semblait pas vouloir envisager; quand il calculait les besoins irréductibles de l'Allemagne, c'était toujours « sur la base du fonctionnement normal des chemins de fer et de l'industrie avant la guerre[1] ». En d'autres termes, l'Allemagne, seule parmi les nations de l'Europe, devait disposer d'une quantité de charbon répondant à ses besoins d'avant 1914. Mr. Keynes, cependant, reconnaissait la situation telle qu'elle était : « Cette situation, pour ce qui est du charbon, est quasiment désespérée dans l'Europe entière... Comme c'est généralement le cas dans les véritables dilemmes, les thèses française et italienne ont beaucoup de force, tant de force même qu'à certains égards on ne peut rien répondre. Mais, ajoutait Mr. Keynes, il s'agit d'un cas où les intérêts particuliers et les revendications particulières, si bien fondées qu'elles soient en sentiment ou en équité, doivent céder à la nécessité souveraine[2]. » La « nécessité souveraine » n'avait pas été oubliée dans le Traité : Mr. Keynes indiquait, — mais seulement en note, — que la Commission des Réparations avait été autorisée, par une disposition spéciale, « à différer ou à annuler les livraisons », si elle estimait « que le plein usage des options ci-dessus mentionnées pèserait indûment sur les besoins économiques de l'Allemagne[3] ».

C'est là une preuve (parmi tant d'autres) du soin qu'on avait pris de donner aux dispositions du Traité l'élasticité nécessaire pour protéger la vie économique de l'Allemagne partout où l'équité n'exigeait pas des mesures immédiates et rigoureuses. Les chiffres des livraisons de houille représentaient des *options* et, par conséquent, des maxima; le chiffre de 45 millions de tonnes, ou même

1. *E.C.P.*, p. 84. *C.E.P.*, p. 80.
2. *E.C.P.*, pp. 86, 89. *C.E.P*, pp. 82, 85.
3. *E.C.P.*, p. 82, note 1. *C.E.P.*, p. 78, note 1.

de 40 millions, mentionné par Mr. Keynes, devait s'abaisser automatiquement à mesure que la production reprendrait dans les mines françaises; la Commission des Réparations pouvait toujours le réduire si elle constatait que l'excédent exportable de l'Allemagne était insuffisant. Le Conseil Suprême des Alliés, en 1919, avait institué une Commission de la Houille qui (comme l'indique une autre note de Mr. Keynes) avait déjà réduit les livraisons de l'Allemagne pour les six premiers mois à des quantités correspondant à une fourniture annuelle de 20 millions de tonnes. La création de cette commission, écrivait Mr. Keynes « était une mesure fort sage [1] ». Sa décision ne faisait qu'appliquer les dispositions du Traité, — qui avait donc rendu possible d'agir sans attendre que la révélation de Mr. Keynes fût venue sauver l'Europe.

On peut répondre à cela, — et Mr. Keynes n'a pas manqué de le faire, — que même si le Traité contenait des dispositions permettant de ne pas exiger le maximum prévu, celui-ci n'en était pas moins extravagant. L'impression produite par les statistiques de Mr. Keynes a été si profonde que je dois, en faisant appel à la patience du lecteur, poursuivre plus avant la présente analyse.

C'est, une fois de plus, par une note au bas d'une page, que Mr. Keynes avertissait ses lecteurs que ses calculs laissaient de côté la production du lignite, par laquelle l'Allemagne « pouvait compenser dans une large mesure ses pertes en charbon [2] ». Au reproche qui lui fut adressé plus tard de n'avoir pas assez tenu compte du lignite dans ses évaluations, il put répondre victorieusement : « Cette allégation n'est pas très loyale, attendu que j'ai été le premier dans ce débat public à attirer l'attention sur le rôle du lignite, tout en me gardant, d'ailleurs, de me donner pour expert en la matière [3]. » Ce qui, me

1. *E.C.P.*, p. 89, note. *C.E.P.*, p. 85, note.
2. *E.C.P.*, p. 84, note 2. *C.E.P.*, p. 81, note 1 (le texte anglais dit : *substantial compensation*. N. d. T.).
3. *R.T.*, p. 49. *N.C.*, p. 51.

semble-t-il, n'était pas très loyal, c'était de passer sous silence le fait que le rôle du lignite avait été signalé pour la première fois, dans un débat public, non par Mr. Keynes dans ses *Conséquences Economiques de la Paix,* mais bien par les Alliés dans la note envoyée par Clemenceau au comte de Brockdorff-Rantzau en mai **1919** : « La note allemande, disait-il, ne fait pas observer qu'un quart de la consommation d'avant-guerre du charbon allemand s'effectuait dans les territoires qu'on se propose maintenant de transférer. De plus, elle omet de faire état de la production du lignite qui se montait annuellement, pour l'Allemagne avant la guerre, à quatre-vingts millions de tonnes, dont aucune partie ne provient des territoires transférés. Il n'est pas non plus tenu compte du fait que la production de charbon des régions non transférées augmentait rapidement avant la guerre; il n'y a aucune raison de douter qu'à l'avenir, grâce à une exploitation convenable, cet accroissement ne se poursuive[1]. »

Mr. Keynes avait annoncé qu'on ne pouvait pas s'attendre à une production égale à celle d'avant-guerre. Trois ans après le Traité, la production du charbon, quoique encore inférieure à celle de 1913 (qui fut une année record) avait presque regagné, pour le territoire défini par les frontières de Versailles, son niveau annuel moyen des cinq années précédant la guerre (119 millions de tonnes contre 121). En 1921, la production du charbon et du lignite réunis avait déjà, dans les mêmes limites territoriales, dépassé celle de 1913; et, en 1927, après les mesures radicales de concentration et de rationalisation appliquées dans les industries houillères allemandes, leur production *d'ensemble* dépassait le niveau d'avant-guerre. Il semblerait que les Alliés ne s'étaient pas trompés absolument dans leurs prédictions.

1. Réponse des Alliés en date du 22 mai 1919 à la note allemande du 19 mai, paragr. VI.

Les données essentielles sur la production et le commerce du charbon après le Traité de Versailles se résument comme suit :

Production et commerce du charbon en Allemagne

(en millions de tonnes)

	I	II	III	IV	V	VI	VII	VIII
Année	*Production*			*Exportation*		*Importation*	*Exportation nette*	*Livraisons de Réparations*
	Houille	Lignite	Total	Houille	Houille et coke	Houille	Houille et coke	
1909-13 a	165	75	182	20	35	11	24	—
1909-13 b	121	—	138	—	—	—	—	—
1913 a	190	87	210	35	43	11	32	—
1913 b	141	—	160	—	—	—	—	—
1920	131°	112	156	16	23	0,4	22	18
1921	136°	123	164	15	23	0,9	22	18
1922	130°	137	160	15	24	13	11	18
1923	62	118	89	16	9	23	14	8
1924	118	124	147	14	30	13	17	16
1925	133	140	164	23	33	8	25	15
1926	145	140	176	38	52	3	49	15
1927	154	151	187	27	39	5	34	13
1928	151	166	188	24	36	7	29	16
1929	153	174	202	27	40	8	32	14

a. Territoire d'avant-guerre.
b. Territoire d'après-guerre.

°. Les chiffres de la production houillère pour 1920, 1921 et 1922 valent pour le territoire allemand avant le partage de la Haute-Silésie, qui eut lieu en juillet 1922. Si on déduit la production de la Haute-Silésie, les chiffres sont : en 1920, 108 ; en 1921, 114 ; en 1922, 119. Source : *Statistisches Jahrbuch für das Deutsche Reich.* Le lignite est converti au taux de 2 : 9 (col. III) ; le coke, au taux de 4 : 3 (col. V et VII).

Il est vrai que le rétablissement ne fut pas immédiat, et il aurait été évidemment difficile d'obtenir le maximum de ce que demandait le Traité pendant les premières années, sauf si les Alliés avaient été décidés à imposer une prolongation de la journée de travail au delà des sept heures et demie auxquelles le gouvernement allemand l'avait limitée. Mais cette possibilité n'avait été prévue dans aucune des dispositions du Traité qui, assurait-on, « réduisait l'Allemagne en esclavage ».

L'Allemagne, en ce qui concerne le charbon, n'a donc jamais rempli ses obligations. Dès septembre 1919, nous l'avons vu, la manière dont ses livraisons avaient été fixées pour les six mois suivants correspondait à une fourniture annuelle de 20 millions de tonnes, au lieu des 43 requis par le Traité. Pendant les années suivantes, la Commission des Réparations, usant des pouvoirs que le Traité lui avait conférés précisément pour cet objet, continua à réduire les obligations de l'Allemagne à quelque 27 millions de tonnes pour 1920 et 22 millions pour 1921 et pour 1922. L'Allemagne ne satisfit même pas à ces demandes, car ses livraisons effectives restèrent aux environs de 18 millions de tonnes pour chacune de ces trois années. En janvier 1923, la Commission des Réparations déclara l'Allemagne en défaut, et les troupes françaises et belges occupèrent le bassin de la Ruhr.

La non-exécution par l'Allemagne de ses obligations en matière de charbon a été, depuis, regardée comme la confirmation des critiques de Mr. Keynes. Mais le fait que l'Allemagne *n'a pas* livré le charbon ne constitue pas en lui-même la preuve qu'elle ne le *pouvait* pas.

Mr. Keynes avait fait remarquer qu'en novembre 1921 le mouvement des prix combiné avec celui des changes avait pour résultat que le prix du charbon anglais était trois fois et demie plus élevé que celui de la meilleure houille bitumineuse de la Ruhr, et que par là « les maîtres de forges allemands se trouvaient avantagés pour faire concurrence aux producteurs britanniques[1] ». La crise de la Ruhr amena une brusque chute de la production, et l'Allemagne, pour la première fois depuis des dizaines d'années, enregistra une forte importation nette de

1. *R.T.*, p. 45. *N.C.*, p. 46.

houille. Mais, en 1924, la situation s'améliorait, et, dès 1925, la crainte de la surproduction s'exprimait ouvertement [1]. L'année 1926 fut celle de la grève des charbonnages en Grande-Bretagne et les exportations de charbon britannique s'arrêtèrent presque complètement. Comme par magie, les exportations allemandes s'élevèrent subitement jusqu'à 38 millions de tonnes, chiffre sans précédent dans toute l'histoire du charbon en Allemagne. Cette fois, il n'était plus question de livrer la houille aux Alliés, mais de la vendre avec bénéfice. On ne *pouvait pas,* avant 1923, trouver le charbon requis pour payer les réparations, mais, quand il fut possible de le vendre à bon prix, le charbon se précipita hors de l'Allemagne avec une agilité surprenante. Les limites des « possibilités économiques » étaient donc sensiblement plus élastiques que Mr. Keynes n'aurait voulu nous le faire croire.

IV

Les autres clauses économiques du Traité critiquées par Mr. Keynes ont rapport au commerce d'outre-mer de l'Allemagne, à ses transports et à son régime douanier :

1° En compensation du tonnage détruit pendant la guerre, l'Allemagne dut livrer la plus grande partie de sa flotte marchande. « En conséquence, écrivait Mr. Keynes, la marine marchande allemande est balayée de la surface des mers, et ne pourra, avant de longues années, reprendre un développement répondant aux besoins du commerce alle-

1. « Les exportations de charbon, livraisons au compte des réparations comprises, ne sont que légèrement au-dessous de celles d'avant guerre », lisait-on dans la revue semestrielle de la Reichs-Kredit-Gesellschaft. « Il y a eu surproduction d'environ 10 %. L'industrie allemande du charbon a, en conséquence, réduit sa production depuis quelques semaines, principalement par la fermeture des mines de moindre rendement. » *Reichs-Kredit-Gesellschaft,* « Développement économique de l'Allemagne dans la première moitié de l'année 1925 », p. 3.

mand... Pour le moment, aucune ligne ne partira de Hambourg, sauf celles que des pays étrangers pourraient trouver avantageux d'organiser avec leur excédent de tonnage [1]. »

Il est à peine besoin de rappeler que le volume du commerce d'un pays par voie de mer n'est pas lié directement au nombre de ses navires marchands. Les ports norvégiens, avec une flotte très considérable, ne reçoivent et n'expédient relativement que peu de marchandises. New-York, au temps où la marine marchande des Etats-Unis était comparativement faible, avait un commerce maritime énorme. Les mêmes observations auraient pu s'appliquer à Hambourg. En fait, la flotte marchande de l'Allemagne vit son tonnage remonter rapidement de 673.000 tonneaux en 1920 à 3.111.000 en 1926 et 4.093.000 en 1929, seulement un million de moins qu'en 1913.

2° Les dispositions du Traité relatives aux biens allemands à l'extérieur faisaient l'objet d'une analyse détaillée [2]. Elles étaient particulièrement sévères, l'expropriation n'étant pas prévue seulement pour les propriétés de l'Etat allemand dans les territoires cédés, mais aussi pour les biens privés des nationaux allemands. Elles constituaient, selon Mr. Keynes, une preuve de l'intention délibérée « de détruire l'organisation commerciale et économique de l'Allemagne [3] ». L'auteur du présent ouvrage reconnaît que ces dispositions étaient parmi les moins défendables du Traité. Comme la délégation allemande ne manqua pas de le dire, elles permettaient de douter des intentions élevées proclamées par les Alliés, et donnaient plus de force au soupçon qu'ils avaient fait la guerre pour se débarrasser d'un concurrent [4].

Et cependant, il n'était pas tout à fait absurde de

1. *E.C.P.*, p. 61. *C.E.P.*, pp. 61-62.
2. *E.C.P.*, pp. 60-74. *C.E.P.*, pp. 62-72.
3. *E.C.P.*, p. 72. *C.E.P.*, p. 70.
4. Observations de la Délégation allemande, ouvrage cité, p. 60.

considérer les avoirs allemands à l'extérieur comme une des ressources au moyen desquelles l'Allemagne pouvait s'acquitter de ses obligations. Comme le faisait remarquer leur Réponse aux Observations de la Délégation allemande, les Puissances Alliées elles-mêmes avaient jugé nécessaire pendant la guerre de disposer des placements à l'étranger de leurs propres nationaux pour compenser le déficit de leur balance commerciale : « Le temps est venu où l'Allemagne doit faire ce que ses adversaires ont dû faire à cause d'elle [1]. » Dans certains cas, le produit des liquidations devait être employé au règlement de dettes privées contractées par des Allemands envers des nationaux des pays alliés : ces paiements devaient entrer dans un compte général de clearing des dettes commerciales, dont l'actif en excédent devait seul être porté au crédit de l'Allemagne au titre des réparations. Dans d'autres cas, la Commission des Réparations était autorisée à disposer des avoirs allemands. La vente de biens allemands à l'étranger aurait constitué un moyen normal de résoudre la difficulté des transferts. Mais il aurait mieux valu, comme le faisait observer Mr. Keynes, laisser l'Allemagne libre de choisir elle-même ses moyens de paiement. La liquidation de ces avoirs par les Alliés comportait de sérieux désavantages : comme une partie de leur valeur, dans beaucoup de cas, dépendait de la fidélité d'une clientèle, ils valaient plus entre les mains de leurs propriétaires allemands qu'entre celles de leurs acheteurs éventuels. Il en résultait naturellement des contestations au sujet du montant des paiements enregistrés par la Commission des Réparations : de là, des querelles sans fin, et souvent des pertes pour tous les intéressés. En même temps, la vente de ces biens s'avéra, comme l'avait craint Mr. Keynes, une aubaine pour « les aventuriers gloutons et les avides chasseurs de concessions [2] »,

1. Réponse des Puissances Alliées et Associées, ouvrage cité, p. 65.
2. *E.C.P.*, p. 70. *C.E.P.*, p. 69.

et fut l'occasion de toutes sortes de trafics malhonnêtes.

Ceci dit, l'impression, telle qu'elle nous a été présentée, de l'effet destructeur de ces mesures sur le commerce allemand était fort exagérée. Le commerce extérieur de l'Allemagne en fut gêné pendant quelque temps : il ne fut pas détruit. Ce qui en constituait les bases essentielles, c'était moins des propriétés matérielles que l'organisation des marchés et le réseau des agents commerciaux. La guerre avait fait beaucoup pour disloquer cet ensemble de relations. Mais quoique les clauses qui viennent d'être mentionnées aient accentué la dislocation, leurs effets ont été limités et temporaires, et, contrairement à une croyance très répandue, aucun obstacle permanent ne fut opposé au rétablissement du commerce extérieur de l'Allemagne.

3° Les dispositions relatives au système des communications et au régime douanier de l'Allemagne n'étaient pas, de l'avis de Mr. Keynes, aussi importantes que celles que nous avons discutées jusqu'ici. C'étaient « des piqûres d'épingle, des interventions et des vexations moins critiquables pour leurs conséquences matérielles que peu honorables de la part des Alliés, étant donnés les principes qu'ils avaient proclamés » [1]. Il faut néanmoins, si nous voulons compléter le tableau des entraves imposées à l'Allemagne par le Traité, examiner les clauses commerciales.

Ce que Mr. Keynes reproche à un certain nombre de ces dispositions, c'est leur caractère de non-réciprocité. Ainsi, l'Allemagne devait pendant cinq ans garantir aux Puissances Alliées et Associées le traitement de la nation la plus favorisée. Pendant cinq ans, les produits d'Alsace et de Lorraine devaient entrer en Allemagne en franchise de droits, jusqu'à des quantités correspondant à la moyenne des transactions pendant les deux années précédant la guerre. Des dispositions semblables s'appliquaient aux exportations de la Pologne et du Luxem-

1. *E.C.P.*, p. 93. *C.E.P.*, p. 89.

bourg. D'autres clauses, stipulées pour un temps limité, assuraient à certaines catégories de marchandises importées en Allemagne divers avantages sans réciprocité.

Ces clauses étaient d'un caractère temporaire : aucune ne devait rester en vigueur plus de cinq ans, et un certain nombre furent réduites à une durée plus courte. De plus, leur caractère de non-réciprocité n'était pas très difficile à justifier : n'était-ce pas l'Allemagne qui, pendant la guerre, avait pratiqué ouvertement dans les territoires occupés une politique de « destruction systématique », dans le but d'affaiblir ses rivaux sur le terrain commercial ? Cette politique avait été définie jusque dans ses détails dans un document intitulé « L'Industrie en France occupée », publié en 1915 par les soins du Haut-Commandement des armées allemandes, et envoyé à toutes les Chambres de Commerce et à toutes les associations financières et commerciales du Reich. Il avait été préparé, expliquait l'introduction, par deux cents officiers de réserve, qui avaient étudié quelque 41.000 établissements industriels. Son objet était « de donner une idée des conséquences probables pour l'Allemagne de la destruction de certaines branches de l'industrie française ». Chaque industrie était soigneusement analysée en deux chapitres, l'un décrivant les dommages qu'elle avait subis, l'autre « les conséquences pour l'Allemagne » : comment les bâtiments avaient été démolis, l'outillage mis en pièces, des parties spéciales de cet outillage enlevées; comment ces industries mettraient des années à se rétablir, et comment, dans l'intervalle, l'industrie allemande pourrait en profiter pour s'emparer de nouveaux marchés [1]. « Plusieurs Etats alliés, disait la

1. *Die Industrie in besetzten Frankreich : bearbeitet im Auftrage des Generalquartiermeisters,* München, 1916. Voici quelques exemples : « *Fonderies :* les hauts-fourneaux ne seront pas en état de fonctionner avant un an ou deux... Cette longue interruption aura pour effet une chute profonde de la production, et, par suite, des recettes, et les industries seront si affaiblies qu'il leur

réponse des Alliés à la Délégation allemande, se trouvent placés, par les actes illégaux de l'ennemi, dans une position d'infériorité économique à l'égard de l'Allemagne, dont le territoire n'a pas été ravagé et dont le matériel est dans un état qui permet la reprise immédiate, après la guerre, des fabrications et du commerce. Pour ces pays, une certaine liberté d'action, au cours de la période transitoire, est une nécessité vitale, et il est, d'autre part, non moins nécessaire que les Etats alliés ne soient pas, au cours de la même période, exposés aux effets de préférences spéciales ou de différences de traitement qui seraient accordées par l'Allemagne à un pays allié ou associé ou à tout autre pays. C'est pourquoi, au cours de la période de transition, le principe de la réciprocité ne saurait être mis en pratique... S'il en était autrement, l'Allemagne recueillerait le bénéfice des actes criminels qu'elle a commis dans les territoires qu'elle a occupés dans le dessein de mettre ses adversaires dans un état d'infériorité économique [1]. » Si l'on a dans l'esprit ces faits, que Mr. Keynes n'a pas mentionnés, on pensera sans doute qu'il était un peu excessif d'affirmer que la non-réciprocité était « peu honorable de la part des Alliés, étant donnés les principes qu'ils avaient proclamés ».

Voilà pour le point de vue moral. D'autre part,

sera difficile de reprendre leur activité ou de la faire remonter à son niveau précédent... *Textiles :* l'industrie textile française, à la fin de la guerre, aura perdu ses marchés. Pour les conquérir et pour tirer profit du coup terrible porté à l'industrie textile dans les régions occupées, il est essentiel qu'après la guerre l'Allemagne fasse travailler aussi rapidement que possible ses industries intactes... *Mines de houille :* les districts miniers resteront improductifs pendant des années en raison de l'enlèvement de l'outillage et de l'inondation des puits... La France devra acheter les machines en Allemagne... » Et le rapport continue ainsi tout le long de 482 pages. On en trouvera des extraits étendus dans : D. Lloyd George : *The Truth about the Peace Treaties,* vol. I, pp. 441-443.

1. Réponse des Puissances Alliées et Associées, partie X, I (*Politique commerciale*).

beaucoup de ces dispositions montrent combien les auteurs du Traité se préoccupaient des problèmes du rétablissement économique créés par les changements territoriaux. Empêcher les territoires détachés de l'Allemagne d'être brusquement coupés de leurs marchés allemands était une précaution raisonnable [1]. Des mesures semblables avaient été prises en 1871 quand l'Alsace et la Lorraine avaient été séparées de la France. D'ailleurs, dans ses observations, la Délégation allemande ne fit entendre aucune protestation à ce sujet.

En résumé, aucune des inégalités de traitement imposées au commerce extérieur de l'Allemagne ne devait durer plus de cinq ans; à une seule exception près [2], elles laissaient à l'Allemagne la faculté de

1. Ajoutons que la clause dont il s'agit paraît avoir été rédigée, non par quelque politicien ignorant et avide, mais par le professeur Allyn A. Young (Miller : *My Diary,* vol. I, p. 222).

2. Mr. Keynes avait manifesté une vive indignation contre l'article 269, selon lequel il était interdit à l'Allemagne, pendant six mois, de lever sur les importations alliées des droits supérieurs à ceux qu'elle percevait avant la guerre : cette interdiction devait être maintenue pendant deux ans et demi pour certains articles tels que le vin, les huiles végétales, la soie artificielle et les laines dégraissées. C'était « une prescription ridicule et nuisible... où l'avidité la plus grossière se surpassait », car l'Allemagne allait être « menacée d'un déluge de produits étrangers de luxe et de demi-luxe » et forcée « de recevoir aussi librement qu'au temps de sa prospérité les importations de champagne et de soieries » (*E.C.P.*, p. 95. *C.E.P.*, p. 90). Remarquons-le tout d'abord : l'article 269 ne faisait rien de plus que d'interdire l'imposition de droits plus élevés que ceux de 1914; et, sauf en ce qui concernait « le champagne et les soieries », il ne devait opérer que pendant six mois. Mais ce que Mr. Keynes oubliait, c'est que l'Allemagne, si elle le voulait, restait absolument libre d'imposer à la consommation de ces articles de luxe toutes les restrictions qu'il lui plaisait, depuis la taxation indirecte jusqu'au rationnement, et que de telles mesures se seraient appliquées aux marchandises importées aussi bien qu'aux produits nationaux. En fait, rien n'indique que le gouvernement allemand ait pris aucune mesure sérieuse pour décourager la consommation des articles de luxe pendant les années qui ont suivi la guerre.

fixer à son gré les droits à l'exportation et à l'importation, à l'unique condition que pendant cinq ans aucune discrimination ne serait faite contre les Puissances alliées et associées. A l'expiration des cinq ans, l'Allemagne redevenait, sans aucune restriction, maîtresse de son régime douanier.

Que le commerce extérieur de l'Allemagne souffrît des conséquences de la guerre, — à savoir : la transformation, pour les besoins de la guerre, de sa production du temps de paix, les pertes en hommes, l'effet du blocus la séparant de ses marchés extérieurs, la réduction de sa productivité globale due aux cessions territoriales, — il était impossible de ne pas s'y attendre. Si l'on estimait à 15 % environ la réduction de sa productivité globale, il était normal que son commerce extérieur baissât dans la même proportion, et on aurait pu en prévoir le relèvement après un certain temps.

Commerce extérieur de l'Allemagne après le Traité de Versailles

Millions de Reichsmarks

	Valeurs selon les statistiques officielles				Valeurs calculées aux prix de 1913			
	Import.	%	Export.	%	Import.	%	Export.	%
1913 ...	10.770	100	10.097	100	10.770	100	10.097	100
1921 (1)	4.015	56	2.401	36	5.732	53	2.976	44
1922 ...	6.200	57	3.970	39	6.301	59	6.188	61
1923 ...	6.150	57	6.102	60	4.808	45	5.388	53
1924 ...	9.083	84	6.552	65	6.769	63	5.134	51
1925 ...	12.362	115	8.798	87	8.998	84	6.596	65
1926 ...	10.001	93	9.883	97	7.911	74	7.340	73
1927 ...	14.228	132	10.223	101	11.422	106	7.624	76
1928 ...	14.001	130	11.613	115	11.045	103	8.658	86
1929 ...	13.435	125	12.663	225	10.651	99	9.571	95

Source : Société des Nations. Mémorandum sur le Commerce international et sur les balances des paiements, 1927-1929. Vol. I (Aperçu général du commerce mondial), pp. 102-103.

Après la chute très marquée qui avait suivi la guerre, le commerce extérieur de l'Allemagne se

1. Mai-décembre seulement.

releva rapidement à partir de 1924, et, en 1925, sa valeur monétaire totale était déjà supérieure à celle de 1913. Sa valeur « réelle » (aux prix de 1913) ne remonta pas au niveau de 1913 (20.867 millions) mais elle s'en rapprocha de très près en 1929, avec 20.222 millions, chiffre supérieur à ce que permettait d'attendre une perte estimée à 15 % des moyens de production.

Le relèvement du commerce extérieur de l'Allemagne ne dura que peu de temps : mais il en fut de même du relèvement du commerce dans le monde entier. Dans quelle mesure le Traité a-t-il pu contribuer à la grande crise économique de 1929-1933, nous l'examinerons plus loin. Mais quelles qu'aient été les répercussions inévitables de la guerre et de la défaite sur le commerce allemand, c'est un fait que le Traité n'était pas, comme on l'a prétendu, conçu de manière à en empêcher définitivement la reprise, et on constate qu'il ne l'a pas empêchée. Dix ans après le désastre, la valeur « réelle » de ce commerce n'était inférieure que de 3 % à celle de 1913, année record, dont le niveau avait été atteint après plus de quarante ans de progrès économique extraordinaire.

Le lecteur est donc édifié sur ces dispositions « à longue portée » qui avaient pour objet « la destruction systématique » de l'économie allemande. C'est dans l'hypothèse d'un tel résultat qu'on pensait pouvoir démontrer le caractère monstrueux des clauses de réparation. On aurait cru que les Alliés avaient adressé à l'Allemagne le commandement du Pharaon aux Israëlites : « Vous ne recevrez plus de paille, mais vous fournirez le même nombre de briques qu'auparavant. »

CHAPITRE V

LES RÉPARATIONS

Il faut que quelqu'un supporte les conséquences de la guerre. Faut-il que ce soit l'Allemagne ou seulement les peuples à qui elle a fait tort ?
Réponse des Puissances Alliées et Associées, 16 juin 1919.

« L'essentiel de notre thèse dans les *Conséquences économiques de la Paix,* écrivait Mr. Keynes en 1921, peut se résumer ainsi : 1° le paiement de ce que les Alliés entendent recevoir de l'Allemagne est impossible; 2° la solidarité économique de l'Europe est si étroite que tenter de forcer l'Allemagne à payer risquerait de ruiner tout le monde; 3° l'évaluation des dommages causés par l'ennemi en France et en Belgique est exagérée; 4° les Alliés, en demandant le remboursement des pensions et allocations ont manqué à la parole donnée; 5° notre créance légitime ne dépasse pas la capacité de paiement de l'Allemagne [1]. »

Nous allons entreprendre l'examen détaillé de ces affirmations. Nous pouvons commencer par le point 4, qui n'est pas de caractère économique, et examiner ensuite les arguments relatifs à l'impossibilité économique. Mais il faut tout d'abord rappeler sommairement les termes authentiques du Chapitre des Réparations.

1. *R.T.*, p. 99. *N.C.*, p. 104.

I

Les clauses de Réparation

1. — La partie du Traité relative aux réparations commence par l'article 231 : « Les Gouvernements alliés et associés déclarent, et l'Allemagne reconnaît, que l'Allemagne et ses alliés sont responsables, pour les avoir causés, de toutes les pertes et de tous les dommages subis par les Gouvernements alliés et associés et leurs nationaux en conséquence de la guerre qui leur a été imposée par l'agression de l'Allemagne et de ses alliés. »

Aucun article du Traité n'a donné lieu à plus d'agitation — du moins verbale — que cette fameuse « clause de culpabilité ». Mais, comme ce problème est tout à fait en dehors du champ de notre présente étude, nous n'essaierons pas de le traiter ici : d'ailleurs, comme on le verra, Mr. Keynes n'a pas cherché à le faire.

L'article 232 précise : « Les Gouvernements alliés et associés reconnaissent que les ressources de l'Allemagne ne sont pas suffisantes — en tenant compte de la diminution permanente de ses ressources qui résulte des autres dispositions du présent Traité — pour assurer complète réparation de toutes ces pertes et de tous ces dommages.

« Les Gouvernements alliés et associés exigent toutefois, et l'Allemagne en prend l'engagement, que soient réparés tous les dommages causés à la population civile de chacune des Puissances alliées et associées et à ses biens, pendant la période où cette Puissance a été en état de belligérance avec l'Allemagne, par ladite agression sur terre, par mer et dans les airs et, de façon générale, tous les dommages, tels qu'ils sont définis à l'Annexe I ci-jointe[1]. »

1. L'article 232 prescrivait aussi le remboursement à la Belgique de tous ses frais de guerre « en exécution des engagements pris antérieurement par l'Allemagne ».

Le Traité posait ainsi un principe général de responsabilité qui, comme le rappelait Mr. Keynes, avait pu être interprété par Mr. Lloyd George comme l'affirmation d'une obligation financière s'étendant à toutes les dépenses et pertes matérielles de la guerre; mais en même temps, reconnaissant l'impossibilité pour l'Allemagne de faire face à cette obligation tout entière, le texte limitait les réparations effectives à une certaine catégorie, à savoir « tous les dommages causés à la population civile des Puissances alliées et associées et à ses biens ».

2. — Etaient compris dans cette catégorie : 1° les dommages subis par les civils dans leur personne, et les effets d'actes contraires au droit international; 2° les dommages aux propriétés, exception faite des ouvrages et du matériel militaires ou navals saisis, endommagés ou détruits en conséquence directe des hostilités; 3° la charge des allocations accordées pendant la guerre aux familles des mobilisés et celle des pensions dues aux anciens combattants: pensions d'invalidité, pensions aux personnes dont les morts étaient le soutien.

3. — Tout en indiquant les éléments de la dette allemande, *le Traité n'en fixait pas le montant total.* Toutefois, l'Allemagne devait, avant le 1er mai 1921, verser une somme de 20 milliards de marks-or (1 milliard de livres sterling), et la Commission des Réparations devait, dans le même délai, établir, à titre définitif, le chiffre total des réparations.

4. — La manière dont la dette devait être payée n'était pas prescrite en détail, exception faite des clauses relatives aux livraisons en nature. Des mesures étaient prévues pour la consolidation de la dette à bref délai, par une émission en trois tranches de 100 milliards de marks-or de bons au porteur. Des émissions ultérieures de bons, obligations ou autres reconnaissances de dette pouvaient être exigées « dans les conditions déterminées de temps à autre par la Commission », jusqu'à concurrence du total de la dette. Un intérêt de 5 % devait être porté au débit de l'Allemagne à partir du 1er mai

1921, déduction faite des paiements déjà effectués.

5. — Le montant total de la dette allemande devait être fixé par la Commission des Réparations, composée de représentants des Puissances alliées et associées. La Commission devait établir un état de paiements pour une période de trente ans, le règlement de tout solde restant impayé au cours de cette période pouvant être « reporté aux années suivantes... ou faire l'objet d'un traitement différent ». C'est à la Commission qu'il appartenait de diriger les opérations de la dette, sa perception et la distribution des paiements aux Etats créanciers.

En un mot, le Traité définissait les dommages donnant lieu à réparation sans en énoncer la valeur totale, mais en spécifiant un minimum s'élevant à 100 milliards de marks-or; il confiait à la Commission des Réparations la tâche de fixer le montant total de la dette le 1er mai 1921 au plus tard, et d'assurer l'administration des paiements pendant une période de trente ans.

II

L'aspect moral des Réparations.

En des termes qui ont trouvé des échos innombrables, Mr. Keynes a soutenu que l' « esprit de vengeance » et l' « avidité » étaient à la base du règlement de la paix. Le mot « vengeance », en bon anglais, ne laisse guère de place à l'équivoque. Selon le Dictionnaire d'Oxford, la vengeance est « l'acte consistant à faire du mal à autrui en retour d'un tort ou d'un dommage subi; la satisfaction obtenue par la réciprocité du mal infligé ». En novembre 1918, les Alliés tenaient entre leurs mains les moyens de se venger, et les motifs de vengeance ne leur manquaient pas. Pendant quatre ans, leurs pays avaient été envahis, leurs terres et leurs cités pillées, leurs foyers détruits; et ils savaient qu'à l'origine de ces calamités se trouvait quelque chose de beaucoup plus grave que les conséquences inévitables des opérations de guerre : la « destruction systématique » des industries françaises et belges ne pouvait pas, nous l'avons vu, être uniquement attribuée à des raisons militaires; et quand les armées allemandes battaient en retraite en 1917 et 1918, les proportions et la sauvagerie de ces destructions s'accrurent à mesure que s'évanouissait pour les Allemands toute espérance de victoire. « Forcés aujourd'hui de battre en retraite en France et dans les Flandres, écrivait le Président Wilson le 18 octobre 1918, les Allemands, en se retirant, exécutent une série de destructions insensées, ce qui a toujours été considéré comme une violation formelle des règles et des pratiques constantes de la guerre entre nations civilisées. Villes et villages, quand ils ne sont pas détruits, sont vidés de tout ce qui s'y trouve, et souvent de leur population même. »

Quand enfin l'Allemagne fit connaître son intention de se rendre, les Alliés étaient en état de porter la guerre sur son territoire et de lui faire goûter à son tour le breuvage amer qu'elle leur avait administré. Mais les Alliés, à l'heure de la victoire, devaient en juger autrement : s'ils imposaient à l'Allemagne des conditions d'armistice lui rendant impossible de reprendre les hostilités, les résultats qu'ils avaient voulus étaient à leur disposition. « Cette situation étant acquise, disait Foch, personne n'a le droit de verser une goutte de sang de plus. »

Ainsi la guerre prit fin avant qu'un seul soldat allié eût mis le pied sur le sol allemand. Quant au Traité, s'il est vrai que la vengeance, dans le sens courant du mot, veut dire la volonté de faire du mal pour avoir la satisfaction d'en faire, de punir l'auteur d'un dommage plutôt que de réparer ce dommage, alors, à l'exception peut-être des dispositions relatives au jugement des criminels de guerre (qui, soit dit en passant, ne furent jamais sérieusement appliquées), il n'y a pas une seule clause du

Traité de Versailles qui puisse être considérée comme un acte de vengeance.

« Le mot réparation, disait un mémorandum présenté en février 1919 par la délégation britannique, n'est pas un terme technique. Il s'agit de réparer les pertes causées à une partie lésée par des actes nuisibles et par leurs suites naturelles; l'effet doit en être de la replacer dans une situation équivalente à celle où elle se trouvait avant le tort qui lui a été fait. La réparation est assurée par des moyens matériels et donne pleine compensation pour les dommages effectivement subis [1]. » « Le principe de justice, disait Mr. Hughes, Premier Ministre d'Australie, sur lequel est basé le droit à réparation, est que, quand un dommage a été fait et subi, l'auteur de ce dommage doit le réparer dans toute la mesure de ses moyens. Il est fondé sur l'idée de la justice et non de la vengeance, sur l'idée que le fardeau du tort infligé doit retomber sur l'auteur du tort et non sur son innocente victime. Ce principe est universellement reconnu dans tous les systèmes de jurisprudence [2]. »

Du simple point de vue de l'équité, il ne pouvait donc guère s'élever de doute quant au bien-fondé du chapitre des réparations. Mais il n'y avait pas là seulement une question d'équité. Comme le faisait observer Mr. Keynes, les catégories de dommages pour lesquelles les Alliés avaient droit à réparation étaient déterminées par les principes énoncés dans les discours du Président Wilson et précisées par la « note Lansing » du 5 novembre 1918. Ainsi le « contrat préalable à l'armistice » interdisait de réclamer soit le remboursement des dépenses de guerre, soit même celui des pensions, qui triplait presque la note à payer. « Il y a dans l'histoire, écrivait-il, peu d'épisodes que la postérité aura moins de raisons d'excuser : une guerre engagée ostensiblement pour défendre la

1. Cité par P.-M. BURNETT : *Reparation at the Paris Peace Conference*, New-York, 1940, vol. II, p. 298.
2. *Ibid.*, p. 553.

sainteté des engagements internationaux, aboutissant à la violation caractérisée d'un des plus sacrés de ces engagements par les champions victorieux de cet idéal même[1]. »

Cependant le Président Wilson, dans ses discours, n'avait mentionné les réparations que très brièvement. Dans ses Quatorze Points, il avait demandé « que la Belgique fût évacuée et restaurée »; que « tout le territoire français fût évacué et les provinces envahies restaurées »; que la Roumanie, la Serbie et le Monténégro « fussent évacués et les territoires occupés restaurés ». Dans son discours au Congrès, du 11 février 1918, il avait dit qu'il ne devait pas y avoir de « contributions » ni « d'indemnités ». Si le mot « contributions » pouvait se prêter à diverses interprétations, l'expression « indemnités punitives » était parfaitement claire. Ce qui était ainsi exclu, c'était la demande d'une indemnité de guerre à proprement parler, c'est-à-dire *excédant* les pertes effectives subies par les belligérants : cependant une indemnité de ce genre avait été expressément prévue pour la Belgique par Mr. Asquith, quand il disait : « Nous ne remettrons pas au fourreau l'épée que nous n'avons pas tirée à la légère, avant que la Belgique ait pleinement recouvré tout, *et plus que tout* ce qu'elle a sacrifié. » Telles sont, en dehors de l'évocation des principes généraux de justice qui devaient dominer tout le règlement de la paix, les seules déclarations qu'on puisse trouver dans les discours du Président au sujet des réparations.

La brièveté et le vague de ce programme donnèrent lieu, comme nous l'avons vu, à une des deux réserves exprimées avec force par les hommes d'Etat européens dans les conversations qu'ils eurent avant l'armistice avec le colonel House. En conséquence, la note du 5 novembre 1918 fit connaître aux Allemands l'interprétation donnée par les Alliés aux discours du Président : « Lorsqu'il a

1. *E.C.P.*, p. 133. *C.E.P.*, p. 122.

formulé les conditions de paix dans son message au Congrès du 8 janvier 1918, le Président a déclaré que les territoires envahis devaient être non seulement évacués et libérés, mais restaurés. Les Gouvernements alliés pensent qu'il ne faut laisser subsister aucun doute sur ce que signifie cette condition. Ils comprennent par là que l'Allemagne devra compenser tous les dommages subis par les populations civiles des pays alliés et leurs propriétés du fait de l'agression allemande, soit sur terre, soit sur mer, soit en conséquence d'opérations aériennes. » L'armistice fut signé le 11 novembre : l'article 19, inséré dans le texte de la convention par le Conseil Suprême, à la requête du Ministre des Finances français, M. Klotz, débutait en ces termes : « Clauses financières : Sous réserve de toute revendication et réclamation ultérieure de la part des Alliés et des Etats-Unis, réparation des dommages [1]. »

Aucun document ne montre que les représentants de l'Allemagne à Compiègne aient élevé contre cette clause d'objection ni de protestation. C'est sur l'interprétation de ces textes que s'engagea à la Conférence de la Paix le débat sur les catégories que devait comprendre le chapitre des Réparations.

A l'exception des Américains, chacune des délégations demanda le remboursement de tout ce que la guerre avait coûté. Cette revendication s'appuyait sur plusieurs arguments.

1° Selon M. Klotz, l'article 19 de la Convention d'armistice avait réservé tous les droits des Alliés : ces droits ne pouvaient donc pas être limités par une interprétation restrictive du prétendu « Contrat préalable à l'Armistice ». Mais Mr. Keynes estimait « qu'il n'était pas possible de soutenir que cette formule incidente de précaution, à laquelle

1. Dans le texte en français signé à Compiègne, le mot « renonciation » fut substitué par erreur au mot « revendication ». Ceci, observe Mr. Keynes, est un bon exemple « des embûches dont le monde est semé » (*R.T.*, p. 141. *N.C.*, p. 148), mais il convient que l'erreur matérielle n'eut aucun effet sur la discussion.

personne n'avait alors attaché une importance particulière[1] », aurait pu, en ce qui concernait les réparations, annuler les Quatorze Points. « C'est leur fierté d'avoir su jouer un pareil tour, écrivait-il plus tard, qui conduisit M. Klotz et son collègue M. Tardieu à maintenir trop longtemps une prétention abandonnée aujourd'hui par les gens qui ont le sens des convenances[2]. » Si « incidente » que pût paraître cette « formule de protection », elle avait du moins le mérite d'être sans équivoque. Si les termes de la note du 5 novembre, qui n'était pas un modèle de précision, avaient vraiment un caractère limitatif, il est clair qu'entre eux et cette clause de l'armistice il y avait contradiction. Les délégués allemands auraient pu y faire objection s'ils l'avaient voulu, mais ils n'en avaient rien fait — pour des raisons évidentes. Ainsi la contradiction subsista et donna lieu, pendant la Conférence, au plus regrettable désaccord entre les Alliés.

Comme Mr. Keynes l'a fait observer avec raison[3], l'interprétation de M. Klotz fut écartée par la réponse des Alliés aux observations des Allemands sur le projet de traité, se déclarant entièrement d'accord avec la délégation allemande quand celle-ci affirmait que la base des négociations se trouvait dans la correspondance qui avait précédé l'armistice. La question soulevée par l'article 19 de la Convention d'armistice est donc définitivement réglée par l'interprétation des Alliés eux-mêmes. Il n'en a été fait mention ici que pour mettre en évidence les conséquences désastreuses de l'équivoque qui s'attachait au « Contrat préalable à l'Armistice ». C'est cette équivoque qui permit de miner effectivement les fondements moraux du Traité de Versailles.

2° Que les termes de la note du 5 novembre s'opposaient à toute demande de remboursement des dépenses de guerre, c'est la thèse qu'au nom de

1. *E.C.P.*, p. 104. *C.E.P.*, p. 98.
2. *R.T.*, p. 141. *N.C.*, p. 148.
3. *E.C.P.*, p. 105. *C.E.P.*, pp. 98-99.

la délégation américaine, Mr. J. F. Dulles soutint avec beaucoup d'éloquence : elle fut attaquée, non moins éloquemment, par Mr. Hughes et Lord Sumner. Le débat fut clos après l'intervention du président Wilson, alors aux Etats-Unis, qui, ses représentants lui ayant demandé de les soutenir, leur répondit télégraphiquement que « l'honneur leur faisait un devoir de refuser l'admission des dépenses de guerre parmi les dommages donnant lieu à réparation ... Nous devons nous y opposer, ajoutait-il, et publiquement s'il le faut, non en discutant sur la justice de cette revendication en elle-même, mais en montrant qu'elle est évidemment contraire à ce que nous avons — après mûre délibération — amené nos ennemis à accepter, et que nous ne pourrions sans déshonneur répudier aujourd'hui, simplement parce que nous en avons la force[1]. »

La position de Mr. Lloyd George et de M. Clemenceau était malaisée, pris comme ils étaient entre l'inflexibilité du Président et la colère de leurs parlements respectifs, qui allaient probablement les renverser s'ils ne pouvaient pas leur montrer qu'ils avaient exigé et obtenu le maximum. C'était, en fin de compte, un problème d'opinion. C'est pourquoi les délégués américains travaillèrent à un compromis. Si le public pouvait être convaincu que seule l'impossibilité matérielle d'obtenir une réparation totale avait empêché les hommes d'Etat de l'exiger de l'Allemagne, et si, en même temps, on pouvait trouver une formule excluant, même en principe, le droit des Alliés au remboursement des dépenses de guerre, tout le monde serait satisfait. C'est ainsi qu'au lieu de proclamer le droit des Alliés à ce remboursement, le Traité affirma la *responsabilité* de l'Allemagne pour les dommages qu'ils avaient subis en conséquence de la guerre. Et c'est ainsi que l'ingénieux compromis des délégués américains donna finalement naissance au fameux article 231. « Tout cela, écrivait Mr. Keynes, qui avait pris

1. Burnett, ouvrage cité, vol. I. p. 27.

part à la rédaction, n'est qu'une question de mots ou de virtuosité de style, qui ne fait de mal à personne, et qui sans doute paraissait alors plus importante qu'elle ne le paraîtra jamais d'ici au Jugement dernier[1]. » Cette prédiction, en particulier, peut être regardée comme fournissant un bon exemple « des embûches dont le monde est semé » car l'agitation de l'Allemagne contre la « clause de culpabilité » devait empoisonner la vie morale de l'Europe pendant les vingt années suivantes.

Reste la question des pensions et allocations aux familles des mobilisés. « Ce fut, écrit Mr. Keynes, un long débat théologique où, après avoir repoussé beaucoup d'arguments divers, le Président finit par capituler devant un chef-d'œuvre de l'art sophistique[2]. » Ce que Mr. Keynes omettait de dire en même temps, c'est que le « sophiste » en question n'était autre que le général Smuts, dont le jugement moral, on peut le présumer, lui inspirait quelque confiance, — car c'est à lui, comme nous l'avons dit, qu'il avait demandé conseil après avoir donné sa démission de la délégation britannique et c'est sous son inspiration qu'il avait écrit les *Conséquences Economiques de la Paix*.

Brièvement résumé, l'argument du général Smuts, tel qu'il est formulé dans une note écrite à la demande de Mr. Lloyd George, était que « la proposition du Président de n'exiger que la restauration des territoires envahis, appartenant à certains des Alliés, avait été nettement abandonnée » par la note du 5 novembre : tandis que les dépenses militaires proprement dites, c'est-à-dire les dépenses de matériel et d'entretien des troupes sous les armes, ne devaient pas être remboursées par l'Allemagne, les pensions et les allocations étaient payées à des civils et rentraient en conséquence dans la définition énoncée par la note. « Ce qui, écrivait-il, a été dépensé pour un citoyen avant qu'il soit devenu un

1. *E.C.P.*, p. 141. *C.E.P.*, p. 128.
2. *E.C.P.*, p. 49. *C.E.P.*, p. 52.

soldat ou quand il a cessé de l'être, ou ce qui a été versé à sa famille à quelque moment que ce soit, représente la compensation de dommages subis par un civil, et selon toute interprétation équitable de la réserve stipulée, doit être remboursé par le gouvernement allemand. Cela comprend toutes les pensions de guerre et toutes les allocations aux familles des mobilisés[1]. »

Cette « interprétation de simple bon sens » (pour emprunter les mots du général Smuts lui-même) fut acceptée par le Président. Mais Mr. Keynes fut horrifié. « Les commentateurs allemands, écrivait-il, n'ont pas eu de peine à montrer que le projet de Traité constituait une violation de la parole donnée et de la morale internationale comparable à celle qu'eux-mêmes avaient commise en envahissant la Belgique[2]. » Ceci, assurément, est affaire d'opinion, et le lecteur est libre de former la sienne, d'après les faits que je lui ai présentés. Mais ce qu'il est, je crois, difficile de contester, c'est que le verdict de Mr. Keynes prit place parmi les arguments qui, dans le désarroi moral de l'Europe, contribuèrent, comme disait un jour Lord Acton, « à faire confondre le bien avec le mal et à ravaler le juste au niveau du réprouvé ».

1. Texte dans BURNETT, ouvrage cité, vol. I, pp. 773 et suiv. Voir aussi p. 63. Le premier qui ait critiqué la critique de Mr. Keynes fut Mr. J.-F. Dulles, quoiqu'il reconnût qu'il était arrivé lui-même à la conclusion « qu'on ne pouvait en bon droit exiger de l'Allemagne le paiement des pensions et des allocations... Beaucoup de gens que leur intelligence et leur sincérité imposent à la confiance du monde entier, sont arrivés à la conclusion contraire... Quelle que puisse être notre opinion personnelle, quiconque examine la question dans un esprit d'équité ne peut rejeter sommairement et avec mépris le jugement sincère et réfléchi d'hommes comme le général Smuts ». Lettre au *Times*, 16 février 1920. L'argument du général Smuts a été cité plus tard par Mr. Keynes (*R.T.*, pp. 149-150. *N.C.*, p. 156).

2. *E.C.P.*, p. 59. *C.E.P.*, pp. 59-60.

III

L'aspect économique des Réparations

I. — *Les revendications.*

Le Traité, nous l'avons vu, ne précisait pas le montant définitif des réparations dues par l'Allemagne. Plusieurs raisons avaient fait prévaloir cette solution; il était impossible, avant des mois et même des années, d'estimer de façon concluante l'étendue des dommages, et en attendant il ne serait pas facile de faire accepter par l'opinion publique un chiffre qui risquait, les hommes d'Etat le savaient bien, de se trouver inférieur à ce qu'elle attendait. Au cours de la Conférence, il avait été procédé cependant à quelques évaluations provisoires. On ne pouvait les considérer comme propres à déterminer en définitive le montant de la dette allemande, mais elles indiquaient l'ordre de grandeur de la note que les Gouvernements Alliés soumettraient ultérieurement à la Commission des Réparations.

La plupart de ces chiffres, d'après Mr. Keynes, étaient scandaleusement exagérés. Jusqu'à quel point ses critiques étaient justifiées, c'est ce que nous allons voir d'après le cas le plus important qu'il ait soumis à l'analyse : l'évaluation française des dommages aux biens mobiliers et immobiliers.

Mr. Keynes a cité M. Dubois, rapporteur de la Commission du budget à la Chambre des Députés, qui, au début de 1919, estimait à 65 milliards de francs les dommages causés aux régions envahies; M. Loucheur, ministre de la Reconstruction Industrielle, qui donnait en février 1919 le chiffre de 75 milliards; et M. Klotz, ministre des Finances, qui parlait en septembre 1919 de 134 milliards. Ces sommes, converties par Mr. Keynes à la parité de 1914 (soit 25 francs par livre) donnaient respectivement deux milliards six cents millions, trois milliards, et cinq milliards six cent trente millions de livres sterling [1].

Or, tandis que les évaluations de la fortune nationale française faites avant ou pendant la guerre, étaient naturellement exprimées en francs-or, les sommes énoncées en 1919 se rapportaient à des *dépenses de reconstruction :* elles étaient donc calculées en francs-papier, c'est-à-dire conformément au niveau actuel des prix. En 1919, il n'avait pas encore été fixé de taux de conversion des francs-or en « francs-reconstruction »; mais étant donné qu'en février 1919, l'index français des prix de gros était de 348 (index de 1914 = 100), il aurait fallu appliquer ce coefficient de dépréciation aux chiffres donnés alors, avant de les transformer en sterling ou de les comparer aux évaluations faites en francs d'avant-guerre.

Cette réserve s'appliquait à toutes les évaluations. On ne peut dire qu'elle soit négligeable. Par exemple, le chiffre de 75 milliards proposé par M. Loucheur pour la reconstruction des régions dévastées, était, d'après Mr. Keynes, « plus du double de l'évaluation faite par M. Pupin — l'économiste français, — de la richesse totale de leurs habitants... M. Loucheur, poursuit-il, trouvait peut-être la stricte vérité incompatible avec ce que réclamait le patriotisme [2] ».

Or, les calculs de M. Pupin, qui dataient de 1916, auraient été absurdes s'ils avaient représenté autre chose que des valeurs d'*avant-guerre ;* tandis que M. Loucheur avait spécifié que son évaluation était faite en fonction des prix de *reconstruction* [3]. Si

1. *E.C.P.*, pp. 118-120. *C.E.P.*, pp. 109-110.
2. *E.C.P.*, p. 119. *C.E.P.*, p. 110.
3. Mr. Keynes le reconnut, mais un peu tardivement : « M. Loucheur... évaluait les dépenses de reconstruction à 75 milliards, compte tenu du niveau des prix à cette époque. » (*R.T.*, p. 102. *N.C.*, p. 108.) Mais il ne revint aucunement sur la méthode de conversion qu'il avait adoptée dans les *Conséquences Economiques.* Pourtant la signification de ces chiffres était évidente : si les 75 milliards de M. Loucheur ou les 134 milliards de M. Klotz avaient vraiment été des francs-or, ces som-

l'on voulait comparer ces deux chiffres, il fallait les réduire à une commune mesure. Si l'on prenait 3,5 pour coefficient de la dépréciation de la monnaie, la somme proposée par M. Loucheur, en francs-or, aurait représenté vingt et un milliards et demi de francs, — non pas le double mais à peine les deux tiers, de l'ancienne richesse des régions dévastées.

Mr. Keynes ayant lui-même calculé l'ensemble des dommages causés aux régions dévastées, arrivait à 500 millions sterling; et il citait à l'appui de son calcul, l'évaluation de M. Pupin, 10 à 15 milliards de francs (400 à 600 millions de livres), la somme qu'il proposait se trouvant à mi-chemin entre ces deux chiffres. L'usage qu'il fait de ces chiffres est un exemple, sinon des « embûches dont ce monde est semé », à tout le moins du danger bien connu de citer de seconde main. Ils viennent, d'après une note, d'un article paru dans la *Revue Bleue* du 3 février 1919, cité dans un livre français sur la liquidation financière de la guerre. Il semble qu'il y ait eu faute d'impression, car aucun numéro de la *Revue Bleue* ne porte cette date. Par contre, dans le numéro du 3 février *1917*, M. Pupin évaluait les pertes subies par les régions envahies à 10 ou 15 milliards de francs *à la fin de* 1916. Deux ans plus tard, les dommages avaient naturellement augmenté dans une notable proportion, à la suite des grandes offensives de 1917 et 1918, et des destructions opérées par les Allemands au cours de leur retraite. En 1919, après revision de ses premiers calculs, M. Pupin arrivait à une somme de 15 à 20 mililards au taux d'avant-guerre [1]. Traduit

mes, « compte tenu du niveau des prix à cette époque », auraient représenté respectivement environ 260 et 470 milliards pour les seuls dommages matériels.

1. *Richesse privée et Finances françaises de l'avant-guerre à l'après-guerre,* Paris, 1919, p. 63, note. M. Pupin ajoutait explicitement qu'au taux des dépenses de reconstruction, son évaluation serait de 50 à 60 milliards. Aucun de ces chiffres ne figure dans l'ouvrage de Mr. Keynes.

en pouvoir d'achat de 1919, en appliquant le coefficient 3,5, ce chiffre aurait représenté quelque 52 à 70 milliards, — à mi-chemin desquels se trouvent les 65 milliards proposés par M. Dubois. Où sont les « contre-vérités des politiciens[1] » ?

Mais ce n'est pas tout, En 1919, la dépréciation du franc sur le marché des changes avait déjà commencé. Et, bien que dans les premiers mois de 1919 la cotation fût encore très voisine du pair (conséquence des accords financiers de stabilisation des changes conclus par les Alliés pour la durée de la guerre), la « parité de pouvoir d'achat » résultant du niveau des prix en France et en Grande-Bretagne, dénotait une dépréciation beaucoup plus accentuée. En février 1919, — époque de la déclaration de M. Loucheur, — l'index britannique[2] était 215. Le coefficient de dépréciation par rapport au sterling était donc de 348 : 215 = 1,6 et la conversion aurait dû se faire, non pas au taux d'avant-guerre de 25 francs, mais à un taux d'environ 40 francs ; en d'autres termes, la valeur du franc, à sa parité de pouvoir d'achat, en février 1919, était à peu près de 62 % de sa valeur d'avant-guerre; et ce fut en effet le taux qu'il atteignit sur le marché des changes à la fin de 1919, après qu'eurent pris fin, dans le courant de l'année, les accords entre ministères des finances.

Mais il y a plus : ce taux même de dépréciation, à l'époque, paraissait insuffisant à Mr. Keynes. « En raison de la baisse de l'or, écrit-il à un autre chapitre, commentant la situation monétaire de l'Europe, le change du franc serait à moins de 40 % de son ancienne valeur, au lieu du taux actuel d'environ 60 %, si sa chute était proportionnelle à l'accroissement de la circulation[3]. » Pourtant, dans le

1. *E.C.P.*, p. 190. *C.E.P.*, p. 166.
2. *Sauerbeck,* base 1914 = 100.
3. *E.C.P.*, p. 288, note. *C.E.P.*, p. 196, note. Peut-être objectera-t-on que ceci fut écrit à la fin de 1919, tandis que les chiffres que nous discutons avaient été donnés au commencement de l'année, alors que le franc était encore maintenu artificiellement au pair. Mais ceci même

chapitre précédent, il avait tout simplement converti toutes les évaluations françaises selon le taux d'avant-guerre. Et voilà comment — sans doute par inadvertance, — cet illustre économiste donna au monde entier l'impression que l'évaluation française des dommages de guerre constituait une monumentale escroquerie [1].

aurait difficilement justifié la méthode de conversion de Mr. Keynes; car, à une réunion de représentants des Ministères des Finances américain, britannique et français, tenue à Paris en février 1919, il avait déclaré que la véritable valeur de la livre sterling, à son avis, était de 50 francs. (L.-L. Klotz : *De la Guerre à la Paix,* Paris, 1924, p. 121.) Quelles que fussent les préventions de M. Klotz à l'égard de Mr. Keynes, il n'y a aucune raison de mettre en doute l'authenticité de ce témoignage, qui correspond tout à fait à l'opinion de Mr. Keynes, citée ci-dessus.

1. Etant donnée la complète désorganisation du système des prix et des changes pendant cette période, il est difficile de dire quel eût été le taux de conversion le plus juste. Partout où il s'est agi de convertir des marks-or en sterling, Mr. Keynes a adopté la parité or de 20:1. S'il avait appliqué cette méthode aux sommes énoncées par les experts français, il aurait été normal : 1° de réduire les chiffres de 1919 à leur valeur en francs-or d'avant guerre, en appliquant le coefficient de hausse des prix; et 2° de convertir les francs-or ainsi obtenus en sterling au pair de 25 : 1 (colonne VII du tableau ci-dessous). Mais les prix anglais, eux aussi, avaient subi une hausse, et le résultat ainsi présenté au public anglais pouvait prêter à quelque malentendu; on aurait donc pu adopter une autre méthode et appliquer le taux de parité du pouvoir d'achat aux sommes énoncées en 1919 — soit le taux de 40 francs (parité selon l'index des prix de gros), soit les taux indiqués par Mr. Keynes lui-même, de 50 ou de 62,5 à la livre. Le tableau suivant montre les résultats de ces méthodes, comparés aux chiffres donnés dans les *Economic Consequences :*

Evaluation de MM.	Francs de Reconstruction (millions de francs)	Convertis au pair (Keynes)	Convertis à 40 : 1.	Convertis à 50 : 1.	Convertis à 62,5 : 1.	Francs-or Milliards de francs	Francs-or au pair (Millions de £)
		millions de livres sterling					
Dubois	65.000	2 600	1 625	1 300	1,040	18,6	744
Loucheur	75.000	3.000	1.875	1.500	1.200	21,5	860
Klotz	134.000	5.360	3.350	2.680	2.144	38,3	1.532

Cependant, nous sommes heureusement en état aujourd'hui d'éviter le dédale de controverses, — « si lassantes, si rebattues, oiseuses et stériles[1] », — qui se poursuivirent pendant des années, au sujet du montant probable des dépenses de reconstruction. En 1932, le Ministère des Finances français annonçait officiellement que les dépenses atteignaient à cette date la somme nominale de 103 milliards de francs[2], chiffre qui, après tout, n'était pas tellement loin de la revendication de 127 milliards, finalement soumise en 1921 par le gouvernement français à la Commission des Réparations et traitée par Mr. Keynes « d'exagération énorme et même fantastique, dépassant de loin tout ce qu'il serait possible de justifier par un examen contradictoire[3] ».

Bien que la somme annoncée officiellement en 1932 fût le total *nominal* des dépenses faites à différentes dates, il n'est pas impossible de la comparer aux évaluations de 1921; au communiqué de 1932 figurait aussi une somme de 175 milliards représentant le capital dépensé pour la reconstruction, compte tenu de la valeur or du franc aux dates des différents paiements. Etant donné que la valeur or du nouveau franc avait été fixée en 1928 à un cinquième du franc de 1914, le coût de la reconstruction, exprimé en francs de 1914 (francs-or), eût donc été de 35 milliards, — soit presque exactement la valeur or des 127 milliards que

1. *How weary, stale, flat and unprofitable,*
Seem to me all the uses of this world
Hamlet, I, II, 133-4 (N. d. T.).

2. Voir *le Temps,* du 13 février 1932. Le caractère modéré de cette évaluation ne peut guère être mis en doute; car on s'aperçut bientôt que les paiements allemands au titre des réparations — si paiements il y avait — seraient peu de chose; et nos ministres des Finances, toujours aux prises avec le problème de l'équilibre du budget, durent comprimer sévèrement les dépenses; cela, malgré le fait que les revendications privées furent souvent extraordinairement exagérées et donnèrent lieu en plusieurs cas à des bénéfices scandaleux.

3. *R.T.*, p. 105. *N.C.*, p. 110.

Mr. Keynes, en 1922, accusait d'être « au moins deux ou trois fois supérieurs à la réalité[1]. »

Donc, que dire de l'allégation que les revendications relatives aux dommages de guerre étaient exagérées[2] ? Si exagération il y eut, du moins n'était-elle pas toute du même côté.

II. — *La charge des Réparations.*

Après avoir soutenu que les demandes de réparations étaient indéfendables, Mr. Keynes entreprit d'évaluer le fardeau que le Traité allait imposer à l'Allemagne. Pour les catégories relevant du « Contrat préalable à l'Armistice », il prévoyait des sommes « dépassant £ 1.600 millions, mais n'atteignant pas £ 3 milliards » ; les autres catégories (pensions, etc...) atteindraient environ £ 5 milliards, ce qui porterait le total à £ 8 milliards. « J'estime, pour ce chiffre, écrivait-il, un coefficient d'erreur de 10 % par défaut et de 20 % par excès, c'est-à-dire que la somme cherchée se trouvera entre £ 6.400 millions et £ 8.800 millions[3].

1. *R.T.*, p. 114. *N.C.*, p. 119. Le communiqué de 1932 mentionnait la valeur or du franc aux différentes dates, et il paraît donc juste de réduire le total ainsi obtenu en francs-or au taux de 5:1. Cependant, on objectera peut-être que les prix français avaient augmenté plus que dans cette proportion, atteignant en 1928 le coefficient de 634. 175 milliards de francs de 1928 auraient donc représenté non pas 35 milliards, mais seulement 27,7 milliards de francs d'avant guerre. Même alors, la somme proposée en 1921 ne paraît pas si fantastiquement exagérée. Enfin, il est bon de se souvenir que, même en 1932, les dépenses de reconstruction n'avaient pas encore été complètement couvertes.

2. Ce sont surtout les évaluations françaises qui ont fait l'objet des critiques de Mr. Keynes. Je n'ai pas examiné à nouveau le cas de la Belgique à qui il reprochait aussi des revendications excessives. Mais il faut se souvenir, comme le fait remarquer Mr. Keynes, que la Belgique avait droit non seulement au remboursement de toutes ses dépenses de guerre, mais à une compensation pour les gains qu'elle aurait pu faire s'il n'y avait pas eu de guerre. (*E.C.P.*, p. 113, note. *C.E.P.*, p. 105, note.)

3. *E.C.P.*, pp. 147-149, note. *C.E.P.*, pp. 132-134, note.

En avril 1921, après avoir étudié avec diligence les documents que lui avaient soumis les divers gouvernements intéressés, la Commission des Réparations fit connaître qu'elle avait fixé le montant des dommages à 132 milliards de marks-or, représentant £ 6.600 millions.

Voilà donc un cas où Mr. Keynes peut à juste titre se dire bon prophète, et où il n'y a nulle raison de lui refuser ce titre : les charges imposées à l'Allemagne par la Commission des Réparations sont restées dans les limites qu'il avait prévues en 1919.

Je ne crois pas injustifié cependant de rappeler qu'aux dires mêmes de Mr. Keynes, le problème essentiel était de savoir si cette somme était ou non dans les limites de la capacité de paiement de l'Allemagne. Mais d'après lui, cette somme même dépassait les bornes du possible. A l'examen de cette proposition sera consacré le reste du présent chapitre.

C'est à partir de son hypothèse maximum de £ 8 milliards (160 milliards de marks) pour l'ensemble des sommes dues par l'Allemagne, que Mr. Keynes avait calculé les charges qui en résulteraient pour les années suivantes. Une première somme de 20 milliards de marks (£ 1 milliard) devait être payée, sans intérêts, avant mai 1921. Ensuite la dette serait consolidée sous forme d'obligations. Les paiements annuels prévus par ce régime, d'après les calculs de Mr. Keynes, sont résumés ci-dessous.

	Annuité	
	Millions de £	Milliards de marks-or
De 1921 à 1925 : 40 milliards de bons à 2 1/2 %	75	1.500
A partir de 1925 : 40 milliards de bons à 5 %	180	3.600
A dater du moment où la Commission jugera possible une nouvelle émission de 40 milliards	280	5.600
Intérêt annuel sur la dette totale de £ 8 milliards	430	8.600

Dans l'hypothèse que jusqu'à 1936 les paiements annuels ne dépasseraient pas £ 150 millions, intérêt annuel après 1936....	650	13.000
Même hypothèse, annuités amortissables en 30 ans à partir de 1936	780	15.600
« Si l'on admet la supposition — nul ne la défend et les plus optimistes la croient improbable — que l'Allemagne paiera dès le début la charge intégrale de l'intérêt et du fonds de garantie (1). »	480	9.600

L'Etat des Paiements de mai 1921, qui devait, à partir de cette date régler les versements allemands, ne se borna pas à fixer à 132 milliards de marks les obligations de l'Allemagne, mais apporta des modifications importantes aux clauses mêmes des Réparations. Comme l'avait souligné Mr. Keynes, le fardeau imposé à l'Allemagne par le Traité avait été grandement aggravé par la stipulation qu'un intérêt de 5 % sur la valeur nominale de la dette serait servi à partir de mai 1921. Le tableau ci-dessus montre comment seraient affectés les paiements, dans l'hypothèse où l'Allemagne ne serait pas en mesure de remplir ses obligations au cours des premières années. L'Accord de Londres réduisit considérablement les intérêts à verser[2]. C'est pourquoi, si l'on veut juger, au point de vue économique, de la possibilité de mettre en œuvre le Traité de Versailles, ce n'est pas l'Accord de 1921 qu'il faut considérer, mais la situation qui serait résultée de l'application des clauses du Traité aux 132 milliards fixés par la Commission des Réparations.

Ce chiffre de 132 milliards (£ 6.600 millions) étant sensiblement inférieur à l'évaluation maximum de 160 milliards (£ 8.800 millions) faite par Mr. Keynes, le fardeau des annuités en aurait été proportionnellement allégé. En admettant que le premier versement de 20 milliards de marks fût entièrement effectué avant le 1er mai 1921, une annuité de 5 % comprenant les charges d'amortissement pendant 30 ans représenterait, pour les 112 milliards restants, environ 7,3 milliards de marks

1. *E.C.P.*, p. 154, note. *C.E.P.*, p. 138, note.
2. Voir *R.T.*, p. 65. *N.C.*, p. 68.

(£ 365 millions). En admettant au contraire qu'aucun paiement n'ait pu avoir lieu avant 1921, la même annuité calculée sur 132 milliards aurait été de 8,6 milliards de marks (£ 430 millions) [1]. Ces chiffres représentent donc le véritable fardeau qu'aurait imposé à l'Allemagne la stricte exécution du Traité de Versailles.

Mr. Keynes déclarait que l'Allemagne serait incapable de payer les annuités afférentes à un capital de dette de £ 8 milliards. Et, comme les charges iraient croissant du fait de l'accumulation des intérêts, « jusqu'à ce que le Traité fût modifié, l'Allemagne serait contrainte en fait de livrer à perpétuité aux Alliés tout l'excédent de sa production [2] ».

III. — *Capacité de paiement de l'Allemagne.*

Non seulement Mr. Keynes donnait à entendre que les auteurs du Traité s'étaient entièrement trompés quant à la capacité de paiement de l'Allemagne, mais il laissait le lecteur sous l'impression qu'on n'avait jamais pris la peine d'y penser. A cause des espérances éveillées par les ministres européens dans l'opinion publique de leurs pays respectifs, — et en particulier par Mr. Lloyd George au cours de sa campagne électorale, — « l'examen scientifique de la capacité de paiement de l'Allemagne fut écarté dès le début, car il fallait ne tenir aucun compte des faits [3] ».

Il n'en est pas moins vrai que le problème de la capacité de paiement de l'Allemagne avait été dûment examiné, et même évoqué devant l'opinion, avant même que se fût réunie la Conférence de la Paix; il ne fut pas non plus « écarté » par la Conférence. Sa Commission pour l'étude des Réparations désigna une Sous-Commission spécialement

1. Dans l'hypothèse d'un intérêt de 5 % sur l'ensemble de la dette à partir de mai 1921, ce qui dépasse légèrement les sommes justifiées par les clauses du Traité, puisque les premiers 40 milliards de bons ne devaient porter intérêt qu'à 2 1/2 % jusqu'en 1926.

2. *E.C.P.*, p. 154. *C.E.P.*, p. 138.

3. *E.C.P.*, p. 137. *C.E.P.*, p. 125.

chargée « d'étudier la capacité financière des Etats ennemis, leurs moyens de paiement et de réparation ». Il serait inutile, déclara son président en ouvrant la discussion, de proposer des chiffres déraisonnablement élevés, mais d'autre part, il ne faut pas que la Commission table sur des chiffres fixés trop bas sans nécessité. En faisant ses calculs, la Commission devra évaluer quelque chose de plus indéterminé qu'un capital, — le crédit d'une population industrielle capable et laborieuse... Il se pourra faire que la Commission fixe un chiffre que certains trouveront excessif. Il sera bon alors de se souvenir que le montant des emprunts contractés par les Alliés pendant la guerre, même au moment où leur situation paraissait le plus critique, aurait semblé absolument fantastique cinq ans plus tôt [1]. »

Il proposa alors un maximum de £ 24 milliards, adopté quelques mois auparavant par une Commission spéciale désignée en Angleterre par Mr. Lloyd George [2]. Mr. Lamont, le délégué américain, communiqua les conclusions des experts de sa délégation. Ils estimaient que l'Allemagne pourrait effectuer pendant 35 ans des paiements annuels de $ 1.500 millions, représentant un capital de $ 57.900 millions, mais ils faisaient toutes réserves quant à la justification scientifique de ces chiffres. La difficulté, d'après Mr. Lamont n'était pas tant d'obtenir le paiement de cet argent que de le faire parvenir aux mains des Alliés [3].

Comme les experts n'arrivaient pas à un compromis, le Conseil Suprême désigna une commission

1. BURNETT, *ouvr. cité,* vol. II, p. 622. Minutes de la Deuxième Sous-Commission.

2. V. LLOYD GEORGE, ouvr. cité, vol. I, pp. 458 et suiv. « Quelle commission d'experts, avait écrit Mr. Keynes, aurait pu soutenir que l'Allemagne pût payer une telle somme ? » *E.C.P.*, p. 132, note. *C.E.P.*, p. 121, note. Mr. Keynes ignorait-il donc l'existence de cette Commission ?

3. BURNETT, *ouvr. cité,* ibid., p. 124, $ 57.900 millions auraient représenté £ 11.580 millions ou 231.600 millions de marks. La valeur capitalisée à 5 % aurait été d'environ 120 milliards (*Ibid.,* vol. I, p. 49).

restreinte qu'il chargea de rechercher quelle somme on pourrait raisonnablement inscrire dans le Traité. Cette Commission conclut, en mars, à un chiffre de 120 milliards de marks, en insistant sur le fait que la capacité de paiement de l'Allemagne dépendrait de ses exportations[1].

Nous avons vu déjà que le Conseil des Quatre, quand il s'agit de désigner une somme définie, aboutit à une impasse. La Sous-Commission spéciale elle-même n'avait trouvé aucune solution qui réunît l'unanimité de ses membres. Elle déclara que les Puissances ennemies seraient en état de verser 20 milliards de marks en avoirs liquides dès les premières années; lorsque leur industrie et leur crédit seraient rétablis, elles pourraient certainement « payer annuellement des sommes très considérables et d'importance croissante... On doit penser que, grâce au progrès des arts et des sciences, la capacité de production d'un pays donné pourra s'intensifier à un rythme beaucoup plus rapide qu'il ne paraît possible aujourd'hui. Le projet étudié par la Sous-Commission tient compte d'un certain accroissement de la capacité de production des pays ennemis. Mais il suffit de jeter ses regards sur le passé récent pour voir combien les valeurs peuvent varier. Des chiffres qui, aujourd'hui paraissent hors de proportion avec la capacité de production de l'Allemagne pourront être jugés tout à fait modérés dans vingt ou trente ans[2]. »

Le rapport recommandait aussi la création d'une Commission Interalliée qui recueillerait des témoignages sur la capacité de paiement des Puissances ennemies et fixerait les sommes à payer en tenant compte de cette capacité. Quand le Conseil des Quatre eut finalement décidé qu'aucune somme ne figurerait dans le texte du Traité, cette procédure fut adoptée pour déterminer le montant de la dette de l'Allemagne aussi bien que sa capacité de paiement. En même temps, l'article 232 invoquait la capacité

1. Burnett, *ibid.*, vol. I, doc. 144, p. 627.
2. Burnett, *ibid.*, vol. II, doc. 543, pp. 752-753.

limitée de l'Allemagne pour justifier la nécessité de limiter aussi les demandes de réparations.

Il n'est donc pas juste d'affirmer que « l'examen scientifique de la capacité de paiement de l'Allemagne fut écarté dès le début ». Peut-être Mr. Keynes a-t-il voulu dire seulement que l'examen qu'on fit de ce problème ne fut pas « scientifique »; nous allons donc rechercher maintenant quelles sont, des évaluations faites à cette époque, celles qui ont le mieux supporté l'épreuve des années suivantes.

Dans les *Conséquences Economiques de la Paix*, Mr. Keynes avait estimé à £ 100 millions (2 milliards de marks) les paiements annuels que pourrait faire l'Allemagne. Sur cette base, il fixait la limite supérieure de sa capacité totale de paiement en capital (y compris les richesses immédiatement transférables, les biens situés en territoires perdus par elle, etc...), à £ 2 milliards (40 milliards de marks) [1].

1. — *Richesse nationale et revenu de l'Allemagne.* — L'absence, dans les *Conséquences économiques*, de toute discussion serrée du capital et du revenu futurs de l'Allemagne, est due sans doute à la conviction où se trouvait apparemment Mr. Keynes que, quelle que fût la richesse de l'Allemagne à l'intérieur, sa faculté de payer des Réparations dépendait uniquement de ses possibilités de transfert à l'extérieur.

Ceci explique pourquoi il refusa de faire entrer en ligne de compte l'argument tiré de la productivité annuelle de l'Allemagne. A ceux qui répétaient que l'accroissement annuel de la fortune allemande avant 1914 pouvait être évalué à £ 400 ou 425 millions; que l'Allemagne allait pouvoir économiser quelque £ 100 millions sur ses dépenses d'armements; qu'elle serait donc en mesure de verser annuellement une somme de £ 500 millions, — Mr. Keynes répliquait que, bien que ce raisonne-

1. *E.C.P.*, p. 186. *C.E.P.*, p. 163. « Dans les circonstances actuelles, ajoutait-il, nous ne pensons pas que l'Allemagne puisse payer autant. »

ment pût sembler « plausible à des gens sensés, il n'en était pas moins erroné[1] ».

En premier lieu, l'épargne accumulée de l'Allemagne avait été considérablement réduite par la guerre et par la paix et « ne saurait revenir à son niveau antérieur si on dépouillait ce pays à l'avenir de son épargne courante ». La cession de l'Alsace et de la Lorraine, de la Pologne et de la Haute-Silésie diminuerait d'au moins £ 50 millions l'excédent de production ; la reddition des navires, la privation des placements à l'étranger, des liaisons bancaires et commerciales, ajouteraient encore £ 100 millions à cette perte ; l'économie sur les armements serait « plus que compensée » par le budget annuel des pensions évalué alors à £ 250 millions; l'épuisement des ressources dû à la guerre allait à l'avenir réduire l'épargne d'au moins 10 %, soit £ 40 millions par an. « Ces facteurs ont déjà ramené l'excédent annuel de l'Allemagne au-dessous de £ 100.000.000, obtenus par un autre calcul, à savoir celui de sa capacité de transfert à l'extérieur. » Et, pour conclure, même en tenant compte d'une réduction possible du niveau de vie allemand, l'existence d'un problème des transferts suffirait à rendre ce raisonnement parfaitement illusoire.

On voudra bien constater d'abord que la mesure de la capacité de paiement « intérieure » de l'Allemagne ne se limitait pas nécessairement à l'« excédent » de sa production. Ceci n'eût été exact que si l'on avait jugé indispensable de maintenir intact son capital national. En décider autrement c'était évidemment affaiblir, à l'avenir, sa production ; mais économiquement parlant ce n'était pas *impossible;* et un respect mal fondé pour l'importance du « maintien du capital » pouvait conduire à des erreurs presque aussi grossières que celles de l'autre extrême, celles, par exemple, que cherchait à

1. *E.C.P.*, p. 191. *C.E.P.*, p. 167. « Mais ceux qui examinent le sujet plus profondément sont souvent trompés par une erreur qui semble plus raisonnable. »

combattre Mr. Keynes lorsqu'en 1914, il rassurait ceux qui supposaient que « même une guerre de trois ans pourrait détruire, pour les années qui la suivront, les bénéfices matériels des vingt années qui l'ont précédée... L'épargne du peuple allemand, poursuivait-il, de quelque façon qu'on l'énonce en milliards, ce sont des maisons, des chemins de fer, et ainsi de suite. Heureusement pour l'avenir matériel de son pays l'armée prussienne elle-même ne peut ni manger les rails et les remblais, ni se vêtir de briques et de mortier [1]. » A cette époque, la plupart des financiers auraient été certes bien étonnés si on leur avait dit que pendant la guerre, la dette publique de l'Allemagne passerait de 5 à 84 milliards de marks, — ou que celle de la Grande-Bretagne atteindrait quelque £ 7.900 millions. « Ce que nous pensions être les limites du possible, écrivait Mr. Keynes en 1919, a été si largement dépassé, ceux qui fondaient leurs prévisions sur le passé se sont si fréquemment trompés, que le premier venu est prêt à croire tout ce qu'on lui dira avec une apparence d'autorité, et que plus le chiffre est énorme, plus il l'accepte aisément [2]. »

La politique financière du temps de guerre montre qu'en cas de péril national assez pressant pour justifier le recours à pareil expédient, la consommation du capital pouvait atteindre une ampleur qu'on n'avait pas envisagée jusqu'alors. Cependant, plusieurs causes recommandaient la prudence. Tout d'abord, la guerre avait déjà entamé le capital allemand : en continuant dans cette voie dès les premières années, on risquait, comme l'avait fort bien dit le général Smuts, de « tuer la poule aux œufs d'or ». Semblable politique pourrait non seulement

1. « *The War and the Financial System* », *Economic Journal,* août 1914. J. Stuart Mill avait employé presque les mêmes termes : « Les travailleurs ne peuvent se nourrir de produits métallurgiques », mais il expliquait comment, « par un simple changement de destination de ces produits, il (le capitaliste) pourrait fournir aux travailleurs leur nourriture ».

2. *E.C.P.*, pp. 190-191. *C.E.P.*, p. 167.

réduire la puissance de production de l'Allemagne au détriment de ses créanciers, mais la réduire à une telle misère que sa population serait bientôt vouée à la famine et que toute la vie économique de l'Allemagne se trouverait désorganisée. C'était là l'absurdité fondamentale que Mr. Keynes reprochait au Traité de Versailles.

Ce danger n'avait pas échappé aux auteurs du Traité. Mais la plupart d'entre eux estimaient que les obligations imposées à l'Allemagne n'étaient pas excessives, étant donnée sa fortune nationale, même après les pertes dues à la guerre et à la défaite.

En 1914, Karl Helfferich, directeur de la « Deutsche Bank, dans un livre qui célébrait avec une légitime fierté la splendeur économique de l'Empire allemand, estimait l'ensemble de la fortune de l'Allemagne à 300 milliards de marks et son revenu national à 40 milliards de marks [1]. Une autre évaluation, faite pendant la guerre par A. Steinmann-Bucher, atteignait un chiffre plus élevé encore. Selon cet auteur, la fortune nationale de l'Allemagne en 1914 était de 400 milliards et l'accroissement annuel du capital était de 12 à 14 milliards dans les années qui précédèrent immédiatement la guerre [2].

Ces chiffres furent naturellement invoqués pendant la Conférence de la Paix. Dans son livre sur le

1. Helfferich : *Deutschlands Volkswohlstand,* 1888-1913, Berlin, 1914, pp. 98-99 et 114-115. Ses conclusions peuvent être résumées comme suit :

Année	*Fortune totale milliards de marks*	*Revenu total milliards de marks*	*Revenu par habitant*	*Accroissement annuel du revenu (milliards de marks)*
1895-6	200	20 à 25	env. 410	4,5 à 5
1913	290 à 330	40	env. 600	10

2. A. Steinmann-Bucher: *Deutschlands Volksvermögen im Kriege,* 1916, p. 24.

Traité, M. Tardieu expliquait dans quelle mesure il faudrait les modifier pour tenir compte de pertes subies du fait de la guerre et du règlement de la paix [1]. Selon ses calculs l'Allemagne avec une production nationale réduite de 43 [2] à 31 milliards, et sa consommation nationale de 33 à 23 milliards, pouvait compter sur un excédent de 8 milliards environ par an.

Comme les 20 milliards de marks payables par l'Allemagne avant 1921 avaient été rangés par M. Tardieu au nombre des pertes en capital de l'Allemagne, les annuités dues par elle après cette date, dans cette hypothèse, seraient de 7,3 milliards [3]. Normalement, ceci permettait à l'Allemagne d'employer les excédents des années antérieures à 1921 à la reconstitution de son capital. Ainsi, après 1921, si nous acceptons les calculs de M. Tardieu, une annuité de 7,3 milliards n'aurait pas absorbé l'accroissement annuel net du capital allemand.

Si surprenante que puisse sembler aujourd'hui cette conclusion, elle paraît amplement confirmée en fait par le développement de la fortune nationale de l'Allemagne, et de son revenu, au cours des années qui suivirent la guerre.

En 1922, Mr. Keynes entreprit d'évaluer l'ordre de grandeur du revenu national allemand. Comme on ne disposait alors d'aucune donnée officielle, il en fut réduit, comme M. Tardieu, a extrapoler sur la base des évaluations d'avant-guerre de Helfferich. Il évalua à 15 % la chute de la production, ce qui ramenait le revenu national de 43 à 34,85 milliards. Ceci correspondait fort bien à l'évaluation de 30 à 34 milliards de marks-or, faite à la même époque par le Dr Lansburg [4] (et, incidemment, avec les calculs antérieurs de M. Tardieu).

Cependant, Mr. Keynes jugeait excessive l'évaluation du Dr Lansburgh. Pour apprécier les charges

1. A. Tardieu : *La Paix*, pp. 356 et suiv.
2. Chiffre revisé d'Helfferich.
3. V. ci-dessus, p. 181.
4. *R.T.*, pp. 80-81. *N.C.*, p. 84.

qui allaient peser sur l'Allemagne, du fait des Accords de Londres, il convertit les 34,85 milliards de marks-or en marks-papier; étant donnée la hausse des prix, l'application du coefficient 8 au revenu *nominal* du pays lui parut « pécher par excès plutôt que par défaut »; sur la base du chiffre de 34,85 milliards, il trouvait comme revenu national 278,8 milliards de marks-papier, et comme revenu individuel, 4.647 marks-papier en août 1921. Le chiffre de 5.000 marks-papier de revenu individuel, concluait-il, « serait aussi approché que possible de la vérité [1] ».

Or, pour les lecteurs britanniques, ce chiffre signifiait qu'en termes de marks-or, le revenu national allemand avait été réduit dans une mesure beaucoup plus considérable que ne le comportaient les 15 % de pertes causées par la guerre; il signifiait que le revenu réel de l'Allemagne n'était pas l'équivalent de 34,85 milliards de marks-or, mais d'une somme bien inférieure. En effet, alors qu'il adoptait le coefficient 8 pour convertir ces 34.85 milliards de marks-or en marks-papier de 1921, Mr. Keynes lorsqu'il s'agit de reconvertir cette somme nominale en sterling, *calcula à raison de* 20 *marks-papier pour* 1 *mark-or*. A ce taux, le revenu national allemand aurait donc été égal à (34.85×8):20, soit environ 14 milliards de marks-or. En d'autres termes, le revenu réel de l'Allemagne en 1921 aurait été *le tiers* de ce qu'il était en 1914. Mr. Keynes arrivait ainsi à une somme de £ 12 1/2 (or), et, impôts déduits, d'environ £ 7 (or) de revenu annuel par habitant, soit moins de six pence par jour « équivalent en Allemagne, comme pouvoir d'achat, d'environ neuf pence à 1 shilling en Angleterre... Les armes et les instruments de torture de n'importe quel gouvernement auraient-ils pu, au cours de l'histoire, tirer la moitié de son revenu à un peuple placé dans une telle situation [2] ? » C'est grâce à des calculs de

1. *R.T.*, p. 83. *N.C.*, p. 86.
2. *R.T.*, p. 84. *N.C.*, p. 88. « Au taux du change de 20 marks papier pour 1 mark or, le revenu annuel de

cette force que la légende d'une Allemagne aux abois fut montée après la dernière guerre.

Les chiffres publiés par les services de statistique du Reich quelques années plus tard nous disent une histoire un peu différente.

Revenu national de l'Allemagne [1]
1913-1937

ANNÉE		Revenu nominal				Revenu ramené au niveau des prix de 1928			
		Revenu national (milliards)	Pourcentage du changement	Revenu individuel	Pourcentage du changement	Revenu national (milliards)	Pourcentage du changement	Revenu individuel	Pourcentage du changement
1913	A	51	—	748	—	—	—	—	—
1913	B	46	100	766	100	69	100	1.165	100
1925		60	131	961	125	65	94	1.042	90
1926		63	137	997	130	67	97	1.071	92
1927		71	155	1.118	146	72	105	1.149	99
1928		75	165	1 185	155	75	109	1.185	102
1929		76	166	1.187	155	75	108	1.170	101
1930		70	154	1.092	143	72	104	1.119	96
1931		57	126	889	116	64	92	991	85
1932		45	99	696	91	57	82	875	75
1933		47	102	713	93	60	86	916	79
1934		53	115	804	105	66	95	1.007	87
1935		59	128	877	114	72	104	1.081	93
1936		65	142	964	126	79	114	1.175	101
1937		71	155	1.046	137	86	124	1.268	109

A. — *Territoire de 1913.*
B. — *Territoire selon le Traité de Versailles (non compris la Sarre)*

5.000 marks-papier représente £ 12 1/2 or... » (*R.T.*, p. 84. *N.C.*, p. 87.) Ceci aurait signifié un revenu national total de £ 762 1/2 millions (15,25 milliards de marks or) contre £ 2.150 millions (43 milliards) en 1914. Cela veut-il dire que les prix-or étaient tombés de 60 % ? Ou qu'est-ce que cela voulait dire ? Je prie le lecteur incrédule de se reporter au texte de ce passage et de juger par lui-même si je l'ai mal cité. Peut-être l'ai-je mal compris ?

1. Sources : *Statistisches Jahrbuch für das Deutsche Reich.* Pour plus de détails voir : *Das Deutsche Volkseinkommen vor und nach dem Kriege, Einzelschrift zur Statistik des deutschen Reichs,* n° 24, Berlin, 1932. Il n'a été publié aucune statistique pour les années 1919-1924.

On verra tout d'abord que le revenu national en 1913 est estimé ici 51 milliards de marks, c'est-à-dire beaucoup plus haut que d'après les calculs même les plus favorables de Helfferich; et, puisque le revenu par habitant, à l'intérieur des frontières fixées à Versailles (Sarre exclue) était plus élevé que dans l'Allemagne d'avant-guerre, c'est que la richesse des territoires perdus en 1919 était, dans l'ensemble *inférieure* à la moyenne. On remarquera aussi qu'en 1925, la valeur nominale du revenu national allemand était déjà quatre fois plus grande que l'évaluation faite par Mr. Keynes quatre années auparavant; en tenant compte de la hausse des prix, on peut estimer qu'elle était près de *trois fois plus grande*[1]. Il avait fallu vingt années de paix et de progrès sans précédent de 1891 à 1913, pour que le revenu national allemand *doublât* de valeur; peut-on soutenir sérieusement que si ce revenu était réellement tombé aussi bas en 1921 que Mr. Keynes voudrait nous le faire croire, il aurait pu presque tripler de valeur en l'espace de quatre ans, — et deux ans seulement après l'affaire de la Ruhr? Même à l'époque de la crise économique de 1929-1932, le revenu national ne diminua guère de plus d'un quart. Ces chiffres nous permettent aujourd'hui d'apprécier le coup d'œil de Mr. Keynes. Ils nous montrent aussi qu'en 1927 le revenu réel du peuple allemand était déjà plus élevé qu'avant la guerre; telle était l'étendue de la ruine subie par l'Allemagne moins de dix ans après le Traité de Versailles.

L'annuité « maxima » de 8,6 milliards prévue à Versailles aurait signifié, en 1925, un prélèvement d'environ 14,3 % sur le revenu national allemand. L'annuité moins élevée, soit 7,3 milliards, aurait représenté 12,2 %. En 1929, année de la plus grande prospérité, ces prélèvements auraient été respectivement de 11,3 % et 9,6 %.

Dans ces conditions, il est difficile de croire que

1. 94 % de 45,5 milliards = 43 milliards, contre un revenu en 1921 de 15,25 milliards (environ).

le paiement des Réparations aurait réduit l'Allemagne à la misère. Il a été publié en Allemagne deux évaluations de l'accroissement du capital national durant ces années. Elles montrent qu'en abaissant encore d'un ou deux milliards le niveau de la consommation annuelle après 1925, on aurait obtenu un excédent suffisant pour couvrir les paiements les plus lourds qu'eût pu imposer le Traité de Paix.

Accroissement du capital national allemand [1]

(Chiffres nets, à l'exclusion de tous emprunts étrangers)

Année	Chiffres publiés par le Reichs Kredit Gesellschaft	Chiffres publiés par l'Institut für Konjunkturforschung
1913*	11.9	—
1924	—	5.6
1925	6.4	5.8
1926	6.3	10.1
1927	7.6	7.3
1928	—	7.5
1929	—	6.8

* Valeur d'après guerre.

Le chiffre net représentant l'épargne allemande pendant cette période était donc de trois à cinq fois plus élevé que les deux milliards par an donnés en 1919 par Mr. Keynes comme limite supérieure de la capacité allemande de paiement. Mais ce n'est pas tout. Nous savons par un discours du chancelier Hitler du 1er septembre 1939 que pendant les six années qui ont précédé la guerre actuelle, l'Allemagne a dépensé rien que pour ses armements une somme de 90 milliards de marks [2] — soit 15 milliards

1. Sources : I. *Reichs Kredit Gesellschaft.* Développement économique de l'Allemagne dans le second semestre de 1927, Berlin, 1928, p. 15. La publication de ces chiffres annuels fut interrompue après 1928. — II. *Kapitalbildung und Investitionen in der deutschen Volkswirtschaft, 1924 bis 1928. (Vierteljahrshefte für Konjunkturforschung, Sonderheft* 22, Berlin, 1931, p. 29.)

2. Ajoutons que même cet effort considérable ne semble pas avoir plongé le peuple allemand dans une intolérable misère. Selon le professeur C. Guillebaud, auteur d'une des études les plus complètes de l'économie

par an, un peu plus du double de la moins élevée des deux annuités prévues à Versailles ou un peu moins du double de la plus élevée. C'était, d'apres l'évaluation de Mr. Keynes, sept fois et demie la capacité de paiement de l'Allemagne.

2. — *La question des transferts.* — Tout cela est fort bien, dira le lecteur, mais, et la question des transferts? Le facteur décisif n'était-il pas la capacité de l'Allemagne d'effectuer des paiements à l'étranger ? « L'excédent annuel que la main-d'œuvre allemande peut produire pour l'amélioration de l'équipement national, écrivait Mr. Keynes, ne saurait servir de mesure ni en théorie, ni en pratique, au tribut qu'elle peut payer à l'étranger [1]. »

Il est peu de problèmes qui aient alimenté les discussions politiques ou purement théoriques, autant que l'éternelle question des transferts. Les détails pratiques du mécanisme monétaire du transfert soulèvent plusieurs sérieuses difficultés théoriques; pourtant je prétends que le plus simple bon sens permet à lui seul de comprendre la question générale soulevée par les Réparations. Ceci paraîtra sans doute étrange à tous ceux que déroutent les subtiles complications de la théorie économique, et qui, tout tremblants, s'inclinent avec déférence, avec terreur, au moindre froncement de sourcils de l'expert. Mais l'Opinion Publique — comme le rappelait un jour Mr. Keynes, — admit sans difficulté que l'empereur du conte d'Andersen portait un habit magnifique et nous nous souviendrons aussi que celui qui, le premier, s'écria que l'empereur était tout nu, n'était qu'un petit enfant.

L'Allemagne ne pouvait payer qu'en accroissant ses exportations : c'est un fait que nul n'a jamais discuté. Même si elle payait ses créanciers en marks, ce qu'en fin de compte il leur fallait, c'était

nationale allemande qui aient été publiées avant la guerre actuelle, le niveau de vie en 1937 était comparable à celui de 1928-1929. (*The Economic Recovery of Germany*, London, 1939, p. 207.)

1. *E.C.P.*, p. 193. *C.E.P.*, p. 169.

des *biens réels*, remplaçant, sous une forme ou une autre, ceux qui avaient été détruits. Mr. Keynes avait fort bien dit que « l'Allemagne, en fin de compte, pourrait payer en marchandises, et en marchandises seulement, soit que ces marchandises fussent livrées directement aux Alliés, soit qu'elles fussent vendues à des neutres et que les crédits neutres ainsi rendus disponibles fussent cédés aux Alliés[1] ».

Ce principe fut bien compris à la Conférence de la Paix; il se reflète dans le rapport de la seconde Sous-Commission.

Après avoir rappelé qu'avant la guerre, les exportations de marchandises allemandes restaient généralement inférieures aux importations, ce rapport indique qu' « afin de renverser cet équilibre commercial, de façon que les exportations annuelles de l'Allemagne dépassent largement ses importations, l'Allemagne devra adapter sa vie domestique et industrielle et réduire ses importations au montant le plus bas qui soit compatible avec les quantités de matières premières étrangères absolument indispensables à ses besoins industriels et domestiques; elle devra se transformer en pays exportateur, organisé en vue du paiement des réparations...[2] »

C'est cette transformation que Mr. Keynes jugeait impraticable. Analysant le commerce extérieur de l'Allemagne avant 1914, il concluait qu'étant données les pertes dues à la défaite, un accroissement de ses exportations ne pourrait être que minime, sinon nul; et, même s'il était possible, en abaissant le niveau de vie, de réaliser une certaine compression des importations, il était « impossible de réduire certains chapitres importants sans réagir par là même et dans le même sens sur le volume des exportations[3] ». Enfin, il ne fallait pas s'attendre à plus de 100 millions de livres sterling (2 milliards de marks) d'excédent au maximum.

1. *E.C.P.*, p. 174. *C.E.P.*, pp. 153-154.
2. Burnett, *ouvr. cité*, II, p. 752.
3. *E.C.P.*, p. 185. *C.E.P.*, p. 162.

Si ce qui s'est passé en fait était l'indication de ce qu'il était possible d'accomplir, les conclusions de Mr. Keynes seraient non seulement confirmées, mais largement dépassées, et le présent ouvrage n'aurait jamais été écrit. Il n'existe aucune statistique de la balance des comptes de l'Allemagne pour la période antérieure à 1924, mais tous les signes sont ceux d'un déficit considérable [1]. Pour la période postérieure à 1924, on possède les données suivantes :

Année	Balance des exportations et des importations «visibles» en marchandises	Balance totale des comptes avec l'étranger (2)
	En millions de marks	
1924	— 1.848	— 1.954
1925	— 2.362	— 3.253
1926	+ 817	— 739
1927	— 2.890	— 4.352
1928	— 1.250	— 4.058
1929	+ 31	— 2.023
1930	+ 1.644	— 542
1931	+ 2.858	+ 2.266
1932	+ 1.054	+ 434

(Le signe + indique un excédent d'exportations sur les importations, le signe — un excédent d'importations sur les exportations).

Jusqu'en 1930, les importations de marchandises dépassèrent donc largement les exportations, sauf en 1926 et en 1929, où il y eut un solde créditeur, relativement petit; et jusqu'en 1931, la balance extérieure totale des comptes de l'Allemagne fut constamment et lourdement *passive,* — en d'autres termes, les paiements faits à l'Allemagne, de l'étranger, dépassèrent *toujours* les paiements faits par l'Allemagne au monde extérieur. En 1931, il y eut un brusque renversement.

Je reviendrai plus loin sur la signification de ces chiffres [3]. En tout cas, il est clair que pendant cette période, l'Allemagne ne *réalisa pas* d'excédent d'ex-

1. Moulton et Mc Guire estiment ce déficit à environ 10 milliards de marks-or pour 1919-1922 inclus. (*Germany's Capacity to pay,* New-York, 1923, p. 55.)

2. *League of Nations, Balance of Payments,* 1937, p. 108.

3. V. plus loin, p. 237.

portations sur les importations. Aurait-elle *pu en réaliser ?* C'est là, évidemment, une autre question.

Il faut tout d'abord se rendre bien compte qu'au point de vue du mécanisme économique des transferts, il n'y a aucune différence de nature entre des paiements tels que ceux des Réparations et les mouvements « ordinaires » de capitaux. Que les Réparations soient d'origine « politique », qu'elles constituent un « tribut » unilatéral au lieu d'être le remboursement d'un emprunt, cela, en soi, ne change rien au « problème des transferts ». Le « tribut » une fois levé par le gouvernement du pays sur ses habitants, le problème de le transférer à l'étranger est le même que dans toute autre transaction financière.

L'idée qu'il est extrêmement difficile à tout pays de renverser dans une grande mesure sa balance des paiements a été exposée avec plus de détail par Mr. Keynes en 1929. Son raisonnement est le suivant : si l'on cherche à obtenir un gros excédent d'exportation de capitaux et, par conséquent, à accroître dans une très grande mesure le volume des exportations, on n'y parviendra pas en se bornant à envoyer à l'étranger les marchandises produites et consommées par l'Allemagne en temps normal. Beaucoup de ces marchandises ne répondent peut-être à aucun besoin en dehors de l'Allemagne; non seulement le *prix* des exportations allemandes tombera forcément dans une certaine mesure si les autres pays augmentent leurs achats; mais elle devra fournir les catégories de marchandises dont la vente augmentera plus que proportionnellement à la baisse de leur prix. Si l'élasticité de la demande de produits allemands sur les marchés étrangers était inférieure à l'unité, c'est-à-dire si la chute du prix n'était pas compensée par l'accroissement de la demande, plus les prix tomberaient, plus basse serait, en fin de compte, la valeur totale des ventes. L'Allemagne devra donc porter ses efforts sur les marchandises dont la demande est très élastique. Ceci signifie peut-être que « la solution de la question des transferts exigera... un déplacement des facteurs de production allemands de leurs emplois normaux vers les industries d'exportation[1] ».

Jusqu'ici le raisonnement est impeccable. Mais Mr. Keynes le poussa un peu plus loin. La question des transferts impliquait une transformation des exportations allemandes. Le point essentiel était que pareil changement ne pouvait s'effectuer sans les plus extrêmes difficultés. « Mon opinion personnelle, c'est qu'à un moment donné, la structure économique d'un pays quelconque relativement à celle de ses voisins permet un certain niveau « naturel » des exportations, et qu'il est extrêmement difficile d'influer arbitrairement sur ce niveau, de façon sensible, par une action raisonnée. Historiquement, il me semble que l'on constate une tendance du volume des placements à l'étranger à s'ajuster de lui-même — du moins jusqu'à un certain point — à la balance commerciale, plutôt que la tendance inverse, le premier de ces facteurs étant très variable, et le second beaucoup moins. Par contre, dans le cas des Réparations, nous voulons fixer le volume des paiements à l'étranger et forcer la balance commerciale à s'y ajuster. Ceux qui ne voient ici aucune difficulté — comme ceux qui n'en voyaient aucune au retour de la Grande-Bretagne à l'étalon-or, — appliquent les lois de l'équilibre des liquides à ce qui est, sinon un solide, du moins une masse pâteuse possédant une forte résistance interne[2]. »

Il est assez curieux qu'on n'ait jamais entendu parler de la difficulté des transferts avant le Traité de Versailles, — bien que les mouvements de capitaux d'un pays à l'autre n'aient pas été, jusque-là, chose inconnue. Le mécanisme des transferts était l'objet d'études et de discussions, mais rien de ce qui était arrivé jusqu'alors n'avait donné de raison de penser qu'il y eût là de difficulté particulière.

1. *The German Transfer Problem, Economic Journal,* mars 1929, p. 3.
2. *Ibid.*, p. 6.

On trouverait sans peine, à l'appui de cette opinion, de nombreux exemples dans l'histoire des placements à l'étranger au XIXe et au XXe siècle [1].

Mais, objectera-t-on, ces réserves s'accumulaient en général progressivement, au cours de longues périodes. Dans le cas des Réparations, le problème était d'amener un changement soudain et profond dans la balance des paiements de l'Allemagne. De plus, les sommes dont il s'agissait étaient d'un tout autre ordre de grandeur que les mouvements de capitaux du XIXe siècle. C'est l'énormité sans précédent des réparations exigées qui faisait le fond de toute la question.

Dès 1919, on aurait pu trouver la meilleure réponse à cette objection dans l'histoire financière des Alliés pendant la guerre. Les chiffres cités par Mr. Keynes dans les *Conséquences économiques* montrent qu'entre 1914 et 1918, environ £ 4 milliards avaient été prêtés à l'extérieur par les Etats-Unis, l'Angleterre et la France [2]. A elle seule, la Grande-Bretagne, au cours de la guerre, avait

1. L'exemple le plus frappant, eu égard aux conditions de l'époque, est celui de l'indemnité de cinq milliards imposée par l'Allemagne à la France en 1871. Thiers, autorité reconnue en matière de finances, ne crut pas, tout d'abord, qu'il serait possible de la payer : « Ce sont des généraux et non des financiers qui ont dû vous suggérer une somme pareille », dit-il à Bismarck. Pourtant, tout fut payé en moins de quatre ans. Avant 1871, la balance commerciale française était invariàblement passive. Aussitôt que commencèrent les versements, le déficit se transforma en excédent et celui-ci disparut aussitôt que les versements eurent cessé.

1868	1869	1870	1871	1872	1873	1874	1875	1876	1877
				Millions de Francs					
—441	—12	—20	—674	+211	+274	+232	+383	—357	—185

On dira peut-être que la France se servit en cette occasion d'une importante réserve d'avoirs à l'étranger, alors que les placements étrangers de l'Allemagne en 1919 restaient fort au-dessous de la somme requise pour le paiement des réparations. Même en tenant compte de ce facteur, la réaction favorable de la balance commerciale (qui indique le montant des paiements ne provenant *pas* d'avoirs à l'étranger) demeure remarquable.

2. *E.C.P.*, p. 254. *C.E.P.*, p. 217.

versé à ses alliés £ 1.740 millions, soit une moyenne annuelle environ quatre fois supérieure à la prétendue « capacité de paiement » de l'Allemagne. Les exportations de capitaux des Etats-Unis au cours des deux dernières années de guerre s'élevaient à près de £ 2 milliards, c'est-à-dire à une somme annuelle équivalente à dix fois la « capacité » annuelle de l'Allemagne ou à la valeur totale en capital de sa « capacité *ad perpetuum* ». La balance commerciale des Etats-Unis s'adapta parfaitement à cet état de choses. Avant la guerre, elle accusait un léger excédent d'exportations de marchandises sur les importations — environ $ 650 millions par an. Au cours des cinq années suivantes, cet excédent augmenta, jusqu'à dépasser $ 3 milliards. Après la guerre, le solde créditeur tomba, de 1920 à 1921, d'environ $ 2.100 millions à $ 700 millions ; en 1923 la balance montrait un passif d'environ $ 200 millions ; elle redevint active pendant les années suivantes, variant d'un maximum de $ 1 milliard en 1928 à un minimum de $ 90 millions en 1932. En 1934, à la suite d'importations massives de capitaux européens, la balance devint tout à coup passive, et le resta depuis lors, si bien qu'en 1940 le compte débiteur atteignait $ 2.800 millions [1].

Il n'est peut-être pas nécessaire de multiplier davantage ces exemples. Ils suffisent sans doute à montrer, comme l'a indiqué M. J. Rueff en 1929, que « la notion de niveau naturel des exportations est une pure illusion et ne saurait être légitimement invoquée [2] ». Ils expliquent pourquoi la Sous-Commission chargée d'évaluer la capacité de l'Allemagne avait déclaré dans son rapport qu'elle avait cru bon de ne tenir presque aucun compte des chiffres relatifs « aux exportations des pays

1. *Annuaire statistique de la Société des Nations*, 1937-1938, p. 140, et *World Economic Survey*, 1939-1940, p. 233.

2. *Mr. Keynes and the Transfer Problem, Economic Journal*, sept. 1929.

ennemis (et en particulier de l'Allemagne) avant la guerre, et de tenir pour acquis que dans certaines industries (par exemple, celles du charbon et du bois, dont nous venons de parler), les exportations des pays ennemis pourront être grandement stimulées, jusqu'à dépasser de beaucoup celles de la période d'avant-guerre [1] ». Mais rien, peut-être ne met mieux en lumière la signification de ces exemples que les conclusions du Professeur F. Taussig qui, en étudiant les mouvements de capitaux, avait été surpris non par la difficulté des réadaptations, mais par leur extraordinaire facilité. Conformément à la théorie « classique » des adaptations réalisées par des changements dans le niveau national des prix, il s'attendait à ce que les étapes intermédiaires prissent quelque temps. Mais ce qu'il découvrit ce fut « la relation étroite qui existe indéniablement entre les paiements internationaux et le mouvement des importations et des exportations de produits. Ce qui est vraiment surprenant, écrivait-il, c'est la rapidité, presque la simultanéité du mouvement des produits... Il apparaît de façon manifeste que les exportations et les importations de marchandises s'ajustent sinon instantanément, du moins avec rapidité et en général avec aisance, au montant total des transactions d'un pays donné avec d'autres pays [2]. »

Nous voilà à cent lieues des « niveaux naturels » et des « masses pâteuses ». Mais le Professeur Taussig, qui avait passé toute sa vie à l'étude de ces questions ne cherchait à amener d'eau au moulin d'aucune polémique.

Cependant, objectera-t-on, même si l'on admet cet « automatisme », les changements occasionnés par les transferts dans les prix et dans les revenus, en sus des charges fiscales dues aux réparations, n'auraient-ils pas de graves répercussions ? La réorganisation, allant peut-être jusqu'à une révolution, de

1. Burnett, *ouvr. cité,* II, p. 751.
2. F. W. Taussig : *International Trade,* New-York, 1927, pp. 260-262.

la production et du commerce, — nécessaire si l'Allemagne devait se transformer en « pays exportateur » — n'allait-elle pas imposer au peuple allemand un immense effort ?

La réponse, c'est qu'en effet, cela pouvait bien être, et que même il le fallait. Si l'on voulait que les dommages causés à une si grande échelle fussent jamais réparés, même partiellement, il était certes absolument inévitable que le peuple allemand se soumît pendant quelque temps à un radical changement d'existence[1].

Ceci dit, l'assertion que les réparations eussent imposé au peuple allemand un effort intolérable, inhumain, ne cadre guère avec les réalisations industrielles qui allaient porter la puissance de l'Allemagne au degré où nous l'avons connue en 1939-1940. On me répondra, je suppose, que ceci ne saurait affecter la question qui nous occupe, et que les 15 milliards de marks consacrés chaque année par l'Allemagne à son réarmement jusqu'en 1939 ne signifient rien quant à sa capacité de paiement, parce qu'il ne s'agissait pas de *transferts à l'étran-*

1. Il vaut la peine de noter que Mr. Keynes n'était pas hostile à l'emploi de main-d'œuvre allemande pour la reconstruction des régions dévastées. Ce n'est que par des méthodes de ce genre, pensait-il, que la capacité allemande d'effectuer des réparations pourrait dépasser ses premières évaluations; mais le succès de ce plan dépendrait de l'attitude des populations des régions en question. (*E.C.P.*, p. 187. *C.E.P.*, p. 164.) Mr. Keynes ne semble pas avoir pris en considération le fait que les souffrances imposées par le transfert forcé d'êtres humains auraient, en toute probabilité, dépassé les « efforts » qu'aurait demandés à l'Allemagne l'adaptation de son économie aux exigences des réparations. Peut-être le transfert massif d'ouvriers allemands en zones dévastées eût-il donné les meilleurs résultats économiques; la délégation allemande elle-même avait fait une offre dans ce sens, en soumettant ses contre-propositions; mais cette solution avait déjà été examinée par le Conseil des Quatre, et rejetée par lui, comme rappelant par trop l'esclavage. « Le travail forcé, dit le Président Wilson, serait chose sans précédent — à moins de remonter à des milliers d'années en arrière. » (BAKER, *ouvr. cité,* II, p. 392.)

ger. Comme il serait intéressant de demander aux habitants de Varsovie, de Rotterdam, de Belgrade, de Londres et de Coventry, de la Norvège, du Danemark et des Pays-Bas, aux Belges, aux Français, aux Grecs, aux Yougoslaves, aux Russes, — aux armées d'Egypte, d'Afrique du Nord et d'Italie, des fronts de l'Est et de l'Ouest — aux équipages des navires alliés sur toutes les mers du monde — ce qu'ils pensent tout particulièrement de cet argument-là. Tous ont abondamment goûté la qualité des produits allemands. L'immense transformation rendue nécessaire par l'édification de la machine de guerre allemande n'a pas signifié seulement « un changement radical du genre de travail accompli »: les produits ainsi manufacturés étaient très littéralement et très matériellement « transférés et exportés ». Voudra-t-on soutenir sérieusement que l'accroissement, si considérable qu'il fût, de la production de marchandises exportables, consommées en temps de paix, — tel que le voulait le plan des Réparations, — aurait eu à surmonter des difficultés *plus grandes ?* En 1919 et pendant de longues années, Mr. Keynes avait affirmé qu'une transformation à cette échelle était à peu près impossible; mais en 1940, il admit qu'elle avait bel et bien été réalisée. « On se demande dans le monde entier, écrivait-il, comment l'Allemagne a pu se livrer à de si vastes préparatifs et accumuler de grands stocks sans disposer d'aucune ressource à l'extérieur et en maintenant sous les drapeaux une armée nombreuse. Même si l'on tient compte des restrictions imposées à la consommation courante, l'énorme potentiel de production de l'industrie moderne reste la seule réponse à ces questions [1]. » Enfin, après vingt ans de tabous économiques et financiers, on nous révélait le mystère de la capacité de production de l'Allemagne : « l'énorme potentiel de production de l'industrie moderne ». Que n'a-

1. *The United States and the Keynes Plan : The New Republic,* New-York, 29 juillet 1940, p. 158.

t-on fait cette découverte remarquable quelque temps avant le mois de juillet 1940 !

Je n'ignore pas qu'en 1919, Mr. Keynes avait formulé une expresse réserve. « Si les Alliés, écrivait-il, prenaient en tutelle le commerce et l'industrie de l'Allemagne pendant cinq ou dix ans, s'ils lui consentaient d'amples emprunts et la fournissaient largement de tonnage, de vivres et de matières premières pendant cette période, s'ils lui organisaient des débouchés et vouaient délibérément toutes leurs ressources, avec toute leur bonne volonté, à en faire la plus grande puissance industrielle de l'Europe, sinon du monde, ils pourraient sans doute obtenir, par la suite, une indemnité bien plus considérable; car l'Allemagne est capable d'une très grande productivité[1]. » On peut même ajouter que c'est là, à peu de chose près, ce que firent les Alliés : mais ils ne le firent que par à-coups, et certainement pas à l'échelle qu'envisageait Mr. Keynes. En 1929, époque où la « tutelle » était à son apogée, Mr. Keynes croyait encore que le plan Dawes, avec ses exigences fort réduites, serait très difficile à réaliser. Il serait curieux qu'il pensât aujourd'hui que l'Allemagne est effectivement devenue la plus grande puissance économique de l'Europe, *parce que* les Alliés ont délibérément voué à ce but toutes leurs ressources avec toute leur bonne volonté.

Mais ceci rappelle un autre propos de Mr. Keynes. Certaines de ses théories récentes ne prêtent-elles pas un appui vigoureux, bien qu'inattendu, à l'idée que le paiement des réparations aurait, en lui-même, *aidé* positivement l'Allemagne à devenir la plus grande puissance industrielle de l'Europe ? Un des principaux articles de foi de la *Théorie générale,* c'est que, tant que le plein emploi n'est pas réalisé, les dépenses publiques, même faites dans un but non productif, créent du travail et des revenus et, par là, concourent finalement à enrichir la communauté. Les investissements productifs sont sans doute préférables, mais les dépenses improduc-

1. *E.C.P.*, p. 189. *C.E.P.*, p. 165.

tives « valent mieux que rien [1] ». La communauté se trouve enrichie, non pas tant par les biens dont la création est l'objet immédiat de ces nouveaux investissements, mais par le travail et le revenu *supplémentaires* occasionnés par les dépenses de premier investissement. En d'autres termes, ce sont les effets secondaires qui sont les plus importants pour l'ensemble de la communauté [2].

En 1919, Mr. Keynes n'était pas encore arrivé à ces conclusions. Mais si elles sont vraies aujourd'hui, elles n'étaient pas moins vraies à cette époque, — et quelle perspective elles nous ouvrent, rétrospectivement ! 7 ou 8 milliards de marks ajoutés chaque année au budget de l'Allemagne pour les réparations, c'était en soi une perte nette pour l'économie allemande — mais pas plus, certes, que les dépenses d'armement entreprises quelques années plus tard; ni les uns ni les autres n'ajoutèrent rien *d'immédiat* aux jouissances du peuple allemand. Mais s'il est vrai, comme on l'a dit souvent, que les dépenses faites par l'Allemagne avant 1939 pour son réarmement ont contribué, malgré leur caractère improductif, à créer du travail et des revenus, pourquoi donc les dépenses de réparations, soutenues financièrement par « des emprunts », auraient-elles eu des effets moins bienfaisants ? Il est difficile de trouver aucune différence, au point de vue du bien-être immédiat de l'Allemagne, entre ces deux catégories de dépenses. Si l'on soutient que le réarmement a contribué à enrichir le peuple allemand après 1933, les réparations, pour les mêmes raisons, l'auraient enrichi après 1919. Les mêmes effets bienfaisants furent d'ailleurs attribués par Mr. Keynes, en 1940, au programme américain de réarmement. « Vos préparatifs de guerre, écrivait-il, bien loin d'exiger un sacrifice, seront le stimulant que ne pouvaient vous fournir ni la victoire ni la défaite du New Deal, et qui vous poussera à

1. *The General Theory of Employment, Interest and Money*, Londres, 1936, p. 128.
2. *Ibid.*, pp. 113 et suiv.

une plus forte consommation individuelle, à un niveau de vie plus élevé. Vous allez pouvoir investir *et* dépenser toujours davantage[1]. » En d'autres termes, le réarmement américain, conçu comme une sorte de manne miraculeuse devait permettre au peuple américain non seulement de manger le gâteau de l'armement tout en le conservant, mais encore de se procurer une tranche de gâteau en plus. Il allait avoir « les canons et le beurre aussi »[2]. S'il en était ainsi, pourquoi n'était-il pas possible, après 1919, d'avoir des réparations pour les Alliés et aussi du beurre pour l'Allemagne ? Voilà un problème digne de mettre à l'épreuve la sagacité de l'école keynesienne.

Si, pourtant, le lecteur n'est pas encore convaincu — s'il m'objecte que la comparaison avec les 15 milliards dépensés annuellement avant 1939 est hors de propos, parce qu'ils n'ont pas été véritablement « transférés » au sens le plus strict du mot, — alors, on voudra bien reconnaître que les tributs levés par l'Allemagne sur les pays occupés fournissent une réponse sans réplique. Les indemnités imposées à la Norvège, au Danemark, à la Hollande, à la Belgique et à la France, sous prétexte de « frais d'occupation » ont atteint chaque année, depuis 1940, un total de près de 10 milliards de marks. « Les Français, avait écrit Mr. Keynes en 1921, s'étant nourris à satiété de chiffres imaginaires, seront bientôt prêts, je crois, à trouver aux chiffres réels une saveur et un piquant surprenants[3]. » Bien qu'ils ne s'en soient pas « nourris » à proprement parler, ils trouvèrent sans nul doute une saveur et un piquant tout particulier à ces 400

1. *The New Republic*, 29 juillet 1940, ouvrage cité. Ce raisonnement, ainsi que le faisait observer Mr. Keynes, restait valable tant qu'il existait une marge de ressources sans emploi. Cette marge existait en Allemagne en 1919.

2. Ces mots sont le commentaire du rédacteur en chef de la *New Republic* à l'article de Mr. Keynes.

3. *R.T.*, p. 188. *N.C.*, p. 197.

millions de francs par jour[1]. Mais quand on a dit « frais d'occupation » on n'a pas tout dit, car, dans les pays occupés par l'Allemagne, le pillage a pris les formes les plus étonnamment variées. Selon les statistiques officielles allemandes, la contribution totale des pays occupés au budget allemand atteignit, en 1940-41, 12 milliards (£ 1 milliard), et, en 1941-42, 16,2 milliards de marks (£ 1.350 millions)[2]. Et, selon les calculs du Ministère britannique de la Guerre Economique, l'ensemble des charges financières supportées par les pays occupés représentait £ 1.700 millions[3]. Même en tenant le plus grand compte de la hausse des prix depuis vingt-cinq ans, cette somme serait, au bas mot, équivalente à dix fois la valeur de la « capacité annuelle de paiement » de l'Allemagne, — nonobstant la « question des transferts ».

3. — *« Nous ne voulons pas de leurs marchandises. »* — S'il n'y avait rien, ni dans la structure du système de production allemand, ni dans le mécanisme des paiements internationaux, qui rendît les Réparations économiquement impossibles, il reste encore un dernier argument : si l'Allemagne pouvait payer « en marchandises, et en marchandises seulement », l'importation massive de ces denrées dans les pays créditeurs n'allait-elle pas causer plus de mal que de bien, en faisant concurrence aux produits de leurs industries nationales ?

Dès le début des discussions relatives aux réparations, Mr. Lloyd George avait exprimé son peu d'inclination à accepter en paiement des marchan-

1. V. T. Réveillé : *The Spoil of Europe,* New-York, 1941, p. 104.

2. V. H. W. Singer : *The German War Economy, Economic Journal,* juin-septembre 1942, p. 201. Les chiffres sont donnés en sterling et le taux de conversion adopté est de 12 marks pour £ 1.

3. Déclaration de Mr. Dingle Foot, secrétaire parlementaire, à la Chambre des Communes, 26 octobre 1943. Le taux de conversion était de 13 1/2 marks pour £ 1.

dises allemandes. « Il faudra qu'ils paient, dit-il, en octobre 1918, dans une conversation privée, et jusqu'au dernier centime. Mais il s'agit de savoir comment on pourra les faire payer au delà d'une certaine somme. Ils ne peuvent payer qu'en or ou en marchandises. Nous n'avons pas l'intention de prendre leurs marchandises, parce que ce serait au détriment de notre commerce... J'ai dit l'autre jour à Hughes : « Prendrez-vous leurs marchandises ? Nous pas. » Il n'a pas su quoi répondre [1]. »

On entendit souvent à la Conférence des arguments inspirés par la crainte de la concurrence allemande. Mais lorsqu'ils furent mis en avant à la Sous-Commission chargée d'évaluer la capacité de paiement, ils se heurtèrent à l'objection décisive, souvent citée depuis, du délégué italien, Signor d'Amelio, qui s'écria : « Est-ce des marks que nous voulons, oui ou non ? » — question qui pouvait aussi, à son avis, se formuler ainsi : « Allons-nous acheter à l'Allemagne ? [2] ». Dans son rapport, la sous-commission reconnaissait que le développement des exportations dans les pays ennemis pourrait « en Allemagne, aboutir à la création d'une organisation si perfectionnée et appuyée sur une technique si solide qu'elle aurait à l'avenir une influence considérable et peut-être défavorable sur les marchés mondiaux »; mais elle arrivait cependant à la conclusion qu'il n'existait pas d'autre mode de paiement, et que, si l'on réduisait les paiements, ce risque en serait non pas diminué mais accru pour autant : « Il ne faut pas perdre de vue que si l'on n'exige des Allemands qu'une somme relativement faible qu'ils pourront verser en un petit nombre d'années grâce à leurs grandes facultés de travail, de persévérance et d'épargne, ils se retrouveront d'autant plus vite dans une position qui leur permettra de revenir à leur tactique commerciale d'autrefois, et ils travailleront sans doute avec plus d'ardeur à édifier leur propre richesse qu'à

1. *Lord Riddell's Intimate Diary*, 1933, p. 3.
2. BURNETT, *ouvr. cité*, vol. II, p. 691.

reconstruire ce qu'ils ont détruit avec si peu de souci des conséquences [1]. »

En 1919, M. Keynes avait aussi paru croire que ce genre d'argument pouvait être valable. Il montrait que les principaux objets du commerce allemand d'avant-guerre faisaient concurrence aux exportations britanniques. « Par conséquent, si le volume de ces exportations à destination de l'Europe ou des pays d'outre-mer s'accroissait dans une grande mesure, l'effet produit sur le commerce anglais d'exportation serait grave en proportion... A moins que les Alliés n'aient l'intention d'encourager dans leurs pays l'importation des produits allemands, une augmentation considérable des exportations allemandes ne pourrait se produire qu'en inondant les marchés des pays neutres [2]. » Déjà se montrait le pied fourchu du mercantiliste.

Mais l'heure des doutes de Mr. Keynes à l'égard des croyances libre-échangistes de sa jeunesse n'avait pas encore sonné. Encore sous l'influence de sa formation « classique », il analysa plus complètement le problème dans les *Nouvelles Considérations sur les Conséquences Economiques de la Paix,* montrant avec toute la clarté désirable que « la thèse selon laquelle il est nécessairement préjudiciable de recevoir des marchandises pour rien n'est ni plausible, ni bien fondée [3] », et affirmant aussi que « les Alliés, pour des avantages très limités, s'exposeraient à des embarras et à des pertes sensibles si les Allemands leur livraient directement ces marchandises au lieu de les vendre au meilleur prix et de leur en verser le montant [4] ».

Or, les effets d'un excédent d'importations résultant du paiement de réparations ne diffèrent pas de ceux du commerce normal, — sauf en ceci, bien entendu, que les marchandises ainsi reçues constituent un gain net pour l'économie nationale du pays

1. *Ibid.*, p. 752.
2. *E.C.P.*, pp. 178-182. *C.E.P.*, pp. 157-160.
3. *R.T.*, pp. 152 et suiv. *N.C.*, p. 159.
4. *R.T.*, p. 90. *N.C.*, p. 94.

importateur, parce qu'il n'a pas fallu d'exportations pour les payer. Il est toutefois exact, en un certain sens, que, si ces marchandises sont de nature à faire concurrence à certaines des industries du pays, celles-ci, comme l'indique Mr. Keynes, « en souffriront forcément [1] ». Mais, qu'entend-on par « souffrir » ? Dans la plupart des cas, les affaires dont elles se trouvent ainsi privées *ne se seraient jamais présentées, n'étaient les dommages que les Réparations sont destinées à compenser.* Il est donc entièrement faux de prétendre qu'elles « souffrent » du fait du paiement des réparations. Ce n'est pas de leurs souffrances qu'il s'agit : on leur interdit seulement de *profiter* des souffrances des autres.

Le même raisonnement vaut pour les pays « neutres », c'est-à-dire pour ceux que les Réparations empêcheraient d'augmenter leurs ventes aux pays dévastés. Certaines industries pourront souffrir du fait de changements durables dans les courants du commerce international. Mais, tout d'abord, — et Mr. Keynes ne manqua pas d'en faire la remarque — beaucoup d'entre eux auraient, en tout cas, « subi une forte concurrence de la part de l'Allemagne », que l'on réussît ou non à en obtenir des réparations [2]. En second lieu, le pays qui éprouve les effets d'un ajustement « triangulaire » est dans la même posture que s'il subissait la conséquence d'un accroissement normal du volume *total* de son commerce extérieur; si, par exemple, dans ces conditions, les Etats-Unis recevaient d'Allemagne une quantité accrue de marchandises, ils accroîtraient aussi leurs exportations vers les pays créditeurs ou vers d'autres pays, pour les mêmes raisons.

La position de la Grande-Bretagne après la guerre de 1914-1918 participait à la fois de celles de pays « créditeur » et de pays « neutre ». Les chantiers de constructions maritimes pouvaient se plaindre que la livraison de navires allemands les réduisait au chômage; quand les livraisons alle-

1. *R.T.*, p. 154. *N.C.*, p. 161.
2. *R.T.*, p. 157. *N.C.*, p. 164.

mandes — de charbon, par exemple —, allaient à d'autres pays, les doléances de l'industrie lésée rencontraient naturellement, dans l'opinion britannique, une sympathie plus grande encore. On a souvent affirmé que la persistance du chômage en Grande-Bretagne après la dernière guerre était due pour une grands part aux effets du système des Réparations; et il n'a pas toujours été suffisamment compris à l'étranger que la misère prolongée des « zones de détresse » avait constitué une calamité comparable en grandeur, sinon en nature, au désastre subi par les régions dévastées du Nord de la France. Il est possible que la suspension des paiements de Réparations à des pays autres que l'Angleterre, voire, jusqu'à un certain point, à l'Angleterre même, eût aidé, en réduisant la concurrence étrangère, à rétablir la prospérité de certaines des industries ainsi frappées. Ceci ne signifie pourtant pas que le chômage consécutif à la guerre fût produit par l'application des Réparations, et je ne sache pas que Mr. Keynes ait jamais dit chose pareille. Le chômage avait des causes plus profondes et plus permanentes, nationales et internationales, que le paiement des réparations aggrava très peu. On ne saurait nier que les ravages de la guerre donnèrent lieu à une demande qui, sans les Réparations, aurait sans doute été satisfaite en certains cas par l'industrie britannique, au lieu de l'être par l'industrie allemande [1]. Mais, encore une fois, les industriels anglais auraient ainsi récolté des bénéfices inespé-

1. C'est seulement dans la mesure où le prix des marchandises allemandes était *inférieur* à ce qu'il eût été autrement, qu'il est légitime d'attribuer à l'application des réparations le tort fait, par leur concurrence, à l'industrie britannique. Cette chute des prix était due, jusqu'à un certain point, au fait même du transfert, et pouvait être plus marquée dans le cas des livraisons en nature, les prix, dans ce cas, n'étant pas régis par les conditions générales du marché. Mais il est clair que, même en l'absence de paiements de réparations, les éléments du prix de revient de l'industrie britannique l'auraient exposée à la concurrence sur les marchés anglais et étrangers.

rés que, sans la guerre, ils n'auraient pu escompter, et qui auraient été bel et bien pris dans les poches des contribuables des pays auxquels serait refusé le paiement des réparations.

Toutefois, l'argument décisif, selon Mr. Keynes, n'était pas « le préjudice causé à des intérêts particuliers — qui diminuerait avec le temps — mais le fait qu'on n'obtiendrait sans doute pas indéfiniment des versements au titre des dettes, même si on y parvenait pendant une courte période[1] ».

En conséquence des adaptations rendues nécessaires par le paiement en nature des réparations, l'équilibre existant entre les diverses industries de certains pays serait rompu — et tous les éléments de production qui ne se prêteraient pas facilement à une affectation nouvelle perdraient pendant quelque temps leur utilité. Dans ce cas, « l'organisation, qui est un facteur si important de la richesse du monde moderne, est gravement affectée. A la longue, une nouvelle organisation et un nouvel équilibre peuvent s'établir. Mais, si la cause de ces troubles est temporaire, les pertes résultant de la désorganisation peuvent contrebalancer les bénéfices résultant de la livraison gratuite de marchandises[2] ». En d'autres termes, c'est uniquement parce que les Réparations, pour des raisons politiques, ne seraient *pas* perçues pendant longtemps, que les ajustements *temporaires* feraient plus de mal que de bien.

Si l'on acceptait l'hypothèse que les Réparations ne seraient pas payées, ce raisonnement, jusqu'à un certain point, était plausible. Cependant il ne signifiait pas que les Réparations fussent économiquement impossibles, ni même nuisibles — mais seulement qu'elles pourraient causer un préjudice économique dans la mesure où, pour des raisons

1. *R.T.*, p. 160. — *N.C.*, p. 167, donne cette traduction un peu libre : « L'argument décisif... n'est pas tant le préjudice (qui diminuerait avec le temps) causé aux intérêts particuliers, que l'invraisemblance du paiement intégral des dettes, même si, pendant quelque temps un effort était fait dans ce sens. » (N. d. T.)

2. *R.T.*, p. 166. *N.C.*, p. 173.

politiques, leur application prolongée deviendrait impossible. Il semble qu'il y avait là un argument, s'il en fut jamais, pour exiger jusqu'au bout l'application des Réparations.

En second lieu, la « rupture » de l'équilibre économique attribuée aux Réparations se serait produite de toutes façons, — et, en fait, *elle s'était déjà produite.* La guerre, avec ses dévastations, ses massacres, les immenses transformations qu'elle avait imposées à l'activité économique, l'avait rendue inévitable. Il fallait en tout cas faire face aux besoins anormaux, conséquences de la guerre, auxquels étaient destinés les paiements de réparations; en eux-mêmes, ces besoins anormaux constituaient une perturbation majeure de l'activité économique mondiale. Mais, en l'absence de Réparations, la seule différence eût été qu'au lieu de l'Allemagne, ce sont les pays ruinés par elle qui eussent payé, et il n'y a nulle raison d'estimer que la perturbation en eût été moins grave.

Enfin, il est difficile de penser que cette perturbation elle-même pût être si dangereuse. Avant 1914, ni les pays « jeunes », importateurs de capitaux, ni les « vieux » pays créditeurs qui recevaient l'intérêt de leurs placements à l'extérieur, n'avaient pour habitude de se plaindre des fâcheux effets des paiements étrangers [1]. Et lorsque, après 1924, l'Allemagne fut inondée de capitaux étrangers, les Allemands ne se plaignirent pas, à ma connaissance,

1. Comme l'a noté le professeur F.-D. Graham, l'annuité du plan Dawes de 2.500 millions de reichsmarks, que l'Allemagne devait payer à partir de 1928, représentait à peu près le double des capitaux qu'absorbait annuellement le Canada avant 1914, « et non seulement ses industries n'en souffraient pas, mais encore elles en étaient puissamment stimulées ». Les populations réunies des créanciers de l'Allemagne étaient environ 45 fois plus nombreuses que celle du Canada en 1900. « Est-il possible, poursuit le professeur Graham, de maintenir qu'une importation de cet ordre amènera un marasme général de l'industrie dans les pays qui la recevront ? » *Germany's Capacity to Pay and the Reparation Plan, American Economic Review,* juin 1925, p. 216.

que l'on ruinât leurs industries. « N'est-il pas surprenant, écrivait en 1929 le Professeur B. Ohlin, qu'on ait si peu entendu parler de difficultés de transfert depuis cinq ans, période pendant laquelle un même pays a reçu une importation nette de capitaux (déduction faite de ses propres paiements à l'étranger) s'élevant à six ou sept milliards de marks ? Ce pays, c'est l'Allemagne[1]. »

Reste donc le préjudice causé aux intérêts particuliers. Mais il ne suffisait pas de noter, comme l'a fait Mr. Keynes, que « les dommages étant supportés principalement par les capitaux et la main-d'œuvre affectés à certaines entreprises particulières, ils susciteraient des protestations sans rapport aucun avec le préjudice causé à l'ensemble de la communauté[2] ». Il aurait fallu ajouter que les « dommages » infligés par le paiement des Réparations à des intérêts privés auraient été sans rapport aucun avec *les dommages subis par l'ensemble de la communauté si les Réparations n'étaient pas payées.* En mettant l'accent sur les premiers, Mr. Keynes, consciemment ou non, renversait la tradition établie, selon Alfred Marshall, par la génération précédente d'économistes, en encourageant, au détriment « des foules patientes et silencieuses », les « petits groupes intrigants et bruyants ».

En voilà assez, j'espère, pour montrer que si le paiement des réparations pouvait avoir pour ceux qui les recevaient, quelques inconvénients, ceux-ci étaient contrebalancés, et bien au delà, par des avantages qui se trouvaient justement répondre à des droits légitimes. Mais si les raisonnements qu'on vient de lire ne sont pas encore assez clairs et s'il subsiste le moindre doute, les événements mêmes de la guerre actuelle (comme ceux de la guerre précédente) devraient avoir le dernier mot. De 1914 à 1918, les Alliés européens empruntèrent aux Etats-Unis quelque 2 milliards de £ dont ils reçurent la valeur en marchandises; ils ne se tourmentèrent

1. *Economic Journal,* 1929, p. 177.
2. *R.T.*, p. 166. *N.C.*, p. 174.

pas, à cette époque, à l'idée que leurs marchés seraient inondés. Au cours de la guerre actuelle, l'Allemagne a déjà reçu des pays occupés, en marchandises et en services rendus, l'équivalent de sommes bien supérieures; il n'apparaît pas que l'Allemagne ait été gênée par la « perturbation » que ces prestations auraient jetée dans l'équilibre de son économie. Mais que dire des accords de « Prêt et Bail » ? Le Congrès américain a déjà voté dans ce but près de 50 milliards de dollars, représentant des marchandises à livrer aux Nations Unies; cette somme dépasse de loin les revendications les plus fortes qui aient jamais été présentées à l'Allemagne en corollaire du Traité de Versailles; elle représente presque cinq fois la valeur de la capacité de paiement de l'Allemagne *ad perpetuum*, d'après les calculs de Mr. Keynes. Je n'ai pas entendu dire que personne en Angleterre se soit plaint que ces importations massives sans précédent, allaient détruire l'équilibre économique. Après avoir passé au filtre le moucheron des Réparations, Lord Keynes avale aujourd'hui — et sans doute, comme nous tous, avec plaisir — le chameau du Prêt-Bail [1]. Nous avons amèrement besoin de ces marchandises : c'est chose évidente pour l'économiste le plus imbu de doctrines comme pour l'homme de la rue. Rien d'autre que les sous-marins allemands n'a fait, jusqu'ici obstacle à leur livraison. Ce système de Prêt-Bail n'est pas seulement la meilleure démonstration possible de l'insignifiance du « problème des transferts » ; il devrait suffire — si c'était chose possible — à détruire l'éternelle légende des effets néfastes inhérents à une balance « défavorable » des paiements.

Il fut un temps où les économistes mettaient leur point d'honneur à partir en guerre contre ces grossières erreurs de l'opinion publique. Mais nous avons changé tout cela [2]. Après avoir sagement énoncé qu'« il est préférable de ne pas se servir de

1. Allusion au chap. XXIII, v. 24, de l'Evangile selon saint Mathieu, (N. d. T.).
2. En français dans le texte anglais.

mauvais arguments[1] », Mr. Keynes fit un honnête effort pour « démêler le vrai du faux » dans « la croyance aujourd'hui si répandue » que le paiement des réparations pourrait être positivement nuisible. Quel dommage qu'il n'ait pas en tout temps montré la même répugnance à flirter avec le sophisme économique! En 1919, il parlait de la concurrence dangereuse des marchandises allemandes. En 1922, allant plus loin, il posa la question suivante : « Si l'Allemagne réussissait, cette immense expansion de ses exportations, que ne contre-balancerait aucune importation, ne serait-elle pas considérée par nos industriels, comme le plus abominable de tous ses crimes[2] ? » Mais il n'y avait nulle raison de les contredire... Bien au contraire : car il jugeait « politiquement parlant, très utile de pouvoir amener à la cause de la revision du Traité les tendances protectionnistes latentes qui sont encore si fréquentes[3]... A Dieu ne plaise que je les décourage. Il n'est que trop rare qu'une bonne cause puisse appeler à son aide des arguments suffisamment mêlés pour lui assurer le succès[4]. » Quoi qu'on puisse penser de cette «bonne cause», il est peu probable que Mr. Keynes ait reçu cette maxime de son vieux maître[5], car celui-ci pensait qu' « il n'est pas moins blâmable, et qu'il est généralement beaucoup plus sot de dénaturer la vérité pour une bonne cause que pour une cause égoïste ».

IV

Le paiement des réparations.

Pourquoi donc, demandera-t-on, fut-il si difficile d'assurer l'exécution des clauses de Réparations ?

1. *R.T.*, p. 152. *N.C.*, p. 159.
2. *R.T.*, p. 74. *N.C.*, p. 77.
3 *R.T.*, p. 91. *N.C.*, p. 95.
4. *R.T.*, p. 92. *N.C.*, p. 96.
5. Il s'agit d'Alfred Marshall (N. d. T.).

Les années qui suivirent ne confirmèrent-elles pas la prédiction que « ce qu'on réclamait à l'Allemagne dépassait toute possibilité de paiement » et que « la solidarité économique de l'Europe était si étroite qu'en appliquant rigoureusement ces clauses on risquait de ruiner tout le monde » ?

Une revue rapide des paiements faits au titre des Réparations doit permettre de répondre à cette question[1]. L'histoire des Réparations comprend trois chapitres distincts. De 1920 à 1924, l'application du Traité était entre les mains de la Commission des Réparations. De 1924 à 1930, les Réparations furent régies par le plan Dawes. De 1930 à 1931, elles furent régies par le plan Young, puis suspendues et enfin entièrement abolies en 1932.

I. — *La Commission des Réparations.* — Le Traité stipulait que le montant total de la dette des Réparations serait fixé par une Commission. Celle-ci dresserait ensuite un tableau des paiements et veillerait à leur exécution pendant une période de trente ans qui pourrait au besoin être prolongée.

La délégation allemande protesta avec véhémence contre ce projet. « La démocratie allemande se trouve anéantie au moment même où le peuple allemand l'édifiait après une lutte acharnée... La Commission, qui aura son quartier général permanent hors d'Allemagne, détiendra une puissance incomparablement plus grande que l'empereur d'Allemagne n'en posséda jamais; sous un pareil régime, le peuple allemand resterait pendant des années dépouillé de tous ses droits et privé, bien plus complètement qu'aucune nation au temps de l'absolutisme, de toute liberté d'action et de toute possibilité

1. Les faits constituant l'histoire des réparations sont tous dans le domaine public et devraient être connus du monde entier. Mais c'est à Mr. G. Borsky et à lord Vansittart qu'appartient le mérite de les avoir dégagés récemment des limbes d'un trouble silence. (*The Greatest Swindle in the World,* New Europe Publishing Company, Londres, 1942. V. aussi : Lord VANSITTART : *Lessons of my Life,* Londres, 1943.)

individuelle de progrès, économiques ou même moraux [1]. » Et Mr. Keynes ajoute, après avoir longuement analysé les fonctions de la Commission : « Ce commentaire allemand était à peine exagéré[2]. »

Cependant, les Alliés, dans leur réponse, n'avaient pas eu grand peine à en faire justice. « Les observations présentées par la délégation allemande, dit la note du 16 juin, donnent de cette Commission une image si déformée et si inexacte, qu'on a peine à croire qu'elle ait examiné avec calme et avec soin les clauses du Traité. La Commission n'est ni un instrument d'oppression ni un moyen d'enfreindre la souveraineté allemande. Elle ne dispose d'aucune force armée. Elle ne possède aucun pouvoir exécutif en territoire allemand; rien ne l'autorise, comme les « Observations » pourraient le faire croire, à diriger l'enseignement public ou à le prendre sous sa coupe, non plus qu'aucune autre organisation nationale. Sa mission est de requérir les paiements dus par l'Allemagne; de s'assurer que celle-ci est en mesure de les effectuer; et de faire rapport aux Puissances dont elle est la délégation au cas où l'Allemagne serait défaillante. » « Ceci, écrit Mr. Keynes, n'est pas une interprétation fidèle des attributions de la Commission, ni de ses pouvoirs. » Puis il explique comment la rédaction du Traité pourrait donner lieu à une interprétation beaucoup plus large que celle que la réponse des Alliés donne comme acquise. Ce qu'il néglige de dire c'est que, dans la réponse fournie à la délégation allemande, qui demandait de nouveaux éclaircissements, par la Commission chargée à la Conférence même des questions de réparations, il était déclaré que la réponse des Alliés en date du 16 juin ferait autorité quant au sens à donner aux articles concernant les Réparations [3]. Qu'elle fût fidèle ou non, l'interprétation donnée dans la note

1. *E.C.P.*, p. 201. *C.E.P.*, p. 175.
2. *Ibid.*
3. Cette réponse avait été approuvée par le Conseil des Quatre. Miller : *My Diary*, vol. XIX, p. 287.

était donc officielle, et elle fut invoquée comme telle par la suite devant la Commission [1].

Or, s'il eût été vrai que la Commission allait « détenir une puissance incomparablement plus grande que l'empereur d'Allemagne n'en posséda jamais », etc., etc., comme il est étrange que Mr. Keynes, démontrant que l'Allemagne était hors d'état de faire face aux exigences du Traité en fait de charbon, ait argué que le gouvernement allemand n'aurait probablement pas l'autorité voulue pour obtenir, dans l'industrie minière, le retour à la journée de huit heures [2]. Si ce n'était pas possible au gouvernement allemand, comment ne l'était-ce pas à la Commission, étant donnés les pouvoirs exorbitants dont elle était dotée ? Ainsi, d'une part, on nous disait que la Commission à bien des égards allait être « l'arbitre de la vie économique de l'Allemagne [3] ». Mais, d'autre part, on nous avertissait de ne pas nous attendre à voir les mineurs allemands travailler plus de sept heures par jour.

La vérité, c'est qu'à maintes reprises il avait été enjoint à la Commission de ménager la structure

1. Ajoutons que les discussions qui avaient eu lieu au Conseil des Quatre lors de la rédaction de cette section du Traité confirment cette interprétation restrictive des pouvoirs de la Commission. Ainsi, Mr. Lloyd George trouvait « trop raide » la première rédaction du paragraphe qui permettait à la Commission d'exiger des paiements « sous la forme de biens meubles et immeubles, de marchandises, de droits commerciaux, etc., etc... » : « Cela donnerait à la Commission le pouvoir de s'emparer de tous les biens et de toutes les matières premières qui viendraient à lui plaire. » Le Président Wilson fut du même avis : « Il tenait à éviter jusqu'à l'apparence d'un traité imposé comme à Brest-Litowsk. » Cette clause fut donc modifiée en conséquence. (Burnett, *ouvr. cité,* vol. I, pp. 1000 et suiv.) On pourrait multiplier les exemples. Si je ne me trompe, cette séance du Conseil des Quatre (27 avril) doit être précisément celle que décrit Mr. Keynes dans son célèbre chapitre II. Peut-être son esprit était-il trop profondément absorbé dans la contemplation des boucles de souliers de Clemenceau, pour prêter attention à des détails de cet ordre.

2. *E.C.P.,* p. 83. *C.E.P.,* pp. 79-80.

3. *Ibid.,* p. 200 et p. 174.

sociale, économique et financière de l'Allemagne. Elle devait ristourner à l'Allemagne, sur ses paiements antérieurs à 1921, les sommes indispensables à l'achat de telles quantités de produits alimentaires et de matières premières qui pourraient être jugées, par les gouvernements des principales puissances Alliées et Associées, nécessaires pour la mettre en état de faire face à ses obligations (voir art. 235). En examinant les revendications des Alliés, elle devait donner au gouvernement allemand l'équitable faculté de se faire entendre, sinon de participer aux décisions de la Commission (annexe II, § 10). Le gouvernement allemand, s'il en faisait la demande, pouvait lui présenter sa thèse, avec témoignages à l'appui, sur toute question relative à sa capacité de paiement. Et, en évaluant périodiquement cette capacité, la Commission devait s'assurer que, d'une façon générale, la charge des impôts allemands était « au moins égale, proportionnellement, à celle que supportait l'une quelconque des Puissances représentées à la Commission[1] ». En d'autres termes, les charges supportées par l'Allemagne devaient être *au moins* égales à celles que supportaient les Alliés, — mais on ne spécifiait pas qu'elles dussent être plus lourdes. C'était donc *cela* qui constituait la mesure du fardeau imposé à l'Allemagne. C'était *cela* « le dessein de réduire l'Allemagne à la servitude pour toute une génération »! Voyons maintenant comment ce dessein fut mis en œuvre.

De l'entrée en vigueur du Traité à l'adoption du plan Dawes, on peut distinguer trois périodes.

1. La discussion de cette clause par le Conseil des Quatre, le 23 avril, montre que son intention était de donner à la Commission la faculté de consentir à l'Allemagne des allégements, si elle le jugeait bon, et s'il était établi que les impôts allemands étaient relativement aussi élevés que ceux du pays le plus lourdement imposé de ceux qui siégeaient à la Commission, mais à cette condition seulement. Le principe était d'une justice si évidente qu'il fut incorporé cinq ans plus tard au plan Dawes, appelé d'abord par Mr. Keynes, comme nous le verrons, « un document honorable ».

La première se termine avec l'acceptation par l'Allemagne des accords de paiements de Londres, en mai 1921. La deuxième, avec l'occupation de la Ruhr, en janvier 1923. La troisième, avec l'application du plan Dawes en 1924.

En janvier 1920, la Commission des Réparations commença ses travaux. Sa première tâche, en application de l'article 235, était d'obtenir de l'Allemagne, avant le 1er mai 1921, le paiement de 20 milliards de marks. Ce paiement, d'après le texte du Traité, devait être effectué « en autant de versements et suivant telles modalités (en or, en marchandises, en navires, en valeurs ou autrement) que la Commission pourrait fixer ». Afin de montrer que le Traité conférait à la Commission « un pouvoir dictatorial sur tous les biens allemands, de quelque nature qu'ils fussent[1] », Mr. Keynes donne à cette clause l'interprétation la plus extrême. « D'après cet article, écrit-il, elle peut désigner toute affaire, toute entreprise, tout bien quelconque qu'il lui plaira, soit en Allemagne, soit à l'extérieur, et en exiger la livraison... Elle peut, par exemple, et elle le fera sans doute dès qu'elle fonctionnera, choisir la remarquable et puissante entreprise allemande d'Amérique du Sud connue sous le nom de *Deutsche Ueberseeische Elektrizitätsgesellschaft* (la D.U.E.G.) et en disposer dans l'intérêt des Alliés. Cette clause est sans équivoque et peut tout embrasser[2]. »

Un des premiers actes de la Commission fut de vérifier l'étendue des pouvoirs que lui conférait l'article 235. Rien n'indique qu'elle ait même envisagé la possibilité de disposer à son gré des biens allemands, de quelque nature qu'ils fussent. Elle se borna à rechercher si la livraison des valeurs étrangères appartenant à des sujets allemands (autres que celles dont il était déjà expressément fait mention dans le Traité), pouvait être exigée. Quatre experts juridiques se prononcèrent affirmativement. L'expert américain, Mr. Hugh A. Bayne, exprima un

1. *E.C.P.*, p. 71. *C.E.P.*, p. 70.
2. *E.C.P.*, pp. 71-72. *C.E.P.*, p. 70.

avis contraire. Un des arguments les plus convaincants dont il étaya sa thèse était une référence à un passage de la réponse des Alliés du 16 juin 1919. « En dehors de l'Empire, dit la note, les Puissances Alliées et Associées s'abstiennent d'exiger le transfert des biens et des intérêts allemands situés en pays neutres ». Ceci, écrit Mr. Bayne, décide du sens du Traité, et « empêche qu'on puisse décemment soutenir que l'article 235 donne à la Commission des Réparations le pouvoir d'obliger l'Allemagne à livrer les intérêts qu'elle possède en pays neutre [1] ».

« La différence d'opinion qui se fit jour dans le service juridique, poursuit le rapport de la Commission, se reproduisit au sein de la Commission même. Et comme, selon le Traité, toute interprétation de son texte devait réunir l'unanimité, la Commission n'eut pas le pouvoir d'exiger ces valeurs [2]. »

Ainsi les destinées de la D.U.E.G., au sujet de laquelle Mr. Keynes avait été agité de si tristes pressentiments, ne furent pas troublées. Et il arriva incidemment que l'usage qui fut fait de ses biens ne tourna pas tout à fait à l'avantage des intérêts alliés. La société fut entièrement réorganisée en 1920, les plus importantes de ses installations sud-américaines furent transférées à une nouvelle firme, la Compagnie Hispano-Américaine d'Electricité, fondée par un certain nombre de banques espagnoles. Les actions privilégiées et toutes les obligations furent alors remboursées en marks-papier; et 120.000 parts nouvelles furent attribuées, à titre de commission, aux fondateurs de la nouvelle société. Leur valeur, soit plus de 120 millions de marks-or, représentait autant de capital exporté par l'Allemagne sous le nez de ses créanciers.

Pour en revenir à la Commission, tout ce qu'elle

1. Commission des Réparations. V. Rapport sur les Travaux de la Commission des Réparations de 1920 à 1922, p. 187 du texte anglais.

2. *Ibid.*, p. 13.

put faire, ce fut d'informer l'Allemagne qu'il lui faudrait affecter toutes les « valeurs neutres » alors en possession du gouvernement ou de sujets allemands, au paiement des denrées alimentaires et des matières premières indispensables auxquelles lui donnait droit l'article 235, et de déclarer qu'elle ne consentirait à rien laisser déduire des 20 milliards de marks-or pour payer ces fournitures, à moins que le gouvernement allemand prît immédiatement les dispositions nécessaires pour acquérir les valeurs en question et les affecter au paiement des marchandises dont l'Allemagne avait besoin[1]. Quant aux moyens par lesquels l'Allemagne devait se procurer le reste des 20 milliards, le choix lui en était entièrement laissé. La Commission se borna à demander par une lettre au gouvernement allemand à être informée le plus rapidement possible des méthodes par lesquelles il se proposait de satisfaire à l'article 235.

Dans les documents publiés par la Commission, on ne trouve trace d'aucune réponse à cette lettre. Et l'Allemagne ne versait toujours pas un sou à la Commission pour commencer ses paiements en espèces[2]. Mais en janvier 1921, le gouvernement allemand soumit à la Commission un mémoire par lequel il prétendait démontrer que la valeur des livraisons en nature effectuées depuis l'armistice dépassait déjà 20 milliards de marks. La Commis-

1. Commission des Réparations, IV (Obligations de l'Allemagne), p. 14 du texte anglais. L'Allemagne ne livra pas ces valeurs; malgré cela, une somme de 3.8 milliards de marks fut déduite de la dette de 20 milliards et affectée au paiement de denrées alimentaires et de matières premières fournies à l'Allemagne.

2. Si ce n'est les 3,8 milliards dépensés par l'Allemagne pour ses propres besoins. Les seuls paiements en espèces que reçut la Commission avant mai 1921 étaient les quelque 84 millions de marks (£ 4,2 millions) versés non pas par l'Allemagne mais par la France et le Danemark, en indemnisation pour les biens cédés par application du traité. (Commission des Réparations, IV, p. 5 et suiv.)

sion répondit qu'un certain nombre de biens énumérés dans le mémoire n'étaient ni liquides, ni susceptibles de le devenir dans un proche avenir; qu'elle faisait toutes réserves quant à l'évaluation des autres biens énumérés; et que, dans ces conditions, la balance des paiements ordonnés par l'article 235 ne pourrait que faire apparaître un déficit d'au moins 12 milliards de marks. Le 14 mars, le gouvernement allemand répondit à son tour, en maintenant ses positions. La Commission maintint les siennes, rappelant à l'Allemagne qu'elle devrait acquitter le solde avant le 1er mai, et qu'avant le 23 mars *au plus tard et sans faute* (les choses en étaient au point où la Commission des Réparations ne reculait même pas devant l'usage des italiques) elle eût à faire un premier versement d'un milliard de marks-or. Après un nouvel échange de lettres, qui ne fut pas égayé par le moindre paiement en espèces, la pauvre Commission décida qu'il ne lui restait plus qu'à aviser officiellement les gouvernements alliés que l'Allemagne était défaillante quant aux obligations découlant de l'article 235 du Traité, pour une somme d'au moins 12 milliards de marks-or [1].

C'est ainsi que prit fin le premier chapitre de l'histoire de la Commission.

Le second fut plus brillant. Il s'agissait de fixer le montant total des obligations de l'Allemagne. Le 27 avril 1921, comme nous l'avons vu, la Commission fit connaître que l'ensemble des charges pesant sur l'Allemagne s'élevait à 132 milliards de marks [2], chiffre conforme aux calculs de Mr. Keynes; et le Conseil Suprême des Alliés dressa un état des paiements que l'Allemagne accepta quelques jours plus tard, après avoir reçu du Conseil Suprême un ultimatum où figurait la menace d'une occupa-

1. Commission des Réparations, IV, p. 23.

2. Au cours des discussions, les Allemands avaient proposé d'évaluer à 7,3 milliards les dommages causés à la France et à 2 milliards les dommages causés à la Belgique.

tion de la Ruhr. Ce document prévoyait trois catégories de mesures :

1° Une émission de bons, en trois séries A, B et C, dont les détails ne présentent guère d'intérêt aujourd'hui, car elle ne reçut pas le moindre commencement d'exécution (il serait injuste de passer sous silence la remarque que fit alors Mr. Keynes : « Ces détails, dit-il, ont bien peu de chance d'être appliqués, il ne faut donc pas les prendre trop au sérieux [1] »).

2° L'institution, en vue du contrôle des paiements allemands, d'un Comité des Garanties, auquel, dit Mr. Keynes, étaient conférés « les pouvoirs étendus, divers et mal définis que le Traité de Paix avait attribués à la Commission des Réparations [2] ».

3° Enfin, les paiements de l'Allemagne étaient réglés par des dispositions spéciales. Elle devait verser chaque année 2 milliards de marks, plus une somme égale à 26 % de la valeur de ses exportations, avec l'alternative d'un montant équivalent déterminé selon un index pour lequel l'Allemagne aurait obtenu l'accord de la Commission. Les versements seraient trimestriels, mais un premier milliard était dû à l'échéance de 25 jours. « Le fardeau imposé par ce règlement, écrit Mr. Keynes, ne représente sans doute pas, pour le proche avenir, plus de la moitié de celui du Traité [3]. » Mais l'état des paiements, « transition entre des espérances illusoires et les réalités », ne pouvait être qu'une mesure de temporisation, qu'il faudrait bien remanier un jour [4]. « A un moment donné, entre février et août 1922, l'Allemagne succombera inévitablement

1. *R.T.*, p. 60. *N.C.*, p. 63. « Il est donc inutile d'étudier en détail le mécanisme des bons qui ne jouera vraisemblablement jamais. »

2. *R.T.*, p. 62. *N.C.*, p. 65, l. 15. Ce commentaire ne tient aucun compte d'une clause stipulant expressément que le Comité « n'était pas autorisé à intervenir dans l'administration de l'Allemagne ».

3. *R.T.*, p. 65. *N.C.*, p. 68.

4. *R.T.*, p. 67. *N.C.*, p. 70.

et sera déclarée défaillante. C'est alors que prendra fin cette période de répit[1]. »

Le lecteur n'aura pas à subir le récit détaillé du duel qui s'ensuivit — des supplications de la Commission des Réparations, des faux-fuyants du gouvernement allemand. A l'aide de crédits étrangers à court terme, le premier milliard prescrit par l'Etat de Paiements fut dûment versé en août 1921. (C'était le premier versement *en espèces* au titre des Réparations depuis la mise en vigueur du Traité.) Le Comité des Garanties, ayant fait le voyage de Berlin, y trouva peu de sujets d'encouragement. Bien que le gouvernement allemand se plaignît des difficultés qu'il éprouvait à se procurer des devises étrangères pour ses paiements à l'extérieur, l'exportation des capitaux privés continuait à peu près sans obstacle. Les dépenses publiques et le déficit budgétaire grandissaient. « La politique alimentaire de l'Allemagne, qui pouvait se justifier au lendemain du blocus, a continué sur une grande échelle, et figure toujours au budget pour plusieurs milliards[2]. » Et le Comité exprimait la crainte que le gouvernement allemand se déclarât incapable de faire face à la prochaine échéance.

Néanmoins, en novembre 1921, l'Allemagne effectua un nouveau versement de 500 millions de marks. Mais le mois suivant, en réponse à une lettre de la Commission qui le suppliait de prendre toutes mesures nécessaires pour être à même de faire le prochain versement, le gouvernement allemand se déclara hors d'état de payer, et, pour la première fois, demanda officiellement un moratoire.

Fort ennuyée, la Commission exprima « sa surprise » du fait que le gouvernement allemand n'eût même pas mentionné de limite de temps au moratoire demandé, ni indiqué quelle garantie il offrait en attendant; toutefois elle accorda sans tarder une suspension provisoire de paiements, qui fut con-

1. *R.T.*, p. 71. *N.C.*, p. 73.
2. Commission des Réparations, III, Documents officiels, p. 38 du texte anglais.

firmée peu après, lorsque la Conférence de Cannes eut réduit les obligations de l'Allemagne pour l'année 1922 à un total de 2,2 milliards de marks environ. Comme condition de ce sursis, on demandait à l'Allemagne d'entreprendre la réorganisation complète de ses finances, sous le contrôle de la Commission.

Cette décision fut accueillie en Allemagne par une explosion d'indignation. Dans un discours acerbe, le chancelier Wirth proclama que le principe du contrôle était incompatible avec le droit des peuples à se gouverner eux-mêmes, comme avec l'honneur de la nation. Une réponse en ce sens fut donc adressée à la Commission [1].

La Commission nota « avec surprise et regret », le rejet de ses propositions. Mais, tout en insistant sur la nécessité de relever le taux des impôts, elle se hâta de rassurer le gouvernement allemand au sujet du contrôle et de lui affirmer que ses inquiétudes étaient tout à fait injustifiées. Le gouvernement allemand accepta les excuses de la Commission et nota avec satisfaction qu'elle n'avait pas l'intention d'empiéter sur la souveraineté de l'Allemagne. De sorte que l'inflation monétaire, l'évasion fiscale, les dépenses publiques et la fuite des capitaux continuèrent de plus belle; et qu'en juillet 1922 le gouvernement allemand demanda une suspension complète des paiements jusqu'à la fin de l'année, ajoutant en passant que les Alliés feraient bien de ne s'attendre non plus à aucun versement en 1923, ni en 1924.

Ainsi se trouva vérifiée, en un sens, la prédiction de Mr. Keynes, annonçant l'« inévitable carence » de l'Allemagne.

Le 31 août, l'infortunée Commission parvint à sauver la face. Elle déclara qu'elle accepterait les bons du trésor allemand pour les prochains verse-

1. V. Carl Bergmann : *The History of Reparations* 1927, p. 121. D'après cet auteur, le discours en question avait été rédigé par Rathenau.

ments. L'Allemagne se trouva ainsi libérée des paiements en espèces jusqu'à la fin de l'année.

Grandement encouragé, le gouvernement allemand jugea que l'heure des demandes positives avait sonné. En novembre 1922, il émit la prétention de faire décharger l'Allemagne pendant trois ou quatre ans de tous paiements de réparations, dans le but de stabiliser le mark; en retour, il se déclarait prêt à émettre des emprunts, tant à l'intérieur qu'à l'étranger, aussitôt qu'une amélioration de la position du mark aurait rétabli le crédit de l'Allemagne.

La plaisanterie parut mauvaise à M. Poincaré, qui, comme on sait, n'avait pas le sens de l'humour. Lors d'une conférence qui se tint à Londres, il annonça son intention d'occuper la Ruhr si les manquements allemands se renouvelaient. Le 26 décembre, la Commission reçut de son président, M. Barthou, au nom de la délégation française, la requête de déclarer l'Allemagne défaillante quant aux livraisons de bois de charpente. Sir John Bradbury reconnut que la livraison n'avait pas eu lieu, mais il mit en doute que ce retard constituât un manquement au sens du paragraphe 17 de l'annexe II. « Depuis la prise de Troie, dit-il en conclusion, après dix années de guerre et grâce au stratagème du cheval de bois, l'histoire ne connaît aucun exemple d'un pareil usage du bois de charpente. La situation est quelque peu différente aujourd'hui; nous en sommes à la cinquième année de paix, et la place assiégée n'est pas Troie, mais Essen [1]. » A la majorité de trois contre un, l'Allemagne fut déclarée défaillante au regard des obligations que lui imposait le Traité.

Une nouvelle conférence se réunit à Paris. Mr. Bonar Law, le premier ministre britannique, lui soumit un plan par lequel la dette allemande serait réduite à 50 milliards de marks; M. Poincaré déclara que ce plan détruisait le Traité de Versailles. Mr. Bonar Law répliqua que s'obstiner à appliquer

1. Reparation Commission, V. p. 253.

le Traité, c'était détruire le crédit de l'Allemagne. Aucun accord ne fut réalisé, et, le 4 janvier, la conférence s'ajourna. Le 9 janvier, à la majorité de trois contre un, la Commission des Réparations déclara l'Allemagne en carence volontaire quant aux livraisons de charbon. Le 11 janvier, des troupes françaises et belges occupèrent le bassin de la Ruhr, et l'Allemagne arrêta toutes les livraisons dues au titre des Réparations.

L'occupation de la Ruhr fut accueillie avec une vive désapprobation en Grande-Bretagne, où l'opinion générale était qu'il serait vain d'user de contrainte armée pour obtenir la satisfaction d'exigences économiquement « impossibles ». En France, bien que la décision hardie de M. Poincaré rencontrât une assez sérieuse opposition, on continuait en général à penser que ce qui faisait défaut à l'Allemagne, c'était non pas les moyens, mais la volonté de payer. Cette situation sans issue se prolongea toute l'année, malgré une active correspondance diplomatique entre les deux pays.

En Allemagne, cela va sans dire, la colère fut générale. Le gouvernement et les industriels organisèrent activement une campagne de « résistance passive », qui fut marquée par des grèves et des actes de sabotage. Cette attitude amena une série de conflits avec les autorités d'occupation et conduisit à des mesures de coercition, jusques et y compris l'expulsion, en Allemagne non occupée, d'un certain nombre de récalcitrants. La vie économique de la Ruhr fut désorganisée jusqu'à ce qu'une mission franco-belge d'ingénieurs (la MICUM) prît en main l'administration des transports et de la production. En septembre 1923 le gouvernement allemand abandonna sa politique de résistance passive et conclut avec la MICUM un accord pour la reprise de la production et de certaines livraisons en nature.

On a souvent voulu voir, dans le faible rendement matériel de l'occupation de la Ruhr, la preuve qu'en ce qui concerne les affaires économiques « on ne peut rien asseoir sur la force ». L'expérience de l'Europe depuis 1939 a peut-être de quoi nous faire changer d'avis; car il est illusoire de raisonner comme si l'« Ordre nouveau » des Allemands avait « échoué » devant la résistance des peuples de l'Europe. Il est vrai que si ces peuples n'avaient pas résisté, la tâche de l'Allemagne aurait été plus facile; mais quand échouera « l'Ordre Nouveau », ce sera parce que l'Allemagne aura été vaincue par une force supérieure, et le dur effort qu'il aura fallu pour amener cette défaite est la mesure du succès avec lequel l'Allemagne a employé la force pour « asseoir » sa domination sur l'Europe. Si l'occupation de la Ruhr ne réussit qu'en partie, ce fut parce que la politique de coercition suivie par la France, n'était en comparaison de l'« Ordre Nouveau » allemand, qu'une tentative bien molle, et aussi parce qu'il n'y avait pas d'accord entre les Alliés. Si cet accord avait existé, il n'aurait même pas été nécessaire de faire appel à la force.

C'est aussi un sentiment très répandu en Angleterre que l'occupation de la Ruhr — point culminant d'une longue série d'efforts pour imposer coûte que coûte l'application du Traité — précipita l'anéantissement du mark et l'« effondrement » de l'économie allemande. L'opinion publique anglaise y vit l'entière confirmation de la thèse de Mr. Keynes : les exigences des Alliés, au titre des Réparations, étaient irréalisables, et en essayant d'obtenir satisfaction, on ruinerait infailliblement l'Allemagne et l'Europe tout entière.

On a souvent attribué la dépréciation du mark allemand à l'effet défavorable des paiements de réparation sur le cours du change allemand. Il est indéniable qu'en régime de monnaie-papier et même en l'absence de toute inflation intérieure, l'effort excessif imposé à la balance des paiements par le versement à l'étranger de sommes considérables aurait affecté la parité des changes. Mais tout d'abord, cette dépréciation à l'extérieur n'aurait pas agi directement sur le pouvoir d'achat du mark à l'intérieur, si l'accroissement du volume des billets en circulation ne s'était poursuivi simultanément, et elle se serait arrêtée dès qu'un nouvel équilibre se fût établi. La dépréciation extérieure pouvait sans doute aller loin, si les paiements étaient très importants; toutefois on ne saurait soutenir sérieusement que le paiement de *moins de deux milliards de marks* — car c'est tout ce que l'Allemagne versa en espèces de 1919 à la fin de 1923, — ait pu avoir cet effet [1].

Les dépenses faites au titre des Réparations ajoutèrent au déficit budgétaire que l'inflation avait pour objet de couvrir; dans ce sens, il est exact que les Réparations contribuèrent à l'inflation allemande. Mais, comparées aux autres dépenses, celles des Réparations étaient faibles. Avant la signature du Traité, le déficit atteignait déjà environ dix milliards de marks-or; de 1920 à 1923, l'ensemble des déficits totalisait quelque 18,7 milliards, tandis que toutes les dépenses résultant du Traité représentaient 6.450 milliards [2]. Comme dans tous les pays belligérants, l'inflation monétaire avait commencé pendant la guerre; en octobre 1918, le volume de la circulation fiduciaire était déjà quatre fois et demi plus grand qu'en 1914. A partir de 1919 la chute du mark fut continue. En juillet 1922, quand eurent cessé tous paiements en espèces au titre des Réparations, la parité était d'environ 500 marks pour un dollar. C'est à partir de ce moment, et particulièrement en 1923, époque où le gouvernement allemand soutint la « résistance passive » par une

1. Les livraisons en nature, — exportations sans paiements en contre-partie, — affectaient sans doute aussi la balance des paiements, même sans donner lieu à des opérations sur le marché des changes; mais si la balance des paiements devint alors lourdement passive, c'est parce que l'Allemagne continuait à importer sans frein, — ce qui n'aurait pas eu lieu si les effets ordinaires de la dépréciation par transferts avait été seuls à se faire sentir, et ce qui montre qu'on n'empêchait pas l'Allemagne de satisfaire ses besoins en vivres et en matières premières.

2. Voir C. BRESCIANI-TURRONI : *The Economics of Inflation,* p. 93.

émission massive de billets, que la chute du mark s'accentua jusqu'à atteindre, en novembre 1923, la parité de 4.200.000.000.000 pour un dollar. La monnaie allemande fut alors stabilisée au taux de mille milliards de marks pour 1 « rentenmark ». Ainsi l'inflation allemande, dont le début était antérieur à tout paiement de réparations, atteignit ses proportions les plus fantastiques après que ces paiements eurent pris fin.

La cause essentielle de la dépréciation du mark, ce fut l'inflation, maladie dont tous les pays de l'Europe eurent à souffrir, en conséquence de la guerre, et dont les effets pernicieux ont été brillamment décrits par Mr. Keynes [1]. Les vainqueurs n'en furent pas exempts : le mark perdit plus de 99,9 % de sa valeur, mais le franc français finit par perdre plus de 80 % de la sienne. Ainsi, l'inflation pouvait se produire même là où il n'y avait pas de Réparations. D'autre part, même si les Réparations avaient été payées intégralement, il aurait été possible d'éviter l'inflation. A partir de 1933, l'Allemagne put accroître considérablement ses dépenses publiques sans beaucoup déprécier sa monnaie, grâce à une politique fiscale énergique, à des emprunts forcés et au contrôle des changes. Des mesures semblables auraient pu empêcher l'inflation de se produire en Allemagne après 1919. La stabilisation du mark, opérée en 1923, *pendant l'occupation de la Ruhr*, réussit pleinement. Elle aurait pu être effectuée tout aussi aisément avant cette époque si le gouvernement allemand avait été prêt à enrayer l'émission des billets.

Ceci dit, l'anéantissement du mark fut indubitablement une catastrophe; les classes moyennes allemandes furent réduites à la misère, et le déséquilibre social qui en résulta ne fut certes pas étranger au succès du National-Socialisme, quelques années plus tard. Mais tandis que l'inflation affectait la distribution de la richesse, elle ne détruisait pas la richesse nationale, prise dans son ensemble. Même

1. *E.C.P.*, pp. 220 et suiv. *C.E.P.*, pp. 189 et suiv.

en admettant que, malgré l'accroissement de capital représenté par les progrès de l'équipement industriel pendant cette période, la structure de l'économie allemande fût bouleversée, il est clair que l'Allemagne ne fut pas sérieusement appauvrie par l'inflation. On nous parle souvent de l' « effondrement » de l'économie allemande. Qu'entend-on au juste par « effondrement » ? Il est permis de se le demander. L'effondrement d'une banque — d'une entreprise commerciale — même des finances d'un Etat, voilà des expressions qui ont un sens très précis, comme s'en aperçurent à leur dam les porteurs de bons d'Etat allemands. Mais tant que les ressources physiques du pays restent intactes, et même si sa vie économique subit les plus graves perturbations, il ne convient pas de parler d'un « effondrement » de son économie nationale. Un an après l'anéantissement du mark, le revenu réel du peuple allemand était déjà 97 % de ce qu'il avait été en 1913, et son épargne atteignait une valeur représentant à peu près le triple de sa capacité maximum de paiement, telle que l'évaluait Mr. Keynes. Quelle sorte d' « effondrement » est-ce donc, que celui auquel succède immédiatement la prospérité ?

II. — *Le plan Dawes.* — En décembre 1922, le Secrétaire d'Etat américain Hughes avait suggéré que, si les diplomates n'aboutissaient pas, la tâche de trouver une solution fût confiée à des experts financiers de différents pays; il ajoutait que des Américains seraient certainement disposés à participer à leurs travaux. Cette proposition fut renouvelée par le président Coolidge en octobre 1923. Et en novembre, la Commission des Réparations annonça sa décision de créer deux commissions d'experts, « chargés d'étudier, conformément à l'article 234 du Traité de Versailles, les ressources et la capacité de paiement de l'Allemagne ». L'une examinerait « le moyen d'équilibrer le budget et les mesures prises pour stabiliser la monnaie »; l'autre,

« le moyen d'évaluer le montant du capital exporté et de le ramener en Allemagne ».

Les deux Commissions déposèrent leurs rapports en avril 1924. La première, que présidait avec bonne grâce le général Charles G. Dawes, proposait que la monnaie allemande fût stabilisée sur une base or, et fixait le montant des paiements qu'elle jugeait compatibles avec l'équilibre du budget. Pour les deux premières années, les annuités devaient être respectivement d'un milliard et de 1.220 millions de marks; pendant une période de transition, elles devaient passer progressivement de 1.200 millions à 1.750 millions; la cinquième année, il y aurait un paiement de base de 2.500 millions; et par la suite les paiements pourraient être augmentés selon un index montrant les fluctuations de la prospérité de l'Allemagne. Le plan, nous l'avons vu, retenait le principe que les charges fiscales de l'Allemagne devaient être comparables à celles de ses créanciers. Son application était confiée à une commission de contrôle (pour les chemins de fer, pour certaines valeurs hypothécaires [1], certains revenus placés sous l'administration de l'Etat), commission fonctionnant sous l'autorité d'un Agent général de Paiement des Réparations.

La plus grande innovation du plan était sa solution du problème des transferts. « Il y a, lisait-on dans le rapport, une différence importante entre la capacité fiscale de l'Allemagne et sa capacité de transférer des biens à l'étranger. » Une commission des transferts était donc instituée, pour parer aux dangers que des paiements excessifs pourraient faire courir à la stabilité de la monnaie; les annuités devaient être payées en marks et versées par le gouvernement allemand au compte de l'Agent général des Paiements à la Reichsbank, et la commission, composée de « cinq personnes spécialisées dans les questions de finances et de changes étrangers », devait décider des sommes qu'on pourrait transférer en devises étrangères sans mettre la mon-

1. En anglais : *Industrial debentures* (N. d. T.).

naie allemande en danger. La Commission Dawes recommanda aussi qu'un emprunt de 800 millions de marks fût consenti à l'Allemagne pour lui permettre d'établir sur de nouvelles bases sa Banque d'Emission et son système monétaire.

Le rapport Dawes est généralement considéré comme un document remarquable, et ce fut aussi, au premier abord, l'opinion de Mr. Keynes. « L'Allemagne, écrivait-il, ne peut guère s'attendre à des conditions plus favorables... Si le plan est mis en œuvre avec compétence et avec bonne foi, il paraît devoir protéger l'Allemagne contre les risques d'oppression et de ruine... Le rapport est la plus éminente contribution qui ait été apportée jusqu'ici à la solution de cet impossible problème. Il témoigne d'un esprit nouveau et de conceptions nouvelles. Bien qu'il tente un compromis avec l'impossible, bien qu'il envisage l'impossible, il ne prescrit jamais l'impossible. Il se peut que ces façades et ces ornements ne soient destinés à voir le jour sur aucun édifice. Mais c'est un document honorable et qui ouvre un nouveau chapitre[1]. » Le mérite du plan, à ses yeux, c'est que même si les demandes présentées à l'Allemagne se révélaient excessives, il stipulait lui-même les sauvegardes nécessaires « dans l'éventualité où les prévisions optimistes seraient démenties par les faits ».

Les propositions du rapport Dawes devinrent la substance des accords qui intervinrent quelques mois plus tard entre l'Allemagne et ses créanciers. Cette fois, l'Allemagne n'agissait sous la menace d'aucun ultimatum et l'accord fut librement conclu. Mais dans l'intervalle, et sans qu'on s'en explique la raison, Mr. Keynes avait changé d'opinion. Premièrement le plan, malgré l'emprunt, n'accordait pas à l'Allemagne le répit dont elle avait besoin pour reconstituer son fonds de roulement. En second lieu « le plan Dawes prétend établir un régime qui

1. *The Experts' Report :* I. Le Rapport Dawes ; *The Nation and Athenaeum,* 12 avril 1924, pp. 40-41.

n'est compatible ni avec la civilisation ni avec la nature humaine. Il impose au système bancaire, à l'organisation des transports et à la fiscalité de l'Allemagne un contrôle étranger dont l'objet sera de faire rendre au peuple allemand jusqu'à sa dernière goutte de sueur... Jamais on n'obtiendra de l'Allemagne d'autres réparations que les sommes modérées, rentrant facilement dans ses moyens, qu'elle paiera de bon gré. Le plan Dawes prétend aller au delà. Donc, il échouera [1] ».

Le plan Dawes fonctionna à la perfection. Pendant les cinq années suivantes, les annuités furent payées régulièrement et transférées aux créanciers sans aucune difficulté. Mais un facteur nouveau était intervenu : les emprunts massifs et continus de l'Allemagne à l'étranger.

Dès la stabilisation du mark en 1924, les capitaux étrangers se déversèrent sur l'Allemagne. De 1924 à 1930, les importations de capitaux à long terme atteignirent plus de 9 milliards de marks, et les crédits à court terme environ 12 milliards. A ces sommes il faut ajouter les placements directs en valeurs allemandes mobilières et immobilières, etc. Un rapport de décembre 1931 établissait que d'après les chiffres fournis par les autorités allemandes, il y avait alors en Allemagne près de 30 milliards de marks de capitaux étrangers [2]. Toutefois, cette somme ne représente pas l'entrée nette de capitaux en Allemagne, car une certaine quantité de capitaux fut aussi exportée d'Allemagne pendant la même période. On calculait en août 1931 que l'entrée nette, de 1924 à 1930, avait été d'envi-

1. *The Dawes Scheme and the German Loan : Nation and Athenaeum,* 4 octobre 1924. Mr. Keynes ne croyait pas que l'organisation du contrôle eût été conçue dans un esprit d'oppression, mais plutôt pour achever de démontrer que « quand se produirait l'écroulement, toutes les précautions possibles auraient été prises, cet écroulement n'étant donc pas dû à autre chose qu'à l'impossibilité foncière de la tâche assignée ».

2. Rapport du Comité consultatif du Plan Young (Voir *The Economist,* Supplément, 2 janvier 1932).

ron 18 milliards [1]. Cela correspond d'assez près à l'évaluation donnée plus haut [2] du passif total de la balance des paiements allemands pendant cette période; et cela explique pourquoi, à l'époque où l'Allemagne payait des réparations, cette balance était constamment *passive*. En d'autres termes, l'importation nette de capitaux étrangers en Allemagne pendant la durée du plan Dawes fut de plus du double de ses versements au titre des réparations, et le chiffre brut des importations dépassa le triple des versements.

C'est pour cette raison que les mesures éventuelles de précaution prévues par le plan Dawes en matière de transferts n'eurent jamais à jouer : le gouvernement allemand eut toujours à sa disposition un excédent considérable de change étranger, et la stabilité du mark ne fut jamais menacée. Mais en même temps, les emprunts avaient pour résultat d'ajourner le problème final des paiements allemands. C'est littéralement l'argent des prêteurs étrangers qui a payé les Réparations, ce n'est ni l'épargne du peuple allemand, ni les impôts qu'il a versés.

Il n'est donc pas surprenant que l'Allemagne ait montré pendant cette période tant de signes de prospérité. Nous avons déjà noté l'accroissement de son revenu national. La proportion absorbée par les paiements de réparations est indiquée ci-dessous.

Années	Revenu national (milliards)	Paiements de réparations (milliards)	Proportion (%)
1925....	59,9	1.1	1.8
1926....	62,6	1.3	2.1
1927....	70.7	1.8	2.5
1928....	75.4	1.8	2.4
1929....	75.9	2.5	3.3
1930....	70,2	1.6	2.3

1. Voir C. R.-S. HARRIS : *Germany's Foreign Indebtedness,* Londres, 1935, pp. 8-9.
2. Voir ci-dessus, p. 196.

Ainsi le fardeau le plus lourd qui ait été imposé à l'Allemagne par le plan Dawes représentait 3,3 % de son revenu national. Tel était le système qui devait « faire rendre au peuple allemand jusqu'à sa dernière goutte de sueur ».

Il est inutile de nous étendre longuement sur l'enrichissement de l'Allemagne pendant cette période. Les signes en étaient manifestes à tous les voyageurs étrangers et persistèrent même au delà de la crise économique de 1929-1933 [1]. En 1930, la valeur totale des bâtiments construits en Allemagne depuis 1924 était estimée à plus de 40 milliards de marks, soit plus de cinq fois le montant des paiements effectués au titre des Réparations pendant la même période [2]. En même temps, la consommation s'accroissait sans cesse et, en 1926, Mr. Keynes exprimait l'opinion que l'ouvrier allemand avait déjà « à peu de chose près retrouvé son salaire réel d'avant guerre [3] ».

Mr. Keynes revint plusieurs fois avec insistance sur l'idée qu'on ne faisait ainsi que remettre la solution du véritable problème. « Les Réparations et les dettes interalliées, écrivait-il en 1926, sont réglées principalement en papier et non en marchandises. Les Etats-Unis prêtent de l'argent à l'Allemagne, l'Allemagne en transfère l'équivalent aux Alliés, les Alliés le reversent au gouvernement des

1. « Explorez en tous sens l'océan de maisons de Berlin ou l'immense région avoisinant le port de Hambourg, vous n'y trouverez pas un quartier insalubre (*slum*), ni rien qui y ressemble », écrivait un journaliste américain, rapportant ses impressions d'arrivée en Allemagne en 1936. (HOWARD K. SMITH, *Last Train from Berlin*, New-York, 1942, p. 9.) Il faut voir ici non le résultat d'une politique des logements du régime national-socialiste, qui n'était là que depuis trois ans, mais l'héritage des jours fortunés de la République de Weimar, c'est-à-dire de l'époque de Versailles.

2. Evaluation de l'*Institut für Konjunkturforschung*. Voir Rapport de l'Agent Général des Paiements, 21 mai 1930.

3. *Germany's Coming Problem : The Prospect of the Second Dawes Year. Nation and Athenaeum*, 6 février 1926, p. 636.

Etats-Unis. Rien, en fait, n'est déplacé, — cela ne fait tort d'un sou à personne[1]. » Mais qu'arriverait-il le jour où cesseraient les emprunts étrangers ? C'était là toute la question, et, pour cette raison, il est exact que les paiements effectués en vertu du plan Dawes ne constituaient pas la preuve que ce système était capable de fonctionner. Mais, comme nous l'avons déjà constaté, il suffit de considérer le montant net des capitaux *importés* en Allemagne pendant cette période pour voir que l'on pouvait effectuer des transferts importants sans porter préjudice ni au pays exportateur, ni au pays importateur de capitaux; car l'Allemagne ne se plaignit pas, à cette époque, que l'afflux de capitaux risquât d'amener « des perturbations » dans son équilibre économique. Au contraire, quand prirent fin les prêts à long terme en 1929, elle continua d'emprunter à court terme et pendant la crise, alors prochaine, elle ne cessa de réclamer des emprunts, toujours des emprunts.

III. — *Le plan Young et la fin des Réparations.* — Le plan Dawes avait été conçu comme une solution provisoire. Il laissait intacte la question de la dette totale de l'Allemagne, qui en principe restait telle que l'avait fixée l'Etat de Paiement de 1921, c'est-à-dire correspondant à une somme que les annuités Dawes n'auraient jamais suffi à couvrir. En 1929, les créanciers se réunirent de nouveau et, après une série de négociations qui aboutirent aux accords de La Haye, ils adoptèrent le plan d'une nouvelle Commission d'experts, présidée par Mr. Owen D. Young.

Le plan Young devait être la solution finale de la question des Réparations. Il réduisait encore considérablement les obligations de l'Allemagne. Tout en ne stipulant que des paiements annuels, sans fixer expressément la valeur en capital de la dette, il permettait d'estimer la *valeur actuelle* des cinquante-neuf annuités prévues à 37 milliards de marks environ; les annuités, qui étaient dues jus-

1. *The Nation and Athenaeum,* 11 septembre 1926.

qu'en 1988, variaient avec le temps et totalisaient 121 milliards. Le plan comportait une autre innovation : le système de protection des transferts était modifié : c'était à l'Allemagne de trouver elle-même ses devises étrangères, mais une certaine fraction de chaque annuité, dite fraction « conditionnelle », pouvait bénéficier d'un délai si les circonstances l'exigeaient. D'autre part, un nouvel emprunt, d'un montant de 1.200 millions de marks cette fois, était consenti à l'Allemagne. La Commission des Réparations, tombée dans l'oubli depuis 1924, était définitivement supprimée, et tous les paiements à l'avenir devaient être effectués par l'intermédiaire de la Banque des Règlements Internationaux, à laquelle étaient aussi confiées l'administration et la « commercialisation » de la dette allemande.

Le plan Young fut de courte durée. Lors des discussions préparatoires des experts, la grande crise économique avait déjà commencé. Elle grandit en violence en 1930 et en 1931. Les prix tombèrent, la production se ralentit, le chômage s'accrut dans le monde entier. En Allemagne ses effets furent particulièrement sévères. A la fin de 1931, l'index de la production était tombé de 100 à 66, autrement dit un tiers de la vie industrielle de l'Allemagne s'était arrêté. Le nombre des chômeurs (y compris le chômage partiel) atteignit cinq millions. En mai 1931, la crise financière avait été déclenchée par la faillite du *Kredit Anstalt* autrichien. Le retrait des crédits étrangers prit des proportions inquiétantes et en 1931 la balance des paiements se renversa brusquement, accusant un excédent net de 2,3 milliards de marks. En juin, la Reichsbank dut faire face à des retraits de 200 millions par semaine en moyenne et la Bourse s'affaissa rapidement. Le 29 juin, le Président Hoover rendit publique sa proposition de moratoire, applicable pour un an aux Réparations et à toutes les dettes interalliées. Les négociations furent assez laborieuses: la France ayant reçu après tant de réductions successives l'assurance formelle que le plan Young était *le règle-*

ment définitif et que la partie inconditionnelle de l'annuité ne subirait jamais aucune remise, ne se prêtait pas volontiers à une nouvelle revision qui ne présageait rien de bon; mais finalement le moratoire fut accepté par tous les intéressés. Les paiements de réparations furent suspendus. C'était pour ne jamais reprendre.

Il apparut donc qu'aussitôt que l'Allemagne cessait de recevoir des emprunts étrangers, la crise devenait inévitable.

Le renversement de la balance des paiements ne témoignait certes pas d'une « forte résistance interne »; mais, bien que ce renversement ne fût évidemment pas *impossible,* il se produisit si violemment qu'il provoqua une catastrophe dans l'économie nationale allemande, et même dans le monde financier tout entier; de sorte qu'aux yeux du public, les prémonitions de Mr. Keynes furent une fois de plus « confirmées ».

A n'en pas douter, la gravité de la crise financière pouvait justifier la suspension des paiements de réparations. Cependant la thèse que la crise de 1931 avait pour cause principale les paiements de réparations, ou montrait l'*impossibilité* de ces paiements à l'avenir, ne soutient guère l'examen.

La crise de 1931, fut essentiellement un « run » sur les banques allemandes et dans une grande mesure une fuite devant les banques [1]. L'effort excessif imposé à la structure financière et à la balance des paiements de l'Allemagne était dû non seulement au retrait des crédits étrangers, mais aussi à la fuite massive des capitaux privés allemands. En août 1931, on évaluait le montant des avoirs allemands à l'étranger à plus de 9 milliards [2], auxquels il faut ajouter les capitaux à court terme dont l'exportation, depuis le début de la crise, avait pris de grandes proportions. En comparaison de cette somme, ou même de sommes bien moindres, les 800 millions

1. Dans le texte anglais : « *a run on the German Banks and, to a large extent, a run away from them* ».
2. Evaluation de la Commission Wiggin.

payés au titre des Réparations pendant le premier semestre de 1931 ne donnent pas l'impression d'avoir été le facteur dominant de la crise. Si le gouvernement allemand avait institué un sévère contrôle des changes, la répercussion sur la balance des paiements aurait été moins grave. Mais les mesures prises à cette époque — y compris le relèvement du taux de l'escompte — étaient absolument insuffisantes. Les capitaux allemands furent laissés libres de s'enfuir à l'étranger, et y trouvèrent un refuge d'où ils revinrent commodément plus tard, du moins en partie, car les pays de refuge ne mirent aucun obstacle à leur retour. D'autre part, tous les crédits étrangers en Allemagne furent « gelés »; les retraits étant interdits, la stabilité du mark se trouva ainsi assurée. Prises plus tôt, ces mesures auraient arrêté la fuite des capitaux. A partir de 1933 le gouvernement allemand employa, non sans succès, le contrôle des changes pour édifier son économie de guerre; mais sa répugnance à appliquer cette méthode dans le seul but d'assurer le paiement des réparations est parfaitement compréhensible.

La paralysie, qui fut de courte durée, du système financier allemand, ne prouve pas qu'il y eut « effondrement » de l'économie nationale. Toutes les époques ont connu des crises financières, et le moratoire de 1931 différait plutôt par sa gravité que par sa nature des méthodes employées par la Cité de Londres pour surmonter les crises périodiques du XIXe siècle. Il ne différait guère non plus des mesures qu'avait prises en 1933 le gouvernement des Etats-Unis, en fermant toutes les banques et en abandonnant l'étalon-or. Dans tous ces cas, la situation économique se rétablit plus ou moins rapidement. La Commission Consultative spéciale du Plan Young, convoquée en décembre 1931 pour envisager les mesures à prendre, avait été bien inspirée en déclarant que « malgré le caractère exceptionnel de la crise actuelle, il n'y a pas d'exemple, dans l'histoire économique, d'une crise, si grave fût-elle, qui n'ait été suivie par des périodes de stabilité et de prospérité... Dans les dernières années, l'Allemagne s'est pourvue d'un équipement économique immense et puissant, capable d'une production considérable. Le resserrement des marchés et la chute des prix l'ont empêchée de faire donner à cet équipement tout son rendement. Aujourd'hui, par la force des choses, son activité industrielle est réduite mais, bien qu'il soit impossible de dire à quelle date elle retrouvera une stabilité qui reste précaire pour le moment, il n'en est pas moins certain qu'à l'aide des mesures préconisées ici, cette stabilité sera finalement rétablie... »

Par conséquent, se baser sur la crise pour conclure à l'impossibilité définitive du paiement des réparations, ce serait le comble de « l'imposture en fait de raisonnement financier ».

Il est inutile de retracer ici les négociations qui aboutirent en juillet 1932, aux accords de Lausanne. Les Réparations furent définitivement abolies. L'Allemagne remettait à la Banque des Règlements Internationaux des bons d'une valeur totale de trois milliards de marks dont l'émission ne devait pas avoir lieu avant trois ans; au bout de quinze ans, les bons invendus seraient annulés, quel qu'en fût le montant. Si quelqu'un de mes lecteurs s'intéresse à ce genre de placement je suis certain que la Banque se fera un plaisir — pendant qu'il en est encore temps — de lui vendre tous les bons qu'il voudra, jusqu'à trois milliards de marks, avec les meilleurs compliments du Dr Hjalmar Schacht.

Ainsi finirent les Réparations. L'examen des paiements que fit réellement l'Allemagne sera l'épilogue approprié de leur mélancolique histoire.

IV. — *Les Comptes des Réparations.* — Selon les livres de la Commission des Réparations, le total des paiements allemands, de 1918 à 1931, fut de 21 milliards de marks environ ; d'autre part, le gouvernement allemand affirmait, par un communiqué publié en 1932, avoir payé environ 68 milliards. Le détail de ces comptes peut être commodément résumé comme suit [1] :

	Commission des Réparations	Gouvernement Allemand
	Millions de Marks-or	
I. Paiements effectués entre le 11 novembre 1918 et le 31 août 1924...	9.637,8	42.059,0
II. Paiements du Plan Dawes	7.553,2	7.993,0
III. Paiements du Plan Young	2.800,0	3.103,0
IV. Autres paiements.	778,0	14.608,0
Total	20.769,9	67.673,0

L'Allemagne prétendait donc avoir payé plus du triple des sommes portées à son crédit dans les livres de la Commission des Réparations. Comment s'explique une divergence aussi fantastique? N'est-il pas évident, a-t-on dit, que même si l'on admet une part d'exagération du côté allemand, la Commission des Réparations qui représentait les créanciers alliés et ne pouvait donc être un organisme véritablement impartial, penchait du côté de son propre intérêt?

Examinons la nature de ces divergences. Dans le cas des paiements effectués selon les plans Dawes et Young, la différence n'est pas grande, mais elle mérite qu'on s'y arrête; elle représente la valeur du service des emprunts Dawes et Young. Autrement dit, après avoir employé le produit des emprunts pour les premiers versements de réparations (ou pour la stabilisation de sa monnaie) le gouvernement allemand faisait figurer une seconde fois l'in-

1. Pour plus de détails, voir *Le Temps,* 13 février 1932, et M. Antonucci, *Le Bilan des Réparations et la Crise Mondiale,* Paris, 1935, pp. 424 et suiv. Borsky, ouvrage cité, p. 45.

térêt de ces emprunts comme paiement des réparations. La principale différence provient des autres paiements. Tout d'abord, le gouvernement allemand faisait entrer en ligne de compte un certain nombre d'articles que la Commission ne retint même pas. C'est ainsi qu'il comptait comme livraison au titre des Réparations la valeur des navires allemands saisis pendant la guerre. Il comptait sous la rubrique « destruction de matériel de guerre », une somme de 8,5 milliards, qui comprenait la flotte sabordée à Scapa-Flow. Il comptait pour 1,2 milliard la valeur du travail accompli par les prisonniers de guerre allemands ; mais sans faire figurer au passif le travail d'un nombre beaucoup plus élevé de prisonniers de guerre alliés et des civils déportés en Allemagne pendant la guerre. Enfin, il portait en compte, pour 3,5 milliards, les sommes dépensées pour le « désarmement industriel ». On s'étonne seulement que l'ensemble des dépenses de guerre de l'Allemagne n'ait pas été compris dans les paiements de réparations.

Reste la divergence la plus importante, celle qui se manifesta au sujet des paiements effectués entre l'armistice et la mise en vigueur du plan Dawes. Comme c'étaient presque exclusivement des versements en nature (il n'y a guère de contestation quant aux versements en espèces, dont le montant total fut d'environ 1,7 milliard), on se trouva en face d'un difficile problème d'évaluation. Les discussions infinies auxquelles donna naissance ce problème sont, à mon sens, un des arguments les plus forts qu'on puisse invoquer contre le système des paiements en nature, et l'un des meilleurs exemples des dangers inhérents à tout système d'échange qui prétend se passer du lubrifiant que constitue la monnaie. Il est possible et même probable que la valeur réelle, pour les Alliés, de ces livraisons fut en plusieurs cas inférieure au sacrifice qu'elles représentaient pour l'économie allemande, et nous nous sommes déjà associé à cet égard aux critiques adressées par Mr. Keynes aux clauses du

Traité de Versailles relatives aux biens privés allemands. Mais, même en tenant compte de ce facteur, les exagérations de l'Allemagne restent patentes.

C'est ainsi que la valeur de la flotte marchande fut estimée par la Commission des Réparations à 711,5 millions de marks, et par le gouvernement allemand à 3.426 millions. Il semble que l'évaluation de la Commission elle-même était excessive, car Helfferich avait estimé la flotte marchande tout entière, avant 1914, à un milliard de marks; et ce qui fut livré en exécution du Traité représente la moitié de ce tonnage. On peut ajouter que la somme par laquelle le gouvernement indemnisa les armateurs allemands (550 millions de marks) était encore inférieure au crédit indiqué par la Commission des Réparations. Ceci n'empêcha pas la flotte marchande allemande de s'accroître de 2.800.000 tonnes au cours des deux années suivantes.

De même la rubrique des biens de l'Etat et des communes dans les territoires transférés fut portée en compte par le gouvernement allemand pour une somme représentant plus du triple de l'estimation de la Commission des Réparations (9.670 contre 2.780 millions). Le cas des mines de la Sarre est particulièrement intéressant. Helfferich les avait évaluées à 300 millions de marks avant la guerre; la Commission adopta ce chiffre, le gouvernement allemand donna celui de 1.018 millions ; mais après le plébiscite de la Sarre, le gouvernement allemand qui, d'après le Traité, devait rembourser en or au gouvernement français la valeur des mines, offrit une somme de 900 millions de francs, soit environ 150 millions de marks — somme qui, bien entendu, fut acceptée. On pourrait multiplier les exemples[1]. En l'absence de toute preuve du contraire, il me paraît donc justifié d'adopter la con-

1. On les trouvera, avec maints détails instructifs, dans l'étude de Borsky, citée plus haut. V. aussi M. Antonucci, ouvrage cité, pp. 424 et suiv. Comme source allemande, voir Heinecke, *No More Reparations* 1932, pp. 23-26.

clusion de Mr. Borsky, que le tableau dressé par la Commission des Réparations était véridique dans son ensemble et que les évaluations allemandes étaient « non seulement une exagération caractérisée, mais encore une tentative pour couvrir toute cette affaire de ridicule devant l'opinion mondiale, et aveugler ainsi son sens critique[1] ». Cette tentative remporta un plein succès.

Il est donc intéressant de se demander quelles furent les véritables charges qui pesèrent sur l'Allemagne pendant cette période. Nous avons vu déjà qu'après 1924 l'Allemagne emprunta à l'étranger environ 30 milliards de marks. Mais ce n'est pas tout. Avant 1923, des acheteurs étrangers acquirent des quantités considérables de billets de banque et de crédits allemands, alors que le change allemand tombait rapidement, dans l'attente ingénue que le mark remonterait un jour au pair. On estimait en 1924 que la vente de billets et de créances en marks avait rapporté à l'Allemagne un bénéfice de 7,6 à 8,7 milliards de marks. « Ce que l'Allemagne paraît avoir payé en réparations, notait à ce moment Mr. Keynes, équivaut à peu près à ce que l'étranger lui a versé en échange de marks sans valeur... Un million d'étrangers, nous dit-on, ont acquis des créances sur des banques allemandes et chacune de ces opérations a coûté en moyenne à celui qui l'effectuait £ 400. Ce sont ces malins

1. Borsky, ouvrage cité, p. 53. H. G. Moulton et C. E. Mac Guire, qui firent en 1923 une intéressante analyse du problème de l'évaluation, arrivèrent à la conclusion que l'estimation de la Commission des Réparations était trop basse (moins pourtant que ne le prétendait l'Allemagne) et que la valeur des charges supportées par l'Allemagne (qu'il faut distinguer de la valeur, pour les Alliés, des paiements allemands) de 1918 à 1923, atteignait 25.791 millions de marks. (V. de ces auteurs : *Germany's Capacity to pay*, New-York, 1923.) Ce chiffre fut adopté alors par Mr. Keynes (*How much has Germany paid ? Nation and Athenaeum,* 27 octobre 1923). Toutefois, en l'absence d'une justification détaillée, produite pour chaque catégorie par les comptes en question, il n'y a pas de raison d'accepter ce total plutôt que celui de la Commission.

personnages qui ont payé la note jusqu'à présent[1]. » Donc, pas un sou n'avait été réellement payé par l'Allemagne jusqu'en 1924. Restent les emprunts consentis à l'Allemagne après cette date. La quasi-totalité de ces placements fut perdue par suite des manquements allemands, plus ou moins échafaudés sur les moratoires bancaires, les accords de blocage, les accords de clearing et autres combinaisons de même farine, le tout grandement facilité par l'accompagnement en sourdine des suaves exhortations du Dr Schacht[2].

A vous mes pleurs, dit le Docteur,
A vous toute ma sympathie[3].

Mais, comme le personnage du conte, tout en pleurant sur ses victimes, l'Allemagne les avalait tranquillement. Et l'intérêt des emprunts fut acquitté en obus, en bombes, en balles de mitrailleuses, en torpilles et autres instruments de mort, sinon d'amortissement[4].

Et voilà comment de 1920 à 1931 l'Allemagne avait reçu de l'étranger, au total, 35 à 38 milliards de marks, pendant qu'elle en payait 21 milliards au titre des Réparations[5]. Tel fut le fardeau que lui imposa le Traité de Versailles.

1. *The Experts Report :* II. *The Mc Kenna Report, Nation and Athenaeum,* 19 avril 1924, p. 77.
2. « J'ai la plus grande compassion, dit le Dr Schacht, le 29 octobre 1934, pour les porteurs étrangers des titres d'emprunts allemands, qui, se fiant à ce qu'on leur avait dit dans leurs pays respectifs, crurent faire un bon placement en souscrivant à nos emprunts, et qui s'aperçoivent maintenant qu'ils ne toucheront pas d'intérêt. Pourtant je ne vois pas ce que nous pourrions faire pour eux, si ce n'est leur dire : on ne peut payer ses dettes que si l'on gagne de l'argent. »
3. D'après une poésie burlesque figurant dans le livre d'enfants universellement connu en Angleterre : *Through the looking glass.* de Lewis Caroll, suite de *Alice au Pays des Merveilles* (N. d. T.).
4. Texte anglais : *And other* sinking *funds* (N. d. T.).
5. Si nous admettons les calculs de Moulton et **Mc Guire pour la période 1918-1923, le total des paiements s'élèverait à un peu plus de 37 milliards.**

V

Aspect politique des Réparations.

Mr. Keynes avait prédit que les clauses du Traité relatives aux réparations ne pourraient être appliquées. Elles ne le furent pas, et cela valut à Mr. Keynes la gloire du prophète. Il est peut-être juste que d'autres partagent avec lui ces lauriers. Foch, par exemple, en termes non équivoques, avait exprimé à M. Klotz son opinion personnelle : « Avec le Traité que vous venez de signer, Monsieur, lui dit-il, vous pouvez être certain d'être payé en monnaie de singe. » Et Foch n'était pas le seul, en France ou ailleurs, à éprouver ce fâcheux pressentiment.

Les événements qui suivirent, nous l'avons vu, justifièrent certaines des préoccupations du Maréchal. Ici encore, il semble bien que ses appréhensions aient été justifiées. Les réparations ne dépassaient pas les limites des possibilités économiques. Pour les appliquer littéralement, il aurait fallu sans aucun doute obliger l'Allemagne à se serrer la ceinture jusqu'au dernier cran.

Pour avoir dit qu'il faudrait *presser l'Allemagne comme un citron et jusqu'à faire grincer les pépins*, Sir Eric Geddes fut désigné par Mr. Keynes à l'anathème de générations de pharisiens; on oublie trop que l'homme qui, malgré les préjugés administratifs, avait, par sa compétence et son énergie, surmonté quelques-unes des difficultés industrielles les plus dangereuses de la guerre, et pour y réussir, fait lui-même grincer les pépins du citron britannique, avait sans doute le droit de voir les limites de la possibilité financière sous un jour plus optimiste que bien d'autres. En fait, ce sont surtout les clauses relatives à l'intérêt de la dette qui paraissaient alourdir si fort le fardeau allemand; or le Traité donnait à la Commission tous pouvoirs pour réduire le taux de cet intérêt selon les circonstances. Clemenceau, lui-même, avait admis que les

Alliés pourraient être amenés à renoncer entièrement à cet intérêt. Les Réparations ne furent pas payées parce que l'Allemagne, et c'est bien naturel, n'avait nulle envie de les payer, et, ce qui n'est peut-être pas tout à fait aussi naturel, parce que les Alliés se montrèrent incapables de prendre ensemble les mesures indispensables pour obliger l'Allemagne à payer, ou ne voulurent pas le faire.

Tout se réduisit donc à une question d'opportunité politique.

Or l'opportunité, politique ou autre, n'est pas un facteur négligeable dans les affaires humaines, et il n'y aurait eu aucun déshonneur à en tenir compte ouvertement en élaborant la Paix. Ainsi, lorsque le projet de traité fut soumis à l'approbation finale du Cabinet britannique, c'est sur la question de l'opportunité que Mr. Lloyd George attira l'attention de ses collègues. Les conditions imposées à l'Allemagne, dit-il, « devaient avoir pour elles l'opportunité en même temps que la justice... Les Allemands étaient libres de soulever la question de la justice du Traité, mais quant à l'opportunité, c'est aux Alliés qu'il appartenait d'en juger et non aux Allemands.[1] » Et presque au même moment, Mr. Hoover évoquait la même question devant la délégation américaine :

Mr. Hoover : « Toute question de justice mise à part, où en est la question d'opportunité? »

Le Président Wilson : « En vue d'obtenir leur signature? C'est bien ce que vous voulez dire? »

Mr. Hoover : « En vue d'obtenir leur signature. Ce qui me frappe, c'est qu'il y a là quelque chose de plus important que la question de justice ou d'injustice, car il est bien difficile, à l'heure actuelle, de peser exactement le juste et l'injuste. »

Le Président Wilson : « C'est vrai, personne ne peut être certain d'avoir décidé selon la justice. Mais ne pensez-vous pas que si nous croyons le Traité juste, nous ne devons pas nous laisser guider par des considérations d'opportunité, car, après tout,

1. Lloyd George : *The Truth about the Peace Treaties,* I, p. 701.

nous ne pouvons pas abandonner ce pour quoi nous avons combattu. Nous pourrions bien être amenés à reprendre les armes pour le même objet. »

Mr. Hoover : « Mais nous envisageons l'opportunité sous différents aspects, n'est-ce pas ? Il pourrait être nécessaire de changer les conditions des réparations, afin d'obtenir quelque chose plutôt que de tout perdre. Et ce n'est pas une question de justice; la justice, à mon sens, exigerait qu'ils payent tout ce qu'ils ont pris... Mais, afin d'obtenir quelque chose, il peut être opportun d'employer telle ou telle méthode[1]. »

On pouvait concevoir l'opportunité comme exigeant que le poids des réparations ne fût pas trop lourd. Dans ce cas, Mr. Keynes avait montré en 1919 un sens robuste de l'opportunité politique. Pourtant si étrange que cela paraisse, c'est surtout l'absence complète du sens des nécessités politiques que les critiques reprochèrent d'abord à son livre. Mais ensuite ce sont ses adversaires que l'on blâma de leur soumission à l'opportunisme politique et de leur méconnaissance des lois économiques. Quelques années plus tard, Sir J. Stamp écrivait : « On pourrait distinguer la sagesse politique de la sagesse économique en disant que celle-ci ne peut manquer de triompher à la longue, mais qu'elle est trop dure et trop amère pour un monde qui reste attaché à ses désirs jusqu'à ce que la force des événements l'en arrache inexorablement. La sagesse politique peut conduire à ménager le sentiment public en lui administrant des doses de plus en plus faibles de ce qui lui plaît et des doses légèrement croissantes de ce qu'il lui faudra bien accepter... Si c'est là le sens de la sagesse politique, le livre de Keynes en était complètement dépourvu[2]. » On voit donc que la « nécessité politique » pouvait s'entendre de plus d'une façon.

1. R. S. Baker, ouvrage cité, vol. III, p. 501.
2. Sir Josiah Stamp : *The Economic Consequences of the Peace, Foreign Affairs,* octobre 1934, p. 106.

Je me suis efforcé pour ma part de montrer que les exigences du Traité de Versailles n'étaient pas économiquement impossibles. Quant à savoir si elles étaient *politiquement applicables*, c'est, bien entendu, une autre question. On pourrait soutenir que ce qui avait été réalisable en temps de guerre dans le domaine économique et financier ne l'était plus en temps de paix — qu'il était *politiquement impossible* aux Alliés d'obtenir satisfaction des Allemands par la contrainte. Nous avons vu, par exemple, que Mr. Keynes ne croyait pas qu'il fût du pouvoir du gouvernement allemand d'augmenter la durée de la journée de travail. Il craignait, en 1919, que des exigences excessives n'eussent pour effet de provoquer la révolution en Europe centrale. Il déclarait formellement qu'il existait des cas « où les intérêts particuliers et les revendications privées, si bien fondés qu'ils soient en sentiment et en justice, doivent céder à d'impérieuses raisons d'opportunité [1] ». Et, quelques années plus tard, il soutint que ni le recouvrement des dettes de guerre, ni la stricte application des Réparations ne serait, en fin de compte, « une politique sérieuse » [2].

Les Conséquences Economiques de la Paix n'étaient donc pas « entièrement dépourvues » du sentiment de la « sagesse politique ». Il était probablement impolitique de s'exposer au risque d'encourir le ressentiment de l'Allemagne, si l'on n'était pas prêt à y faire face. Il était certainement impolitique de ne pas tenir compte de ce fait indiscutable, que l'Allemagne possédait à un plus haut degré que ses victimes le pouvoir de créer des embarras aux vainqueurs. Mais on voit mal quelle différence morale essentielle sépare cette sagesse politique sur le plan international de la servilité de certains politiciens devant la passion de leurs électeurs, par exemple. Ce n'est que bien plus tard qu'on invoqua franchement le « réalisme » pour justifier la politique « d'apaisement » à l'égard de l'Allemagne.

1. *E.C.P.*, p. 89. *C.E.P.*, p. 85.
2. *R.T.*, p. 165. Voir *N.C.*, p. 172, l. 24-26.

Mais Mr. Keynes protesta alors, estimant que c'était là « fraterniser avec la vilenie » [1].

En 1919, à tort ou à raison, les Puissances Alliées et Associées ne crurent pas qu'elles feraient acte de sagesse politique en se prêtant à des compromis aux dépens de la Justice. « La Justice, disaient-elles dans leur Réponse à la Délégation allemande [2], est la seule base possible pour le règlement des comptes de cette terrible guerre. La justice est ce que la Délégation allemande demande et ce que cette Délégation déclare qu'on a promis à l'Allemagne. La justice, l'Allemagne l'aura. Mais il faut que ce soit la justice pour tous. Il faut que ce soit la justice pour les morts, pour les blessés, pour les orphelins, pour tous ceux qui sont en deuil, afin que l'Europe soit affranchie du despotisme prussien. Il faut que justice soit rendue aux peuples qui chancellent aujourd'hui sous un fardeau de dettes de guerre s'élevant à plus de 30 milliards de livres sterling et qu'ils ont accepté pour sauver la liberté. Il faut que justice soit rendue aux millions d'êtres humains dont la sauvagerie allemande a pillé et détruit les foyers, la terre, les vaisseaux, les biens.

« Voilà pourquoi les Puissances Alliées et Associées ont déclaré avec insistance que l'Allemagne, comme condition primordiale du Traité, doit entreprendre une œuvre de réparation jusqu'à l'extrême limite de sa capacité, car la réparation des torts qu'on a causés est l'essence de la justice... Quelqu'un doit souffrir des conséquences de la guerre. Qui doit souffrir ? L'Allemagne, ou seulement les peuples auxquels l'Allemagne a fait tort ?

« Ne pas rendre justice à tous ceux qui ont droit à la justice, ce serait laisser le monde exposé à de nouveaux désastres. Si le peuple allemand lui-même ou quelque autre nation doit être détourné de suivre les traces de la Prusse; si l'humanité doit être

1. Voir plus haut, p. 53.
2. Réponse des Puissances Alliées et Associées aux Remarques de la Délégation Allemande sur les Conditions de Paix, 16 juin 1919.

affranchie de la conviction qu'une guerre pour des buts égoïstes est permise à tout Etat; si les vieilles idées doivent être rejetées dans le passé, et si les Nations, comme les individus, doivent se ranger sous le règne de la loi, si même il doit, dans un avenir proche, être question de réconciliation et d'*apaisement*[1], ce sera parce que ceux qui ont la responsabilité de conclure la paix auront eu le courage de veiller à ce qu'il ne soit pas donné d'entorse à la justice pour le simple avantage d'une paix commode. »

Mais Mr. Keynes n'était pas satisfait. « Je ne puis laisser là cette question, écrivait-il, comme si on la traitait équitablement en ne tenant compte que de nos engagements, ou des seuls faits économiques. La politique qui consisterait à réduire à la servitude une génération d'Allemands, à abaisser le niveau de vie de millions d'êtres humains, et à priver de bonheur une nation tout entière, — cette politique serait odieuse et abominable, — odieuse et abominable, même si elle était possible, même si elle nous enrichissait, même si elle ne semait pas la ruine de toute la vie civilisée de l'Europe. Certains la prônent au nom de la Justice. Dans les grands événements de l'histoire humaine, dans le déroulement de la destinée complexe des nations, la Justice n'est pas si simple. Et le fût-elle, les nations ne sont autorisées, ni par la religion, ni par la morale naturelle, à faire retomber sur les enfants de l'ennemi les crimes de leurs parents ou de leurs maîtres[2]. » *Amen.*

Mais quelle devait être *l'alternative ?* Mr. Keynes pouvait-il nous apprendre le moyen de sauver les innocents ? *Delicta majorum immeritus lues...* Ce qui arriva, c'est que les crimes d'une nation retombèrent sur les enfants de ses victimes.

1. Italiques mises par l'auteur.
2. *E.C.P.*, pp. 209-210. Voir *C.E.P.*, p. 182.

CHAPITRE VI

L'EUROPE APRÈS LE TRAITÉ

Il est difficile de rester patient envers ceux qui, montrant la ruine économique causée par la Guerre, *s'écrient : « Voilà les fruits de votre* Paix ! »

ALLYN A. YOUNG.

I

A mesure que les années passaient, il fut loisible à Mr. Keynes de suivre d'assez près l'accomplissement de ses prophéties, et d'attirer sur leur réalisation l'attention du public, « Jusqu'à présent, écrivait-il en 1921, les prévisions que j'avais eu l'audace de faire il y a dix-huit mois ont été confirmées par les événements. » En premier lieu l'évaluation, par la Commission des Réparations, des dommages à réclamer à l'Allemagne, se situait entre la limite inférieure et la limite supérieure qu'il avait lui-même fixées. Secondement, « le Traité prévoyait certaines livraisons déterminées à effectuer par l'Allemagne avant le 1er mai 1921 — livraisons dont le montant avait été d'avance évalué à Paris à un milliard de livres sterling. J'avais critiqué cette clause, poursuit Mr. Keynes, et proposé une évaluation maximum de 330 à 430 millions de livres, non compris les livraisons courantes de charbon », évaluation qui s'avérait à peu près exacte dans l'ensemble. Troisièmement, il avait prédit que la production globale de charbon allemand tomberait au moins jusqu'à 100.000.000 de tonnes; ce fut exactement le niveau de 1920. Enfin, sa prédiction d'une majorité des deux tiers des voix en faveur de l'Allemagne, en Haute-Silésie, venait d'être confirmée par le plébiscite [1].

Nous avons eu déjà l'occasion de reconnaître l'exactitude de l'évaluation par Mr. Keynes de ce que l'Allemagne aurait finalement à payer [2]. Jusqu'ici, tout va bien. Le point suivant appelle quelques réserves; nous avons vu [3] que l'article 235 du Traité prescrivait le paiement de 20 milliards de marks (1 milliard de livres sterling) avant le 1er mai 1921. Indépendamment de cette clause, le Traité prévoyait aussi certaines livraisons déterminées, dont la valeur devait être portée au crédit de l'Allemagne et venir en déduction de ce premier paiement. Mais il n'était stipulé nulle part que ces livraisons le couvriraient entièrement; au contraire, une des dispositions contre lesquelles Mr. Keynes s'était élevé avec le plus de vigueur était justement que la Commission des Réparations pourrait exiger le paiement des 20 milliards de marks sous telle forme qu'elle désignerait, soit en or, en navires, valeurs ou marchandises, soit de toute autre façon, ce qui impliquait que les livraisons déterminées, mentionnées par ailleurs, ne suffiraient probablement pas à couvrir le premier versement. Nous avons vu que la Commission ne prit même pas les mesures qui auraient été nécessaires pour obtenir ce paiement; ainsi, par exemple, elle n'exigea pas la remise des valeurs étrangères du portefeuille allemand, qui comptaient pour £ 100 à 200 millions sur les £ 330 à 430 millions de l'évaluation faite par Mr. Keynes en 1919 [4]. Il était donc absolument injustifié de vouloir comparer le chiffre de £400 millions

1. Lettre au *Times*, Londres, 2 mai 1921.
2. V. plus haut, pp. 179 et 224.
3. V. plus haut, pp. 221 et suiv.
4. *E.C.P.*, p. 168. *C.E.P.*, pp. 148-149.

publié par la Commission en 1921, et qui représentait la valeur de toutes les livraisons faites par l'Allemagne jusqu'à cette date, avec les 330 à 430 millions calculés par Mr. Keynes en 1919 et représentant certains avoirs, dont une partie ne fut jamais livrée.

La troisième prévision non plus n'était pas parfaitement exacte. Le chiffre de 100 millions de tonnes de houille donné en 1919 ne comprenait ni la production des territoires perdus, ni la consommation des mines elles-mêmes[1]. Les 100 millions de tonnes produits en 1920 comprenaient la consommation des mines, et Mr. Keynes l'indiquait; mais ce qu'il n'impliquait pas aussi clairement, c'est que la production de la Haute-Silésie tout entière n'y était pas comprise. Or, en 1920, le partage de la Haute-Silésie n'avait pas encore eu lieu, et la production charbonnière globale de l'Allemagne fut de 131 millions de tonnes. Mais, même si l'on tient compte de la perte de la Haute-Silésie polonaise, et si l'on exclut les territoires cédés, la production totale fut de 107,5 millions de tonnes, et non de 100 millions, car une partie assez importante de la Haute-Silésie devait finalement rester allemande. Peut-être trouvera-t-on que je m'appesantis trop sur cette question; mais puisque Mr. Keynes tenait à attirer l'attention de ses lecteurs sur ce point particulier de ses prévisions, on pouvait, semble-t-il, attendre de lui des chiffres dûment vérifiés, d'autant que sa quatrième prévision avait trait au plébiscite en Haute-Silésie, dont le résultat devait laisser à l'Allemagne une partie de cette province. Enfin, cette dernière prédiction, qui était exacte aussi, ne montrait pas que l'application du Traité se heurtât à des impossibilités économiques ; elle faisait apparaître au contraire une possibilité que le Traité lui-même avait précisément fait entrer en ligne de compte dans les clauses relatives au plébiscite. Cependant, la critique de cette section du Traité par Mr. Keynes partait de l'idée que la

1. *E.C.P.*, p. 83. *C.E.P.*, p. 80.

Haute-Silésie serait perdue tout entière, et indiquait que, dans la mesure où cette hypothèse serait infirmée par les faits, « il faudrait modifier les conclusions [1] ».

« Toutes mes autres prévisions, ajoutait Mr. Keynes, appartiennent encore à l'avenir. » Cet avenir étant maintenant devenu du passé, il nous est possible aujourd'hui de vérifier dans quelle mesure elles se sont réalisées.

Dans les *Conséquences économiques de la Paix,* Mr. Keynes avait prédit que le Traité, s'il était appliqué, « ne ferait que détériorer davantage encore, alors qu'il aurait pu la restaurer, l'organisation délicate et compliquée, déjà ébranlée et brisée par la guerre, dont dépendent entièrement, pour leur travail et leur vie même, les peuples de l'Europe » [2]. Ces peuples seraient menacés par « les ravages silencieux d'une longue demi-famine et de l'abaissement graduel et continu du niveau du bien-être et de la vie [3] ». Dix ans après la signature du Traité, la production européenne avait largement dépassé son volume d'avant-guerre, et le niveau de vie en Europe n'avait jamais été plus élevé [4].

Il avait prédit que la production du fer en Europe déclinerait en conséquence du Traité [5]. Pendant les dix années qui suivirent la signature du Traité, la production sidérurgique de l'Europe, qui était tombée considérablement pendant la guerre, ne cessa presque pas de s'accroître [6]. En 1929, elle dépassa de 10 % celle de 1913, année record, et elle se serait

1. *E.C.P.*, p. 78, n. 1. *C.E.P.*, p. 75, n. 1.
2. *E.C.P.*, p. 2. Voir *C.E.P.*, p. 13.
3. *E.C.P.*, p. 277. Voir *C.E.P.*, p. 234.
4. L'index général de la production européenne préparé à Berlin par l'*Institut für Konjunkturforschung* (*Sonderheft,* n° 31, 1933, p. 66) montre que la production européenne (non compris l'U.R.S.S.) avait retrouvé son niveau d'avant-guerre en 1925 et le dépassait de 20 % en 1929.
5. *E.C.P.*, p 91. *C.E.P.*, p. 87.
6. Il n'y eut qu'une exception, en 1921. La production de fonte et d'alliages ferreux en Europe (non com-

élevée davantage encore si les métallurgistes ne s'étaient entendus pour restreindre son volume, dans la crainte d'un avilissement des prix causé par la surproduction.

Il avait prédit que la production allemande de fer et d'acier diminuerait [1]. En 1927, l'Allemagne produisait en fer près de 30 %, en acier près de 38 % de plus que pendant l'année record 1913, en ne considérant que les mêmes territoires [2].

Il avait prédit que le rendement de l'industrie houillère allemande, affaibli par la guerre, resterait faible en conséquence de la paix [3]. En 1925, le rendement de la main-d'œuvre, qui avait baissé sérieusement dans l'intervalle, dépassait déjà, dans le bassin de la Ruhr, celui de 1913; en 1927, il le dépassait de près de 20 %, et en 1929, de plus de 30 % [4].

Il avait prédit que la production charbonnière allemande ne retrouverait pas son niveau d'avant-guerre [5]. En 1920, 1921 et 1922, la production de

pris l'U.R.S.S.) se développa ainsi (les chiffres représentent des millions de tonnes) :

1909-13	1913	1920	1921	1922	1923
39,2	45,7	22,5	18,7	25,9	25,9

1924	1925	1926	1927	1928	1929
33,2	36,5	35,2	45,6	45,4	50,3

1. *E.C.P.*, pp. 89-92. *C.E.P.*, pp. 85-88.

2. V. *Reichs Kredit Gesellschaft*. Développement économique de l'Allemagne pendant la 2e moitié de l'année 1930, Berlin, 1931, p. 6.

3. *E.C.P.*, pp. 82-83. *C.E.P.*, pp. 79-80.

4. *Reichs Kredit Gesellschaft*, ouvrage cité, p. 15. Le rendement par mineur au fond était de 1.161 kg. en 1913; en 1920 (après réduction des heures de travail, de 8 ou 9 à 7 ou 7 1/2), le rendement était de 830 kg.; en 1921, de 809 kg.; à partir de 1924, il augmenta sans cesse, pour atteindre 1.558 kg. en 1929.

5. *E.C.P.*, p. 83. *C.E.P.*, p. 80.

charbon se tint largement au-dessus du niveau moyen des cinq dernières années d'avant-guerre, à l'intérieur des mêmes limites territoriales. Elle tomba fortement en 1923 et resta légèrement au-dessous du niveau moyen d'avant-guerre en 1924. Elle le dépassa en 1925, et, en 1926, elle était déjà plus élevée que pendant l'année record 1913 [1].

Il avait prédit que l'Allemagne, « si elle doit subsister en tant que nation industrielle, ne peut pas, dans les prochaines années, exporter de charbon [2] ». L'année qui suivit la signature du Traité, l'exportation nette de charbon allemand atteignit 15 millions de tonnes, et, en 1926, 35 millions de tonnes, soit *le double* de son exportation moyenne d'avant-guerre (années 1909-1913) pour tous les territoires compris dans ses anciennes frontières [3].

Il avait prédit que l'Allemagne « ne pourrait avant de longues années, rendre à sa marine marchande les proportions nécessaires pour suffire aux besoins de son commerce [4] ». En 1913, le tonnage allemand global dépassait légèrement 5 millions de tonnes. En 1920, il fut réduit à 673.000 tonnes; mais en 1924, il approchait déjà de 3 millions; en 1930, il dépassait largement 4 millions, et les paquebots allemands faisaient l'admiration du monde transatlantique.

Il avait prédit qu'« après ce qu'avait souffert l'Allemagne pendant la guerre et du fait de la paix », son épargne annuelle « tomberait bien au-dessous de son niveau d'autrefois [5] ». L'accroissement mensuel des dépôts dans les caisses d'épargne allemandes était de 84 millions en 1913; en 1925, il était de 103 millions et, en 1928, de près de 210 millions [6].

Il avait prédit que l'excédent annuel de la pro-

1. V. plus haut, p. 150.
2. *E.C.P.*, p. 84. *C.E.P.*, p. 81.
3. V. plus haut, p. 150.
4. *E.C.P.*, p. 61. Voir *C.E.P.*, p. 61.
5. *E.C.P.*, p. 191. Voir *C.E.P.*, p. 167.
6. *Reichs Kredit Gesellschaft*, Développement économique de l'Allemagne pendant le premier semestre de l'année 1931, p. 27.

duction nationale sur les dépenses tomberait au-dessous de 2 milliards de marks[1]. En 1925, l'accroissement net des capitaux allemands était évalué à 6,4 milliards, et, en 1927, à 7,6 milliards[2].

Il avait prédit qu'au cours des trente années suivantes on ne pouvait s'attendre à recevoir de l'Allemagne plus de 2 milliards de marks par an au titre des réparations. Pendant les six années qui précédèrent la guerre actuelle, l'Allemagne d'après le témoignage du chancelier Hitler, dépensa chaque année, pour ses seuls armements, environ sept fois autant[3].

II

Ici, si ce n'est déjà fait, la patience du lecteur fléchit. A quoi bon tant de pédantes statistiques, tant de cheveux coupés en quatre ? Tous les chiffres du monde changeront-ils quelque chose au fait évident que le Traité de Versailles a jeté le peuple allemand dans la misère et le désespoir et que les appréhensions de Mr. Keynes ont été confirmées, — et bien au delà ?

En 1919, Mr. Keynes citait longuement une note adressée au Conseil Suprême par le comte Brockdorff-Rantzau, dans laquelle étaient dûment exposées les conséquences de la paix. Après la diminution de la production due aux pertes territoriales, « après la dépression économique causée par la perte de ses colonies, de sa flotte marchande, de ses avoirs à l'étranger, l'Allemagne ne serait plus en état d'importer de l'étranger des matières premières en quantité suffisante. Fatalement, une partie énorme de l'industrie allemande serait donc con-

1. *E.C.P.*, p. 192. *C.E.P.*, pp. 168-169.
2. V. plus haut, p. 193.
3. Ces faits, bien entendu, n'ont rien de nouveau. Plusieurs d'entre eux furent signalés en 1926 par un observateur clairvoyant et spirituel, Mr. R. C. Long. (*The Mythology of Reparations*, Londres, 1928, pp. 103-104.)

damnée à cesser d'exister. En même temps, le besoin d'importer des vivres augmenterait considérablement, tandis que la possibilité de le satisfaire diminuerait au même degré.

« Au bout de très peu de temps, l'Allemagne ne serait donc plus en état de donner du pain et du travail à ces nombreux millions de personnes réduites à gagner leur vie par la navigation et par le commerce. Ces personnes devraient s'expatrier : mais c'est matériellement impossible, d'autant plus que beaucoup de pays, et des plus importants, s'opposeront à une immigration allemande... La mise à exécution des conditions de paix entraînerait donc logiquement la perte de plusieurs millions de personnes en Allemagne... Aucun secours, si important et de si longue durée qu'il fût, n'empêcherait ces décès en masse... Ceux qui signeront ce traité signeront la sentence de mort de nombreux millions d'hommes, de femmes et d'enfants allemands. »

« A de telles paroles, ajoutait Mr. Keynes, je ne vois aucune réponse adéquate [1]. »

Et pourtant, il y avait eu une réponse. C'est Clemenceau qui l'avait envoyée quelques jours plus tard, au nom du Conseil Suprême : « Ce rapport, écrivait-il, semble... présenter un exposé des faits très insuffisant, être empreint en certains endroits d'une grande exagération, et ignorer les principes fondamentaux qui se dégagent des origines de la guerre et de ses résultats, et qui expliquent et justifient les conditions à imposer. »

La population allemande, poursuit la note, sera réduite de six millions d'âmes environ, appartenant aux territoires non allemands que l'on se propose de transférer. « Ce sont les besoins de cette agglomération réduite que nous sommes appelés à étudier. » La note souligne aussi que rien dans le Traité de paix n'interdit ni la production de marchandises dans les territoires perdus par l'Allemagne, ni leur importation en Allemagne comme par le passé. « Au contraire, l'admission en franchise des

1. *E.C.P.*, pp. 214-215. *C.E.P.*, pp. 185-186.

produits des régions de l'Est est prévue pour une durée de trois ans... [1] » La note allemande s'était plainte d'une façon répétée de la nécessité d'importer à l'avenir certains produits de l'étranger. « On ne comprend pas pourquoi l'Allemagne pourrait souffrir de conditions auxquelles d'autres pays se soumettent de bon gré. Ce serait une erreur fondamentale de croire qu'il est nécessaire d'exercer la souveraineté politique dans un pays pour pouvoir s'y assurer une proportion raisonnable de la production. Une telle notion n'est fondée sur aucune loi économique ou historique... Il n'y a pas la moindre raison de croire qu'une population est destinée à être frappée d'incapacité permanente parce qu'elle aura à l'avenir à faire du commerce avec ses voisins au lieu de produire elle-même ce dont elle a besoin. Un pays peut tout à la fois devenir et continuer d'être un grand pays manufacturier sans produire lui-même les matières premières nécessaires à ses principales industries.... Sous ce nouveau régime, rien ne peut empêcher l'Allemagne de se créer une position stable et prospère en Europe [2]. »

Mais peut-être Mr. Keynes ne jugeait-il pas cette réponse *adéquate* ?

Vingt et un ans plus tard, l'armée allemande fai-

1. Cette partie de la note se rapporte aux régions de l'Est, mais on peut en dire autant, nous l'avons vu, des autres territoires transférés (V. plus haut, pp. 158-159).

2. V. texte complet de la « Réponse » dans : *La Paix de Versailles* (*La Documentation Internationale,* Paris, 1930, vol. XII, pp. 17-20). Chose curieuse, cette opinion était partagée et exprimée presque au même moment par le général Groener, alors à la tête de l'armée allemande. « Le but qu'à mon avis nous devons maintenant nous assigner, disait-il à une réunion d'officiers, c'est de maintenir nos soixante millions d'Allemands fermement unis en un seul Etat, centralisé autant que possible... Quand nous y aurons réussi, nous aurons déjà fait beaucoup. Et si nous continuons à travailler sans relâche, je ne vois pas ce qui nous empêcherait de reprendre notre marche en avant, particulièrement dans le domaine économique. » Cité par K. C. Nowak, *Versailles.* Londres, 1928, pp. 280-281.

sait son entrée dans Paris. D'un pas égal et ferme, ces jeunes hommes vigoureux défilaient dans les rues de la ville à demi déserte, au son des chansons de marche qui les avaient accompagnés à travers l'Europe : *Erika... Heidi, heido... Nous marchons contre l'Angleterre...* C'étaient les enfants « affamés et débilités » de 1919. Ils allaient s'élancer bientôt à travers les steppes de Russie, les sables de Libye, les cieux de Londres et de Crète, les vastes espaces de l'Atlantique... En les voyant passer, les ménagères parisiennes s'écriaient avec une surprise pleine de colère : « Et on nous disait qu'ils mouraient de faim ! »

A ces mots-là, qui donnera une réponse adéquate?

III

Mais, dira-t-on, n'était-ce pas là le danger même en vue duquel Mr. Keynes avait lancé ses avertissements ? Le national-socialisme n'était-il pas le produit des années de misère, aggravées par les ravages de la grande crise économique, — toutes conséquences du Traité de Versailles ?

Or, la perspective d'une Allemagne en armes, poussée à la conquête de l'Europe par toutes les fureurs de la vengeance, n'entrait guère dans les calculs de Mr. Keynes. Tout au contraire : pareilles craintes, déclarait-il, répondaient plutôt « aux prévisions des esprits timorés [1] ». Puis, si le Traité réduisait effectivement l'Allemagne à cet état de faiblesse extrême, il n'était guère concevable qu'elle pût trouver bientôt les moyens de réaliser une politique de revanche. C'est à des dangers d'un autre ordre que Mr. Keynes faisait allusion : si l'on appliquait effectivement le Traité, le chaos et la misère qui en résulteraient feraient lever en Europe les semences de l'anarchie et de la révolution sociale. « Si nous visons délibérément à l'appauvrissement de l'Europe Centrale, la vengeance, nous

1. *E.C.P.*, p. 272. Voir *C.E.P.*, p. 230.

pouvons le prédire, ne se fera pas attendre. Rien, alors, ne pourra retarder, entre les forces de la Réaction et les convulsions désespérées de la Révolution, la lutte finale devant laquelle pâliront les horreurs de la dernière guerre, et qui détruira, quel que soit le vainqueur, la civilisation et le progrès de notre temps[1]. »

Le spectre de la Révolution hantait les pages de Mr. Keynes. Et sans doute n'était-ce pas alors sans quelque justification. Mais, ici encore, il aurait fallu garder le sens des proportions. Chaque fois que, par la suite, l'Allemagne jugea nécessaire de faire chanter les Alliés pour en obtenir des concessions, elle tira ce fantôme de son magasin d'accessoires. Les délégués allemands s'en étaient servis déjà lors des négociations d'armistice. « Les conditions imposées », disaient-ils, « seraient impossibles à remplir ; leur mise à exécution réduirait l'Allemagne à l'anarchie et à la famine. » Mais ni Foch, ni les autres chefs militaires alliés ne se laissèrent impressionner ; l'Armistice fut signé et dûment exécuté; et le peuple allemand qui, comme il était absolument inévitable, en souffrit assez durement, ne fut réduit ni à l'anarchie, ni à la famine.

Quant à la Révolution qui devait suivre le Traité, Mr. Keynes, deux ans plus tard, voulut bien reconnaître qu'elle n'avait pas eu lieu. « Il y a deux ans, le Traité, qui offensait la Justice, la Pitié, la Sagesse, représentait la volonté passagère des puissances victorieuses. Les victimes seraient-elles patientes ? Ou bien le désespoir et les privations allaient-elles les amener à bouleverser les fondations de la Société ? Maintenant nous savons la réponse. Elles ont été patientes. Il ne s'est rien produit ou presque rien, sinon que des individus ont souffert moralement et matériellement[2]. »

Voilà qui devrait régler la question, semble-t-il. Mais nous nous trouvons aussitôt devant une nou-

1. *E.C.P.*, p. 251. *C.E.P.*, p. 214. V. aussi E.-H. Carr, *Conditions of Peace*, p. 223.
2. *R.T.*, p. 168. *N.C.*, p. 176.

velle objection : cet état de choses rassurant n'était-il pas dû précisément, — en partie du moins, — aux efforts mêmes de Mr. Keynes et au fait que le Traité n'avait *pas* été effectivement appliqué ?

C'est là un argument qui demande à être examiné d'un peu plus près. Il est vrai, comme nous l'avons vu, qu'en 1921, les clauses relatives aux réparations étaient restées en partie lettre morte. Cela suffit-il à justifier l'interprétation donnée par Mr. Keynes de cette absence de catastrophes, véritablement déconcertante ? « On exagère à peine, écrivait-il, en disant qu'aucune partie des Traités de paix n'a été exécutée complètement, sinon les clauses relatives aux frontières et au désarmement. Beaucoup des maux que j'avais prédits et qui, selon moi, devaient découler de l'application du chapitre des Réparations, ne se sont pas produits parce que nul essai sérieux d'exécution n'a été tenté [1]. » Il était permis de penser que les frontières n'étaient pas une partie négligeable du Traité, puisque l'un des principaux griefs de Mr. Keynes, c'est non seulement qu'on leur ait donné trop d'importance, mais aussi qu'on les ait tracées sans tenir compte des considérations économiques. Ainsi, dans ses prophéties, la plupart des désastres survenaient en conséquence du règlement territorial [2]. C'était le règlement territorial qui allait détruire l'organisation délicate de la production et du commerce européens ; c'était le règlement territorial qui allait « non seulement faire baisser la production des biens de consommation, mais peut-être employer une immense quantité de main-d'œuvre à transporter inutilement du charbon ou du fer,

1. *R.T.*, p. 168. *N.C.*, p. 177. Pourtant, deux ans plus tard, Mr. Keynes calculait que les charges pesant sur l'Allemagne, du fait des paiements de réparations effectués jusqu'alors, dépassaient un milliard de livres sterling. (*How much has Germany paid ? Nation and Athenaeum,* 27 octobre 1923.)

2. Ou du moins, du règlement territorial se combinant avec les clauses affectant le commerce et les transports, lesquelles furent intégralement appliquées.

selon le cas, à des distances énormes, pour satisfaire aux conditions dictées par un traité politique, ou parce qu'il aura été fait obstacle à la localisation convenable des industries [1]. » La mort par inanition de millions d'hommes, de femmes et d'enfants allemands, — accusation à laquelle Mr. Keynes ne connaissait pas de réponse adéquate, — avait été évoquée par Brockdorff-Rantzau comme devant résulter non pas des charges imposées par les réparations, mais de la perte de territoires allemands [2], — et non comme un effet échelonné sur de longues années, mais comme une conséquence presque immédiate. L'argument que, seule, la non-exécution du Traité sauva l'Allemagne et l'Europe des effroyables conséquences prévues par Mr. Keynes, ne résiste donc pas à un examen sérieux.

Cet argument ne servira guère non plus à renforcer l'opinion, toujours répandue, bien que vague, que la grande crise économique commencée en 1929 ne fut qu'une autre répercussion désastreuse du Traité. Ceux qui adoptent la thèse selon laquelle le Traité n'a pas été véritablement appliqué, ne sauraient soutenir en même temps que c'est à lui, somme toute, qu'est due la crise économique. Mais en partant du point de vue que le Traité a été exécuté, du moins en partie, que devient cette interprétation ?

Les chiffres que j'ai cités dans les deux chapitres précédents pour montrer la renaissance économique de l'Allemagne depuis le Traité couvrent une période de dix ans ; cela suffit, je pense, à démontrer que le Traité qui devait détruire l'organisation économique de l'Europe, non seulement n'eut pas cet effet, mais n'empêcha même pas l'activité économique de se relever jusqu'à des niveaux qui dépassèrent souvent ceux d'avant 1914, malgré tous les ravages causés par quatre années de guerre

1. Voir plus haut, p. 130.
2. Et de la flotte marchande, qui fut dûment cédée aux Alliés.

ininterrompue. Après 1929, le mouvement fut renversé, et l'activité économique subit un brusque arrêt dans le monde entier. Faut-il voir là une vague de fond, venue de 1919 ?

Que le nationalisme économique, avec son maladroit recours au contrôle d'Etat, aux restrictions du commerce et aux manipulations de la monnaie, ait sérieusement aggravé les choses, on ne peut guère en douter. Ce n'est pas en Europe seulement qu'il se fit sentir. Mais dans la mesure où les traités de 1919 permirent aux forces du nationalisme d'étayer en Europe Centrale un système d'Etats autonomes, il est probable qu'ils contribuèrent à la gravité de la crise, — au moins dans cette partie du monde. Toutefois cet aspect des traités de 1919, bien que Mr. Keynes y ait plusieurs fois fait allusion, ne constitue pas un des points essentiels de son analyse, qui prend pour sujet la Paix de Versailles et le traitement de l'Allemagne, plutôt que l'organisation de l'Europe Centrale et Orientale. Mais, — ce qui est plus important, — les dangers que, d'après lui, devait engendrer le Traité, n'étaient pas précisément de cet ordre. Ce qu'il craignait en 1919, comme conséquence de la prétendue désorganisation économique de l'Europe, c'était une *diminution* générale et prolongée de la production ; la crise de 1929 fut une crise de *surproduction,* — ou tout au moins de surproduction relative. Quelles qu'aient pu être les véritables causes de ce phénomène extrêmement complexe, c'est vraiment une solution un peu simpliste que de l'attribuer au Traité de Versailles. Ce qu'on voudrait savoir, c'est en quoi, exactement, le Traité peut être tenu pour responsable de la crise cyclique des années trente. Cela, je ne l'ai jusqu'à présent trouvé nulle part, en tout cas, je ne l'ai pas vu dans les écrits que Mr. Keynes lui-même a consacrés depuis plusieurs années à cet énigmatique problème. Si la grande crise économique peut véritablement être comptée parmi les conséquences de la Paix, ce n'est certainement pas une de celles que Mr. Keynes nous a laissé prévoir, — ni lui, ni personne, d'ailleurs.

Il y a pourtant, dans le Traité, un facteur important auquel on rattache souvent, plus ou moins directement, la catastrophe économique et financière : c'est le chapitre des Réparations, Là non plus, cependant, je ne crois pas qu'il soit possible de formuler une explication satisfaisante.

C'est aux Etats-Unis, comme on sait, que la crise débuta, par une chute brusque, profonde et continue des valeurs en bourse, suivie d'une chute presque aussi grave des prix commerciaux. Or, dans la mesure où le paiement unilatéral de réparations par l'Allemagne pouvait déranger le mécanisme des prix mondiaux, ceci aurait été le résultat de l'opération des transferts. Normalement, il fallait donc s'attendre avant tout à une chute des prix *allemands* et à un *relèvement* du niveau des prix dans les pays créditeurs, — y compris et au premier chef, les Etats-Unis. On ne voit pas clairement comment ce processus pourrait rendre compte du comportement des prix américains après 1929. On ne voit guère mieux comment ces paiements unilatéraux pourraient être la cause de la chute des prix dans les pays débiteurs européens, chute qui eut lieu au bout de dix années de règlements effectifs de réparations et de dettes de guerre, et *après* le déclenchement de la crise aux Etats-Unis. Il est possible et même probable que l'arrêt de l'importation des capitaux étrangers et la continuation des paiements de réparations aient aggravé la crise financière en Allemagne après 1930. Mais l'échelle modérée des versements alors en jeu ne permet pas, nous l'avons vu [1], d'en attribuer entièrement la cause au système des réparations. Il se peut qu'il ait été l'un des personnages néfastes de ce drame aussi déplaisant que compliqué; mais il ne peut guère y avoir joué qu'un rôle de second plan.

Une enquête sur la nature des désastres économiques découlant du Traité ne nous mène donc pas

1. Voir plus haut, p. 241.

très loin, — ou bien, au contraire, cette enquête nous entraîne trop loin de notre voie. Sans doute, tout n'était pas facile en Europe pendant les dix années qui ont suivi la guerre; le relèvement économique ne fut pas immédiat, et nul ne pouvait s'attendre à ce qu'il le fût, après quatre années de destruction et de désintégration sans précédent. L'usure des moyens de production, la désorganisation des transports, l'énormité des dettes nationales et l'inflation monétaire qui en résulta — par-dessus tout les millions de vies humaines détruites, d'individus déracinés — tous ces maux étaient l'héritage de la guerre, et non du Traité. On ne nous explique pas non plus comment le Traité a pu les aggraver. « Nous ne chercherons plus dorénavant, écrit Mr. Keynes, au chapitre *l'Europe après le Traité* à distinguer entre les fruits inévitables de la guerre et les malheurs évitables de la Paix[1]. »

Pourquoi, s'il en est ainsi, parler des Conséquences Economiques de la *Paix* ? Nous avons vu, ou bien que la plupart des conséquences dont on nous menaçait ne se produisirent pas, ou bien que celles qui se produisirent effectivement étaient dues à d'autres causes, — c'est-à-dire qu'elles n'avaient pas été prédites. Pourtant on voit presque universellement subsister l'impression que les maux économiques dont souffrit longuement l'Europe après la guerre étaient imputables au Traité. « Il est difficile, écrit Allyn Young, de rester patient envers ceux qui, montrant la ruine économique causée *par la guerre,* s'écrient : voilà les fruits de votre Paix! [2] »

IV

Mais enfin, diront encore certaines personnes, tout bien considéré, est-il possible de nier que Hitler fut le produit du Traité de Versailles? Même si le peuple allemand n'a pas été littéralement réduit à la famine, n'a-t-il pas été poussé au désespoir ? Et

1. *E.C.P.,* p. 212. *C.E.P.,* pp. 183-184.
2. House and Seymour, *ouvr. cité,* p. 317.

une attitude plus généreuse de la part des Alliés n'aurait-elle pas empêché la montée du national-socialisme ?

Nous ne saurons jamais si une politique basée sur l'oubli complet de ses torts aurait eu pour résultat l'apaisement immédiat de l'Allemagne. Ce que nous connaissons, par contre, c'est la politique qui fut effectivement suivie jusqu'à l'époque de la Révolution nationale-socialiste, et la marche des événements qui l'accompagnèrent.

Après l'échec partiel de la politique « de coercition » de M. Poincaré dans la Ruhr, le plan Dawes, nous l'avons vu, inaugura une phase nouvelle de l'histoire des Réparations : les obligations imposées à l'Allemagne étaicn des plus modérées, et on lui en facilitait l'exécution en lui consentant immédiatement un emprunt. En 1924, l'armée française évacuait la Ruhr. Moins d'un an plus tard, le maréchal Hindenburg était élu président du Reich par une coalition nationaliste.

En 1930, le plan Young fut adopté comme règlement final des Réparations; il comportait une réduction très considérable des charges incombant à l'Allemagne. En même temps, l'armée française évacuait la Rhénanie, cinq ans avant la date limite fixée par le Traité. Moins de trois mois plus tard, le parti national-socialiste, resté jusqu'alors relativement insignifiant, recueillait 6.400.000 voix sur un total de 35.000.000 et obtenait 107 sièges au Reichstag.

Au cours de l'été 1931, les paiements de Réparations furent suspendus. L'année suivante, Hitler recueillait 13.400.000 voix contre 19.300.000 au maréchal Hindenburg, lors de l'élection présidentielle.

Le 9 juillet 1932, à la Conférence de Lausanne, toutes les Réparations furent définitivement abolies. Le 21 juillet, le parti de Hitler, obtenant aux élections générales 13.700.000 voix et 230 mandats, devenait le plus nombreux du Reichstag.

Les clauses du Traité relatives au désarmement étaient de celles dont l'orgueil national allemand avait le plus souffert. En décembre 1932, l'égalité de droits fut concédée à l'Allemagne dans une déclaration à laquelle le gouvernement allemand donna son adhésion. Moins de deux mois plus tard, Hitler, appelé par le maréchal Hindenburg, devenait chancelier du Reich.

On voit donc que la politique « d'apaisement » n'a pas commencé à Munich. Peut-être ne fut-elle pas poussée assez loin ? Examinons donc quels étaient les « remèdes » que proposait en 1919 Mr. Keynes et quelles occasions on a manquées alors d'assurer à l'Europe la liberté, la prospérité et la sécurité.

V

Les remèdes proposés se groupaient sous quatre rubriques :

1° *La Revision du Traité.* — Trois grands changements au moins, selon Mr. Keynes, étaient nécessaires à la vie économique de l'Europe. Ils intéressaient les réparations, le fer et le charbon, le régime douanier.

a) *Réparations.* — Les charges totales de l'Allemagne devaient être fixées à 2 milliards de livres sterling, dont 500 millions seraient représentés par la livraison de sa flotte marchande, de ses sous-marins, de son matériel de guerre, des biens d'Etat qu'elle avait cédés, etc.; les 1.500 millions restants seraient payés sans intérêt en trente annuités de 50 millions de livres, à partir de 1923.

Comme l'a souligné Mr. J. F. Dulles, il faut, selon la formule même de Mr. Keynes, diviser cette somme de 1.500 millions par 2 pour obtenir la valeur actuelle des paiements différés sans intérêt, ce qui donne 750 millions; ce chiffre est aussi la moitié des 1.500 millions de livres qui, d'après les calculs de Mr. Keynes [1] étaient la valeur actuelle des 5 mil-

1. *E.C.P.*, p. 207. *C.E.P.*, p. 180.

liards de livres que la Délégation allemande, dans ses contre-propositions, avait offert de verser[1]. Même si l'on admet que, selon la réponse de Mr. Keynes, les deux sommes n'aient pas été comparables[2], il n'en reste pas moins que la valeur actuelle totale de sa proposition (500 + 750 = 1.250 millions de livres) représentait environ la moitié de la valeur des revendications qu'il estimait lui-même justifiées de la part des Alliés selon l'interprétation la plus stricte du Contrat préalable à l'armistice[3], et un peu plus de la moitié de sa propre évaluation, à 2 milliards de livres, de la capacité de paiement de l'Allemagne, évaluation dont nous avons nous-même établi qu'elle était six à sept fois plus faible que ne l'a montré la suite des événements.

b) Fer et Charbon. — Les livraisons de charbon devaient aussi subir des réductions considérables : seules devaient être retenues les livraisons spéciales à la France; celles-là même seraient arrêtées au cas où l'Allemagne, à la suite du plébiscite, perdrait la Haute-Silésie. Dans ce cas, la France devrait donc abandonner tout espoir de satisfaire ses besoins normaux en charbon avant la remise en état de ses mines ravagées, tandis que les besoins de l'Allemagne avaient été préalablement calculés par Mr. Key-

1. V. la lettre de Mr. Dulles au *Times*, 16 février 1920.

2. L'Allemagne, en faisant cette offre, y mettait la condition que certaines livraisons en nature ne seraient pas exigées; leur valeur, selon Mr. Keynes, représentait 2 milliards de livres. Comme Mr. Keynes l'expliqua dans sa réponse à Mr. Dulles, cette offre reposait aussi sur la condition que l'Allemagne conserverait certains autres biens ou avantages (en particulier des colonies, des navires marchands et l'égalité de traitement en matière commerciale) : de sorte qu'elle ne pouvait être comparée à la proposition qu'il avait formulée; on remarquera cependant que la proposition de Mr. Keynes comprenait aussi certains autres avantages pour l'Allemagne.

3. *E.C.P.*, p. 123. *C.E.P.*, p. 114. « La valeur de ces revendications doit nécessairement être comprise entre 1.600 millions et 3 milliards de livres sterling. »

nes « sur la base du fonctionnement d'avant-guerre des chemins de fer et de l'industrie [1] ».

Ce n'est qu'à propos de la question du fer et du charbon que Mr. Keynes crut devoir proposer des amendements au règlement territorial. Ces changements, nous l'avons vu [2], n'étaient pas d'une grande ampleur : « Les dispositions relatives à la Sarre doivent être maintenues », sauf un ou deux points secondaires. « Les dispositions relatives à la Haute-Silésie doivent être maintenues, mais, ajoutait-il, les Alliés doivent déclarer qu'à leurs avis les conditions économiques exigent le rattachement à l'Allemagne des districts houillers, sauf si les désirs de la population sont expressément contraires [3] ». Le Traité permettait déjà de tenir compte des désirs des habitants par le moyen du plébiscite, et on peut se demander si une nouvelle « déclaration », à moins d'être accompagnée d'une pression caractérisée de la part des Alliés, les aurait modifiés en aucune façon.

C'était donc tout ce qu'il y avait à redire au remaniement territorial de l'Europe : les frontières auxquelles avaient été attribuées le bouleversement de l'industrie et la désorganisation de la production, devaient dans l'ensemble, « être maintenues ». La montagne accouchait d'une souris. Il serait difficile, je crois, de rendre un hommage plus significatif à l'œuvre de reconstruction politique accomplie par la Conférence de la Paix. Sans doute, le résultat était loin d'être parfait. Mais, comme l'avait expliqué Lord Balfour en réponse à des critiques exprimées à la Chambre des Communes, les multiples difficultés économiques auxquelles on se heurtait en Europe Centrale et Orientale dataient du moment où la guerre avait fait écrouler l'Empire austro-hongrois. « Elles sont le résultat de la guerre, dit-il, et nous ajouterons, si vous voulez, qu'elles sont le

1. *E.C.P.*, p. 84. *C.E.P.*, p. 80. V. plus haut, p. 147.
2. V. plus haut, pp. 129 et 140.
3. *E.C.P.*, p. 247. *C.E.P.*, p. 211.

résultat de l'application à cette partie de l'Europe du principe de la libre disposition des peuples par eux-mêmes. Mon honorable collègue, tout en insistant sur ces graves inconvénients... s'est gardé de formuler ce qui paraît être la conclusion logique de ses critiques, c'est-à-dire que nous aurions dû appliquer les données de l'économie politique, abandonner les droits des peuples et respecter la structure de l'Empire d'Autriche. Mais il ne l'a pas dit et j'imagine qu'il ne le pense pas. Alors, à quoi mènent ces critiques[1] ? »

c) *Régime douanier.* — Bien qu'apparemment il ne jugeât ni possible, ni désirable, de modifier les nouvelles frontières, Mr. Keynes proposait de remédier à leurs inconvénients économiques en établissant, sous les auspices de la Société des Nations, une Union libre-échangiste entre pays qui s'engageraient à n'élever entre eux « aucun tarif douanier d'un caractère protectionniste[2] ». L'Allemagne, la Pologne, les nouveaux Etats qui avaient fait partie intégrante des Empires turc et austro-hongrois, et les Territoires sous mandat, devaient être « astreints » à y adhérer pendant dix ans : au bout de ce temps, leur adhésion devenait libre. Les autres Etats étaient libres d'y adhérer dès le début.

C'est un fait généralement reconnu que, tout au moins du point de vue économique, la division de l'Europe Centrale en plusieurs Etats entièrement autonomes constituait un des traits les plus regrettables des traités de 1919; même si c'était là l'œuvre des peuples « intéressés », plutôt que celle de la Conférence, il n'est pas douteux que la Conférence aurait pu user de son autorité pour rendre la situation plus facile en persuadant ces Etats — voire même en les y contraignant — de former une fédération économique ou même politique. L'Union

1. Chambre des Communes, 12 février 1920.
2. *E.C.P.*, p. 248 Voir *C.E.P.*, p. 212. Ceci n'excluait pas la prohibition de certaines importations, les taxes somptuaires ou fiscales, etc.

douanière proposée par Mr. Keynes aurait pu constituer cette solution; à cet égard, elle était éminemment souhaitable, du moins dans la mesure où elle affectait les Etats successeurs des Empires turc et autrichien. Mais sa proposition allait beaucoup plus loin; car il s'agissait d'« astreindre » ces Etats à adhérer à une Union dans laquelle entrait aussi l'Allemagne.

Or, le seul fait que tel ou tel pays participât à cette Union libre-échangiste n'aurait pas dû, en soi, nuire à son économie, et, là encore, il importe de garder le sens des proportions. Mais n'est-il pas vraisemblable que, dans un système ainsi constitué, les petits pays et les Etats jeunes de l'Europe Centrale et Sud-Orientale auraient été graduellement subjugués par la suprématie économique de l'Allemagne, qui aurait trouvé par là le moyen de réaliser son rêve de la « Mitteleuropa »[1] ? Cette éventualité était expressément envisagée par Mr. Keynes[2]. Mais ce danger, à son avis, serait évité si les autres Etats (c'est-à-dire la Grande-Bretagne, l'Egypte, l'Inde, la Belgique, la Hollande, les Pays Scandinaves, la Suisse, l'Italie et la France) entraient aussi dans l'Union. En d'autres termes, le remède aux maux économiques du vieux monde que proposait Mr. Keynes ne différait guère du libre-échange universel. C'est donc faute d'avoir réussi à établir à brève échéance un état de choses qu'Adam Smith lui-même jugeait entièrement utopique et que même le libéralisme du XIXᵉ siècle à son apogée n'avait pas été en mesure d'instituer, que les artisans de la Paix furent accusés de vouloir détruire la vie économique de l'Europe.

1. Friedrich Naumann lui-même, qui, dans son livre célèbre (publié en 1916) envisageait une union douanière comme préliminaire indispensable à l'unité politique de l'Europe Centrale, ne recommandait pas un libre-échange absolu entre les deux Empires, mais seulement une politique commerciale commune à l'extérieur, combinée avec des accords préférentiels à l'intérieur de l'Union.

2. *E.C.P.*, p. 250. *C.E.P.*, pp. 213-214.

Avec les années, la foi de Mr. Keynes dans les vertus du libre-échange allait se tempérer. « Partout où ce sera possible raisonnablement et sans inconvénients, écrivait-il en 1933, chaque pays devrait fabriquer les produits qu'il consomme ; et, les finances surtout devraient être purement nationales... Je suis porté à croire que, probablement, après une période de transition, un état d'isolement économique et d'autarcie nationale plus poussé qu'en 1914 tendrait à servir la cause de la paix plutôt qu'à lui nuire [1]. » Ces réflexions semblent indiquer qu'une Union libre-échangiste universelle aurait pu, après tout, ne pas être un traitement parfait pour les maladies dont souffrait l'Europe Centrale et Orientale ; et que les difficultés auxquelles avaient fait face les négociateurs de la Paix en 1919 devaient peut-être leur valoir quelque patience et quelque tolérance de la part de leurs critiques.

2° *Règlement des dettes de guerre interalliées.* — Mais, à elles seules, les propositions qu'on vient d'énumérer ne pouvaient suffire; car Mr. Keynes voyait parfaitement que si les Alliés européens n'obtenaient pas de l'Allemagne les réparations qu'ils en attendaient, leur situation économique et financière serait désespérée, à moins qu'ils pussent trouver par ailleurs le moyen d'y parer. Il proposait donc que l'Angleterre s'abstînt entièrement de réclamer à la Belgique, à la France et à la Serbie, les paiements en espèces que lui devaient ces trois Etats; et que toutes les dettes interalliées fussent définitivement annulées.

La première proposition honorait les plus hautes traditions de la générosité politique anglaise et aurait dû suffire à montrer combien se trompaient certains critiques qui affirmaient, à cette époque, que Mr. Keynes était mû par des sentiments pro-allemands. Malheureusement, les hypothèses d'ordre

1. « *National Self-Sufficiency* », *Yale Review*, juin 1933, vol. 22, p. 758.

pratique sur lesquelles reposait le succès d'une telle politique n'étaient pas justifiées. Tout d'abord, cette politique même était peu défendable, étant donné la capacité de paiement réelle de l'Allemagne — car il n'y avait pas de raison d'infliger au contribuable anglais (non plus, d'ailleurs, qu'au contribuable américain) un fardeau qui pouvait équitablement être partagé, dans une mesure appréciable, par le budget allemand. Mais l'obstacle essentiel, c'est que, reposant finalement sur une solution de la question des dettes de guerre qui devait n'être jamais acceptée, cette politique se serait vite révélée impraticable; car, à moins que les Etats-Unis eussent renoncé aux paiements qui leur revenaient du fait des emprunts consentis pendant la guerre aux Alliés, ceux-ci, ayant abandonné tout ou partie des Réparations, auraient fait un marché de dupes.

Ce n'est pas mon propos de discuter ici l'éternel problème des dettes de guerre interalliées. Dans le plan de Mr. Keynes, ce problème s'intégrait dans le règlement des Réparations. Les Etats-Unis, s'étant désolidarisés du Traité de Versailles, consentirent plus tard à leurs anciens associés des réductions substantielles sur leurs dettes de guerre; mais ils maintinrent inflexiblement (et c'était leur droit) que la question des dettes de guerre et celle des Réparations devaient rester entièrement distinctes. Un seul homme d'Etat, peut-être, si ses vues avaient alors paru acceptables au peuple américain, aurait pu suivre une autre voie et persuader les Etats-Unis de participer plus activement à la reconstruction financière de l'Europe ; en fait, cet homme d'Etat échoua, et peut-être ses efforts ne trouvèrent-ils pas toujours les appuis sur lesquels il aurait pu compter le plus légitimement.

3° *Emprunt international.* — On peut en dire autant de la proposition faite par Mr. Keynes d'un emprunt international. Plusieurs projets de ce genre avaient déjà vu le jour à la Conférence de la Paix lorsqu'elle étudiait la restauration financière de l'Europe. L'un d'eux, présenté par Mr. Keynes, envisageait l'émission par l'Allemagne et par d'autres Etats européens de bons pour un montant de 1.500 millions de livres sterling, garantis par les Puissances Alliées et Associées. Mais ce plan ne reçut pas l'agrément du Président Wilson, qui déclara qu'il ne pourrait obtenir du Congrès la faculté d'accorder la garantie fédérale à des bons d'origine européenne [1]. Le projet avancé par Mr. Keynes dans son livre n'était pas tout à fait aussi ambitieux : il montrait qu'on pouvait déjà faire beaucoup avec un emprunt de 200 millions de livres sterling pour commencer, et un fonds de garantie de 200 millions aussi pour stabiliser les monnaies [2]. Là encore, les charges les plus lourdes — il l'indiquait — devaient retomber en fin de compte sur les prêteurs américains; mais l'image de l'Europe que traçait Mr. Keynes n'était guère propre à les encourager à tenter l'aventure. Et vraiment, il ne mâchait pas les mots : « Si j'étais un membre influent de la Trésorerie américaine, écrivait-il, je ne prêterais un sou à aucun des gouvernements européens actuels [3]. » En fait, il ne demandait rien de moins que « le changement des gouvernements au pouvoir en Europe », comme « préliminaire presque indispensable [4] » aux remèdes qu'il proposait.

Malheureusement, les projets de Mr. Keynes ne furent pas reçus avec faveur par l'opinion américaine, — du moins, pas sur ce point. « On trouverait difficilement dans toute la littérature polémique, écrit le professeur Shotwell, un autre ouvrage dont l'auteur ait aussi complètement ruiné sa propre cause. Car la caricature tracée par Keynes, où il montrait les intrigues malhonnêtes de demandeurs sans scrupules, suffirait à détourner tout honnête Américain d'avoir jamais affaire à ce monde de tri-

1. R.-S. Baker : *Woodrow Wilson and World Settlement,* vol. III, p. 344.
2. *E.C.P.,* p. 269. *C.E.P.,* pp. 228-229.
3. *E.C.P.,* p. 267. *C.E.P.,* pp. 226-227.
4. *E.C.P.,* p. 240. *C.E.P.,* p. 206.

cheurs que constituaient, d'après Keynes, les dirigeants de la Conférence de Paris[1]. » Si l'on admet l'exactitude de l'image de l'Europe que Mr. Keynes présentait à ses lecteurs, ses raisonnements étaient tout à fait plausibles; l'événement montra qu'ils étaient convaincants aussi, du moins jusqu'à un certain point.

4° *Relations entre l'Europe Centrale et la Russie.* — On ne saurait attendre de Mr. Keynes, dans un livre consacré principalement au Traité de Versailles, une analyse complète de la situation européenne. Cependant, dans les dernières pages, il soulignait la vanité et l'instabilité de la politique alors pratiquée à l'égard de la Russie; il s'indignait en même temps contre les « rêves insensés » et les « intrigues puériles », qui, d'après lui, tendaient à réaliser cette « conception imbécile » qu'était l'établissement d'Etats indépendants comme la Pologne et la Roumanie; il laissait entendre que la France soutiendrait à l'avenir ces Etats pour en faire les instruments de son hégémonie militaire[2].

Quelles qu'aient pu être les erreurs et les contradictions de la politique suivie par les Alliés en 1919 à l'égard de la Révolution russe, ces erreurs étaient le produit malheureux des circonstances; il n'y avait là rien, en tout cas, qui pût nuire de façon durable aux relations germano-russes. En fait, le Traité de Versailles, qui abolissait les Traités de Brest-Litovsk, laissait l'Allemagne libre d'organiser à son gré ses rapports, commerciaux et autres, avec

1. J.-T. Shotwell : *At the Paris Peace Conference,* New-York, 1937, p. 26, n.

2. « Une Pologne... forte, catholique, militariste et fidèle, sera le partenaire, ou, si l'on veut, le favori, de la France victorieuse. Elle se dressera, prospère et magnifique, entre les cendres de la Russie et les ruines de l'Allemagne. La Roumanie, pourvu qu'on arrive à lui faire un peu mieux respecter les apparences, fait partie de la même conception imbécile... » (*E.C.P.,* p. 273. *C.E.P.,* p. 231.)

la Russie, et c'est ce qu'elle ne manqua pas de faire à Rapallo trois ans plus tard.

Mais peut-être y avait-il quelque raison de craindre — et on le craignait en effet alors dans certains milieux alliés — que l'Allemagne profitât de la désintégration de la Russie pour établir sa domination dans l'Est de l'Europe. Ces possibilités, comme le montra Mr. Keynes, expliquaient une incohérence dans la conduite des Alliés qu'il n'eut pas de peine à mettre en évidence. Mais à ses yeux ces craintes étaient très peu justifiées. La perspective « de voir s'établir à l'Est une nouvelle puissance militaire qui, puisant au Brandebourg ses inspirations, serait pour l'Europe orientale, centrale et sud-orientale le pôle d'attraction de tous les talents militaires et de tous les tempéraments d'aventuriers, de tous ceux qui regrettent les empereurs et haïssent la démocratie — puissance qui, géographiquement, serait hors de l'atteinte des armées alliées » —, c'était là, pour lui, « les prévisions des esprits timorés [1] ». A ses yeux, apparemment, la méthode à suivre pour résoudre la question d'Europe Orientale ne présentait pas de bien grandes difficultés. « Il est de notre intérêt, écrivait-il, de hâter le jour où, dans chaque village russe, les agents et les organisateurs allemands pourront remettre en mouvement le jeu normal des mobiles économiques [2]. » Lui vint-il à l'esprit que ces agents et ces organisateurs mettraient peut-être en mouvement certains courants qui ne seraient pas uniquement économiques ? Et qu'en l'occurrence, « les esprits timorés », c'était Masaryk, lorsqu'il déclarait que les Allemands dirigeraient leur agression vers l'Europe Orientale, parce que « s'ils en étaient les maîtres, ils régleraient facilement le compte de la France, puis de l'Angleterre, puis des Etats-Unis [3] » ? C'était

1. *E.C.P.*, p. 272. Voir *C.E.P.*, p. 230.

2. *E.C.P.*, p. 275. Voir *C.E.P.*, p. 233.

3. Thomas Masaryk : *The New Europe*, Londres, 1918, p. 38.

Winston Churchill lorsque, craignant de voir l'influence allemande devenir rapidement prédominante en Russie, il avertissait le Conseil Suprême que « si la Russie tombait entre ses griffes, l'Allemagne deviendrait par là plus forte que jamais [1] », ou bien Woodrow Wilson, expliquant à ses compatriotes que, dès que l'Allemagne pourrait avoir sur la Russie une influence décisive, « elle trouverait là aussi le chemin de l'Orient, qui la mènerait à la domination du monde... Si vous ne le lui fermez pas, disait-il, vous serez infailliblement conduits, tôt ou tard, à participer à une guerre exactement semblable à celle d'où nous sortons [2] », ou bien encore, c'était Sir Halford Mackinder, déclarant, dans un livre plein de clairvoyance (dont l'Allemagne allait bientôt s'inspirer) que « quiconque règne sur l'Europe Orientale domine le cœur du Vieux Monde, et domine aussi par là l'ancien continent tout entier ; et quiconque règne sur l'ancien continent est maître du monde [3] ».

Mais la probabilité même des projets de l'Allemagne vers l'Est détournait Mr. Keynes de s'en alarmer : à son sens, ils auraient dû suffire à dissiper les inquiétudes de la France. « Croire qu'elle ait quoi que ce soit à craindre de l'Allemagne dans un avenir prévisible, sinon par sa propre faute, c'est une erreur », écrivait-il deux ans plus tard. « Quand l'Allemagne aura recouvré sa force et sa fierté, ce qui ne peut manquer d'arriver, bien des années passeront encore avant qu'elle jette de nouveau les yeux vers l'Ouest. L'avenir de l'Allemagne, aujourd'hui, est à l'Est, et c'est de ce côté que ses ambitions et ses espoirs, quand ils renaîtront, se tourneront certainement [4]. »

1. A Paris, le 15 février 1919. V. *Foreign Relations of the United States,* 1919, Russia, p. 62.

2. Discours prononcé à Cœur-d'Alène, Idaho, le 12 septembre 1919.

3. Sir H. J. MACKINDER : *Democratic Ideals and Reality,* éd. Pélican, 1944, p. 113.

4. *R.T.,* p. 186. *N.C.,* voir p. 195.

Sur cette prophétie triomphale, nous devrions sans doute clore cette partie de notre ouvrage. Une paix qui fournissait au vaincu de pareilles possibilités de relèvement méritait-elle vraiment le nom de « carthaginoise » ? L'histoire a attaché cette épithète aux épilogues de deux guerres. Le premier est un traité de paix proprement dit entre Rome et Carthage. Le second n'est pas un traité : Carthage fut incendiée et complètement rasée, traitement qui n'a certainement rien de comparable avec celui que reçut l'Allemagne en 1919. C'est donc avec le premier seulement que nous pourrons chercher à établir un parallèle.

Après avoir été vaincue à Zama, Carthage perdit presque tous ses navires de guerre et tous ses territoires d'outre-mer; elle dut abandonner à ses voisins de grandes portions de son domaine continental, et payer à Rome une indemnité de guerre de quatre mille talents. Donc, il n'était pas injustifié d'appeler le Traité de Versailles une Paix Carthaginoise.

Quant à savoir si la première Paix Carthaginoise était le fruit d'une vindicte excessive, c'est affaire d'opinion. Celle de Mommsen, bon Allemand (et bon pangermaniste) s'il en fut — qui vaut bien, sur ce point du moins, celle de n'importe qui — c'est que « la noblesse d'âme et les qualités d'hommes d'Etat des deux grands antagonistes se montrèrent aussi bien dans la magnanime soumission d'Annibal à l'inévitable que dans la sagesse dont fit preuve Scipion en n'abusant pas de sa victoire ».

L'histoire, assurément, n'a pas dit son dernier mot sur le Traité de Versailles. Toujours est-il que notre avenir immédiat risque fort d'être modelé selon l'image qu'on se fait généralement du passé, et les prophéties populaires, à cet égard, trouveront sans doute plus d'adeptes que la docte et prudente histoire. Quant à Mr. Keynes, je suis prêt à croire que ses intentions étaient pures, ses convictions sincères, et qu'il se peut que son échelle des valeurs, après tout, ait été juste. Mais bon nombre des faits qu'il avançait, en tout cas, étaient inexacts; cela, je crois l'avoir prouvé de façon convaincante.

« Les prophètes prophétisent faussement, dit Jérémie, et par eux les prêtres dominent. Et mon peuple l'aime ainsi. Mais que ferez-vous donc quand viendra la fin ? »

CHAPITRE VII

LA PAIX

On ne rétablira l'ordre dans le monde qu'en montrant, de la façon la plus ferme et la plus résolue, la volonté de gouverner et de faire prévaloir la justice.

WOODROW WILSON

(Dernier discours public, radio-diffusé pour l'anniversaire de l'Armistice, le 10 novembre 1923.)

I

L'humanité n'est pas une institution philanthropique. Voué dès avant sa naissance à faire de ses semblables sa proie, indéfiniment tenté, indéfiniment déçu, l'homme, même s'il a été conçu dans quelque dessein facétieux, n'est certes pas, de par sa nature, destiné au bonheur; à ce jour, la création tout entière gémit et ploie toujours sous le faix. Il y eut des époques qui reconnurent plus ou moins dans cet état de choses un ordre établi. Quand il apparut que seuls le privilège et la superstition, ensemble conjurés, faisaient obstacle à la perfectibilité infinie de la race humaine, et quand l'avancement des sciences et l'accumulation des richesses promirent le progrès illimité du bien-être matériel, les forces torrentielles des espoirs temporels se déchaînèrent. Mais le Temps sait manier l'ironie comme Satan lui-même; et les échecs qu'il ne cesse d'infliger aux appétits, aux ambitions et aux aspirations des hommes ne pouvaient manquer de susciter, en désespoir de cause, toutes les ressources de leur férocité naturelle; car l'homme n'est pas fait pour rester toujours dressé sur ses pieds de derrière.

Les événements auxquels nous assistons aujourd'hui sont probablement l'aboutissement de cette aventure. Le poète[1] qui avertissait l'Europe que la route où elle s'engageait conduisait, de l'humanité, par la nationalité, à la bestialité, en avait assez bien prévu le terme. Mais, avec un pareil point de départ, le danger de dévier hors du droit chemin se présente assez vite : et, à moins de l'éviter, on se trouve dans une impasse. De temps en temps, depuis des siècles, un murmure enchanteur s'insinue au cœur des hommes : « Vous serez semblables aux dieux... » Mais le culte de l'humanité est si loin d'être en harmonie avec la nature intime de l'homme, et tellement incompatible avec l'organisation naturelle de notre espèce, qu'il conduit presque fatalement à quelque forme du culte de soi-même, en la personne d'un individu ou d'une collectivité, et que, bien souvent, il aboutit tout simplement à l'adoration du diable. Par contre, toutes les inventions, toutes les constructions lourdes et monumentales érigées comme autant de barrières pour endiguer les instincts de l'homme, — toutes les civilisations, eurent probablement en commun cet inexplicable secret, qu'elles lui assignaient une fin ultérieure; et c'est précisément dans la mesure où elles le firent qu'elles atteignirent aussi parfois leur plus haute valeur humaine.

Ainsi, par contraste avec la systématisation du meurtre en masse que connaît notre époque, les autodafés de l'Inquisition eux-mêmes paraissent tout imprégnés de la charité et presque de la bonté d'hommes que la plus ardente conviction poussait à remplir un devoir : sauver des âmes immortelles.

1. Grillparzer (N. du T.).

Aujourd'hui, l'extermination a pour seul objet le profit des exterminateurs. On s'étonne souvent que des choses pareilles soient *encore* possibles au XXe siècle; mais ces choses-là *sont* le XXe siècle. Elles font partie de sa substance même. Elles portent, pour ainsi dire, sa marque de fabrique et son sceau. Burke — on nous le rappelle souvent aujourd'hui — a dit qu'il ne savait pas selon quelle méthode on pourrait dresser un acte d'accusation contre un peuple tout entier ; mais contre qui faut-il dresser l'acte d'accusation qui porte sur le meurtre d'un peuple tout entier? Ceux qui meurent dans les camps d'extermination d'Europe orientale, ces « multitudes sur qui s'est abattue l'iniquité », sont, comme l'annonçait le même Burke, privés de toute consolation extérieure. « Ils paraissent abandonnés des hommes, écrasés par la conjuration de tous leurs semblables réunis. »

C'est, je crois, le Président Roosevelt qui a dit un jour que la guerre actuelle met aux prises ceux qui croient en l'humanité et ceux qui ne croient pas en elle... Peut-être... Mais on ne saurait nier que, du moins s'il s'agit de succès temporel, ceux qui font reposer là leur foi se sont trouvés jusqu'à présent, pour faire la guerre, dans une position quelque peu désavantagée. Plaignons donc de tout cœur nos semblables, admirons-les, respectons-les, aimons-les : mais l'homme ne saurait guère être l'objet d'une croyance ; et ce doit être à quelque chose de meilleur que l'humanité que les hommes investis de la dignité de chrétiens doivent une foi que rien ne peut remplacer.

Mais la Foi, et avec elle l'Espérance, prennent, de nos jours, d'autres voies : et celles-ci nous ont conduits, non seulement à l'attente de fins démesurées, mais à un égal dédain des moyens nécessaires. Avec quelle superbe Mr. Keynes niait le dogme wilsonien parce qu'il garantissait « les frontières, mais non pas le bonheur[1] » ! Pourtant les fondateurs des Etats-Unis eux-mêmes n'avaient

1. *R.T.*, p. 11. *N.C.*, voir p. 12.

pas osé garantir autre chose que la recherche du bonheur : et, probablement, leur successeur ne concevait pas qu'il fût possible, le monde étant ce qu'il est, d'aller même jusque-là sans avoir d'abord garanti les frontières. Peut-être avons-nous appris aujourd'hui ce qui arrive à ceux dont les frontières sont violées par l'invasion. Et quant au bonheur, nous le voyons partout en fuite, — fuite si rapide, si effrénée, que l'Etat ne croit pas trop faire en lançant sur ses traces, dans une poursuite sans relâche, l'ensemble de ses forces organisées. Il y a cent cinquante ans Saint-Just, — et le grondement lointain de la canonnade faisait écho à ses paroles, — Saint-Just proclamait devant la Convention que le bonheur était une idée nouvelle en Europe ; aujourd'hui, tandis que le spectre du bonheur tremble et s'évanouit douloureusement, cette Ere Nouvelle nous apparaît comme un intermède bref et tourmenté, sur lequel, déjà, le rideau tombe.

Ainsi, la roue a fait un tour complet. Après tout, n'est-ce pas là la nature même d'une *révolution ?* La marche du monde à travers l'espace infini est aussi une éternelle révolution. Il faut que la vie continue, — invincible, suivant son orbite au cours du temps infini. Et comme, d'un bout à l'autre de la planète, nous voyons les institutions sociales évoluer toujours plus rapidement, les institutions économiques devenir toujours plus dynamiques, et les institutions politiques toujours plus aérodynamiques, il faut sans doute nous attendre à voir, dans un proche avenir, s'amplifier et se précipiter toujours davantage cette réjouissante progression, — nous attendre, très littéralement, à l'accélération des tours de roue... Nous avons vu déjà quel chemin a été parcouru au cours de notre vie. Demain, peut-être, Lord Keynes, suivant un illustre précédent[1], nous offrira un beau programme tout neuf, comportant le versement par l'Allemagne d'indemnités complètes, le retour à l'étalon-or, et dénonçant la promesse trompeuse du plein emploi... Et

1. *R.T.* p. 167; *N.C.*, p. 175.

pourquoi pas, en vérité ? Mais les exercices de cet éblouissant prestidigitateur se succèdent à une telle allure qu'on en perd haleine et que je ne saurais les suivre avec toute l'attention qu'ils méritent. Laissons donc là Mr. Keynes et ses œuvres et tournons-nous vers l'avenir pour le contempler pendant quelques brefs instants ; essayons de découvrir ce qu'il recèle, et à l'aide de quels instruments nos mains auront peut-être encore la force de le modeler.

II

L'auteur ne se propose pas de présenter ici le plan détaillé d'une paix universelle, ni même d'une paix européenne : il va sans dire qu'il ne se sent nullement en mesure d'affronter une pareille tâche ; et de plus, le moment est proche où même un bon Européen ne sera déjà plus qu'une variété d'insulaire. Mais l'auteur croit aussi qu'en fin de compte il sortira plus de bien du rapprochement progressif et patient des opinions de ceux qui prennent part aux tâches pratiques de la reconstruction, — de cette harmonisation des bonnes volontés réunies, — de cette conjuration des intelligences, irréalisable sans l'aide du temps, — que de la confrontation hâtive de programmes cristallisés, pour ainsi dire, en un tout rigide. D'autre part, il se présentera sans doute aussi des circonstances où l'on devra battre le fer pendant qu'il est chaud, et saisir au moment favorable des occasions imprévisibles autant que fugitives. Mais là, comme partout et toujours, il faudra se laisser guider par certains principes ; l'auteur, dans cet esprit, espère que les lignes qu'on va lire pourront contribuer utilement à la discussion générale.

Ainsi qu'il est naturel après les catastrophes qu'ils viennent de subir, tous les peuples éprouvent le profond désir de profiter des leçons du passé et d'éviter la répétition des erreurs qui furent commises la dernière fois ; mais cette disposition, saine et louable en elle-même, risque fort de nous engager dans la mauvaise voie, et de nous égarer une fois de plus. L'esprit de réaction contre le Congrès de Vienne qui régnait à Paris il y a vingt-cinq ans était dû en partie à la méconnaissance des événements. Comme le propose le professeur Brogan, il ne serait peut-être pas inutile de chercher à découvrir ce qui s'est fait à Versailles avant de décider de ne pas le refaire. L'auteur souhaite que le présent ouvrage contribue à cette découverte.

Il est de bon ton, depuis le début de la guerre actuelle, de proclamer que les questions économiques, si ridiculement négligées ou si mal résolues en 1919, devront prendre le pas sur toutes les autres lorsque, après la guerre, on entreprendra la reconstruction ; que les questions politiques, telles que les modifications de frontières, sont de peu d'importance, ou, tout au plus, secondaires, — bref, que si nous nous occupons des affaires économiques, les affaires politiques s'arrangeront d'elles-mêmes. D'autre part, la légende des Réparations a une si forte prise sur l'opinion, experte et profane, que depuis longtemps c'est presque un lieu commun de dire que, cette fois-ci, quelle que soit l'évolution de la guerre, les Alliés seront bien avisés de renoncer à toutes réparations de la part de l'Allemagne. Jusqu'où a pu aller cet état d'esprit, on en jugera d'après l'opinion émise par une importante revue financière, peu après la défaite de la Pologne : « Il sera indispensable », écrivait l'*Economist*, « de voir loin en ce qui touche les indemnités. Par exemple, en équité, rien n'est plus justifié que d'exiger des réparations pour la destruction de Varsovie. Mais il serait probablement à l'avantage des Alliés de reconstruire la ville à leurs propres frais plutôt que d'insinuer encore une fois le poison des Réparations dans les rapports entre l'Allemagne et ses voisins de l'ouest[1] ».

1. *The Economist*, Londres, 21 octobre 1939. « Les trois principes suivants, y lisait-on encore, pas d'annexions, ni de démembrement du territoire allemand, pas d'in-

On imagine sans beaucoup de peine l'effet que pouvaient avoir sur l'esprit des Allemands des déclarations de ce genre, si magnanimes, si bien intentionnées qu'elles aient été à coup sûr. C'était dire à l'Allemagne : « Va, et recommence à pécher! Tue, brûle, bombarde, lève des tributs, pille, viole, déporte, dévaste, massacre! quoi que tu fasses, on ne t'en demandera pas compte ; puisque les Réparations sont exclues, nous nous occuperons nous-mêmes des dommages et tu tireras ton épingle du jeu, quoi qu'il arrive ! Pile, tu gagnes, et face, tu ne perds pas ! »

Et l'Allemagne, persuadée de remporter la victoire finale, mais se fiant en tout cas à l'impunité que semblait lui promettre l'histoire des vingt dernières années, a ravagé l'Europe de l'un à l'autre bord ; et pour cette entreprise le peuple allemand, dans son ensemble, a été, chose bien naturelle, un partenaire empressé, actif et satisfait, tant que les choses allèrent bien [1]. Il est inutile, et, d'ailleurs, actuellement tout à fait impossible, de décrire exactement l'état auquel a été réduite l'Europe par qua-

demnités, pas d'inégalité d'armement, recevraient aujourd'hui l'appui d'une grande partie de l'opinion britannique. »

1. « La grande masse des ouvriers, des paysans et des petits industriels », notait en 1940 un observateur américain bien connu, « comprennent parfaitement que si, comme ils y comptent bien maintenant, Hitler réussit à établir son Ordre Nouveau, cela signifiera pour eux une part plus grande qu'auparavant du lait et du miel de ce monde. Que ce soit nécessairement aux dépens d'autres peuples, — des Tchèques, des Polonais, des Scandinaves, des Français, — c'est ce dont les Allemands se soucient fort peu. Là-dessus, ils n'ont pas l'ombre d'un scrupule. » (WILLIAM SHIRER : *Berlin Diary,* 1941, p. 582.) « En causant avec les habitants de Kharkov pendant et après le procès », lisons-nous encore dans le *Times* de Londres du 31 janvier 1944, « je n'ai rencontré que mépris pour l'allégation des accusés, qui voulaient se faire passer pour des victimes du système nazi. Dans Kharkov occupée, si durs qu'aient été à l'égard des Russes les règlements allemands, la façon dont les interprétait l'Allemand moyen ajoutait encore aux souffrances des habitants. »

tre ou cinq années d'occupation allemande. Même si les dégâts causés par cette occupation ne sont pas répartis également, même si des régions étendues sortent relativement indemnes de la tourmente, les souffrances, la dégradation, la terreur qui, du fait de l'Allemagne, ont bouleversé des millions de vies humaines, laisseront l'Europe dans un état misérable, difficile à dépeindre comme il le faudrait. Les chiffres représentant les tributs financiers, explicites et précis dans leur énormité, ne rendent compte, nous l'avons vu, que d'une partie de la vérité ; il faut y ajouter le pillage ininterrompu des richesses, qui ne laisse presque aucune trace écrite, les destructions et les dévastations, résultats inévitables des opérations de guerre, et particulièrement des bombardements aériens ; la politique de la « terre brûlée » appliquée par l'Allemagne aux pays d'où elle est contrainte de se retirer ; les maux incalculables infligés méthodiquement à des êtres humains, dont des millions ont été arrachés à leurs foyers ; enfin, et ce n'est pas le moins grave, la sous-alimentation prolongée de la plus grande partie de l'Europe occupée [1] ; sans compter, bien entendu, toutes les vies humaines englouties dans les combats, et toutes celles que le génie allemand de l'extermination a tranquillement, progressivement et scientifiquement éliminées.

Les conséquences de cet état de choses, si l'on n'y porte remède, sont bien claires : l'Allemagne, malgré les pertes effroyables qu'elle aura subies,

1. Lord Horder, à la fin de 1943, déclarait que la valeur en calories des rations journalières était de 1.260 unités en Belgique et de 1.080 en France. « La sous-alimentation, dit-il, est au point de vue médical un problème bien plus grave que la famine, parce qu'elle cause des maladies de moindre résistance dont la principale est la tuberculose, et conduit à un état de choses dont la race ou la nation ne se relève pas du vivant de la génération atteinte, ni même de la suivante, mais peut-être de la troisième seulement. » (Chambre des Lords, 15 mars 1944.) On pourrait ajouter qu'à cet égard, l'Europe occidentale a été relativement favorisée, en comparaison de l'Europe orientale.

pourrait cependant avoir fait un pas de plus vers la domination qu'elle cherche à exercer sur l'Europe, car elle aura systématiquement affaibli ou détruit ses voisins, au point que leur rétablissement sera forcément plus lent que le sien. Ainsi, tout en perdant la guerre militairement et politiquement, elle a fait d'ores et déjà tout ce qui dépend d'elle pour éviter en partie les effets de la défaite, et pour gagner la guerre en fin de compte, au moins en Europe, dans le domaine économique et biologique.

Devant cette situation, qu'il était facile de prévoir, si nous nous bornons à prendre le contrepied du Traité de Versailles, — à appliquer le principe que, malgré tout ce qu'aura fait l'Allemagne, nous nous interdirons de toucher à ses frontières ou d'exiger d'elle des réparations, — nous n'arriverons à rien : ce sont les victimes de l'Allemagne qui en arriveront précisément au point où elle veut les amener. Mais si, par contre, nous soumettons les erreurs passées à un examen plus objectif et plus réfléchi, nous découvrirons peut-être que, même si l'on ne peut remédier entièrement à des torts dont la plupart sont irréparables, même s'il n'est pas de guérison infaillible et permanente aux maux d'où sortent les guerres qui déchirent l'humanité, il existe pourtant en fait des alternatives que notre devoir élémentaire nous commande d'envisager.

III

Albert Thomas, alors Directeur du Bureau International du Travail, demanda un jour, dit-on, à Mr. Henry Ford ce qu'il pensait du problème russe. « Il n'y a pas de problème russe », lui fut-il répondu. « Depuis six mois, j'ai livré à la Russie pour 275.000 dollars de tracteurs, et j'ai été payé jusqu'au dernier cent [1]. »

1. Cité par E.-J. Phelan : *Albert Thomas et la Création du B.I.T.*, p. 236.

Si, comme on le propose parfois aujourd'hui, nous appliquions cette méthode vraiment ingénieuse aux divers problèmes qui se posent dans le monde, leur solution ne devrait pas être bien difficile. Il serait, au contraire, difficile de comprendre pourquoi ils ne sont pas tous résolus depuis longtemps. En particulier, c'est une mode très répandue d'affirmer que les besoins économiques doivent prendre le pas sur les traditions nationales et politiques, désormais surannées, et que c'est aussi à des causes économiques qu'il faut attribuer les malheurs de l'Europe : d'où l'on conclut que la constitution dans notre continent de « grandes unités » où la production en série ne serait pas gênée par le morcellement du territoire, devrait être notre premier objectif. C'est ainsi, d'après le professeur E. H. Carr, que « Naumann, avec sa Mitteleuropa, s'est montré bien meilleur prophète que Wilson avec son droit des peuples à disposer d'eux-mêmes [1] ». Mais alors, dirons-nous, Hitler s'est montré meilleur prophète encore ; car, si la fusion de l'Europe en une seule entité économique doit véritablement passer avant tout le reste, la lutte poursuivie depuis cinq ans, au prix de tant de vies humaines et de richesses, pour empêcher l' « intégration » de l'Europe sous la domination allemande, serait non seulement un crime, mais une folie.

Il n'est pas inconcevable qu'un jour vienne où le monde sera soumis à la loi d'un Empire planétaire unique. Mais tant que ce jour ne sera pas venu, l'humanité restera partagée en nations distinctes ou en groupes de nations, et « le problème », jusque-là, ne sera pas d'établir une paix toujours facile à sauvegarder en souscrivant à la

1. *Conditions of Peace,* p. 294. « Les vainqueurs de 1918, ajoute le professeur Carr, « perdirent la paix », en Europe Centrale, pour avoir continué d'appliquer le principe de la désintégration économique et politique à une époque qui demandait des unités toujours plus grandes. »

volonté du plus fort, mais de maintenir aussi longtemps que possible un état de choses assurant à la liberté de chacun les garanties qui lui sont dues. A cet égard, ce n'est pas par leur vertu propre que les « grandes unités » appelleront la paix et la liberté, mais seulement si se trouvent remplies certaines conditions relatives à leur composition interne, à leurs rapports avec leurs voisins, grands et petits; et l'on verra que ces conditions mêmes résultent le plus souvent de données *géographiques*. Ni les « grandes unités », ni la prospérité économique ne sont choses entièrement nouvelles, mais l'histoire nous dit qu'elles n'apportent pas aux hommes des bienfaits sans mélange. En 1914, à l'époque d'une prospérité économique sans précédent dans les annales de l'humanité, les « grandes unités » ne fournirent qu'une base bien fragile à la paix européenne. Vouloir expliquer la catastrophe actuelle par la « balkanisation » économique de l'Europe Centrale et Sud-orientale depuis 1919, ce serait donc vraiment se contenter d'un raisonnement un peu simpliste.

Le but de ce livre n'est nullement de faire l'apologie de la Paix de Versailles ; mais, tandis que les défauts d'ordre économique reprochés au Traité étaient, pour la plupart, imaginaires ou exagérés, l'auteur partage l'opinion de ceux qui soutiennent que ce sont les fautes politiques qui furent vraiment décisives. Peut-être fut-ce une erreur, au point de vue économique, de permettre ou même d'encourager la division de la Monarchie danubienne en plusieurs Etats souverains ; mais ces Etats demeuraient libres, s'ils y trouvaient leur intérêt, de former entre eux une fédération économique organisée à leur guise [1] ; et, s'ils ne le firent pas, ce sont eux qui y perdirent plus que personne. Mais combien plus graves pour le reste du monde furent les conséquences *politiques* du morcellement

1. Le gouvernement de M. Tardieu, en 1932, essaya de les encourager dans cette voie.

de l'Europe Centrale et Sud-orientale ! C'était là, comme on l'a d'ailleurs souvent montré, le vice fondamental de tout le système : on constitua une Europe où l'Allemagne forte, centralisée, possédant une population d'environ 70.000.000 d'habitants, restait entourée d'un chapelet de petits Etats obligés de se fier, pour le maintien de leur indépendance, à l'aide de puissances lointaines, — bref, on ne réussit pas, et nous pourrions presque dire que cet échec fut voulu, à établir un juste *équilibre des forces.* Car, si décidé qu'il fût à rejeter un système diplomatique de cet ordre, Wilson lui-même avait prévu que l'Europe qu'il laissait ainsi faite, — et faite, en grande partie, de ses propres mains, — ne pourrait guère se maintenir d'elle-même ; que si les Puissances extérieures à l'Europe ne lui prêtaient pas leur appui, l'Allemagne pourrait encore lui imposer sa volonté. « Tous les pays que l'Allemagne voulait écraser et réduire à n'être plus que des instruments entre ses mains ont été sauvés par cette guerre », déclara-t-il. « Les plus grandes Puissances du monde leur ont garanti que personne ne violerait plus leur liberté. Si vous ne voulez pas leur donner cette garantie, vous les exposez à coup sûr à une nouvelle tentative de domination ; et, dans le cas où éclaterait une autre guerre semblable à celle-ci, pourriez-vous rester à l'écart [1] ? » Or, la Société des Nations avait été fondée précisément dans le dessein d'assurer aux faibles l'appui dont parle ici le Président Wilson. Mais, des Puissances qui la constituaient, les unes ne se montrèrent pas disposées à agir, le moment venu ; aux autres manqua la préparation ou la résolution nécessaires pour remplir à temps leurs obligations. A la vérité, l'esprit dans lequel avait été conçue la Société des Nations présumait trop de ses membres. Comme on l'a fort bien dit, « ce n'est pas la Société qui a fait faillite, ce sont les Na-

1. Discours prononcé à Saint-Louis, Missouri, le 5 septembre 1919.

tions[1]. Et, si Wilson est coupable de s'être abandonné à une illusion, cette illusion, c'était l'humanité.

« Si ce Traité était rejeté », dit encore le Président, « s'il était mutilé, alors la tragédie qui s'ensuivrait amènerait une conversion générale à l'opinion que j'exprime aujourd'hui, — mais, ajoutait-il, je ne souhaite pas voir se produire pareille conversion. Je ne souhaite pas voir une ère de sang et de chaos préluder à la conversion des hommes aux seules méthodes qui permettent de réaliser la justice[2] ».

Est-il concevable que nous fassions encore une fois reposer notre espoir sur un plan renouvelé d'assistance mutuelle ? Ces plans-là sont peut-être très beaux sur le papier ; mais le papier, disait Catherine de Russie, est moins chatouilleux que la peau humaine ; et la peau humaine, en premier comme en dernier lieu, est bien la matière première sur laquelle s'exerce l'ingéniosité des hommes d'Etat. Quand viendra le temps de réédifier une organisation mondiale, ces hommes d'Etat seront bien avisés de suivre le conseil que donnait déjà, il y a vingt-cinq ans, Sir Halford Mackinder, et de tenir compte des réalités, — non pas seulement des réalités économiques, mais des réalités physiques et géographiques, politiques et humaines ; dans leurs calculs, l'étendue des continents, la largeur des mers, la forme des côtes, la situation des fleuves, des montagnes, des plaines et des déserts, des îles, des canaux et des détroits, — et par-dessus tout, la force numérique et le caractère national des peuples, devront entrer en ligne tout autant que les statistiques de la production du blé, du charbon ou du pétrole ; leur première tâche, avant de poser les fondations durables d'une organisation mon-

1. T. E. Jessop : *The Treaty of Versailles, Was it just* (1942).

2. Discours prononcé à Cœur-d'Alène, Idaho, le 12 septembre 1919.

diale, sera d'examiner les matériaux qui devront servir à l'édifier.

Ceci nous conduit à l'étendue et à la configuration des pays, et au problème des frontières, qui, en dernière analyse, revient à *définir*, pour chaque pays, son être même. Aujourd'hui plus que jamais, les frontières demeurent, selon l'expression de Lord Curzon, « le tranchant de rasoir sur lequel s'équilibrent, dans le monde moderne, les forces d'où sortiront la guerre ou la paix, la vie ou la mort des nations ». Pour l'Angleterre comme pour les peuples d'outre-océan, le propre de leurs frontières est d'être en même temps des grandes routes qui, à la fois, constituent le rempart les isolant du monde et fournissent le moyen de communiquer avec lui. C'est pourquoi, sans doute, les questions de frontières des pays maritimes ne souffrent pas plus la comparaison avec celles des pays continentaux que l'arête de la proue d'un navire avec le fil d'un rasoir, pour parler comme T. E. Lawrence. Pourtant on ne saurait douter qu'aujourd'hui comme autrefois, les frontières devront être le premier, sinon peut-être le principal objet du Traité de Paix. En fait, la guerre actuelle, à l'origine de laquelle se trouve la violation d'une frontière, n'a pas cessé d'être une lutte pour la sauvegarde des frontières — du moins de la part des Nations Unies : car la Charte de l'Atlantique, en affirmant le droit qu'ont tous les peuples de choisir la forme du gouvernement sous lequel ils veulent vivre et en promettant la restauration de leurs droits souverains à ceux qui en ont été privés par la force, a défini du même coup le véritable but de la guerre: faire que chaque pays soit libre, chasser l'ennemi des territoires qu'il a envahis et dont il s'est emparé, veiller à ce qu'à l'avenir il n'outrepasse plus ses droits, et assurer à chaque nation le respect des siens.

L'auteur s'estimera satisfait s'il a pu contribuer à ramener sur la question des frontières l'attention publique qui en avait été trop longtemps, et bien malheureusement, détournée. La répugnance à envisager les questions territoriales proprement dites, qui caractérise tant d'ouvrages traitant de l'après-guerre et de la reconstruction trouve son excuse dans les inextricables difficultés que présente l'écheveau embrouillé des nationalités en Europe Centrale et Orientale ; mais la meilleure façon de résoudre un problème n'est peut-être pas de nier son existence. Une tendance plus favorable, très à la mode depuis quelque temps, voudrait que l'on changeât non pas tant le tracé des frontières que leur importance [1]. L'auteur se rallierait de grand cœur à cette manière de voir, s'il ne la trouvait difficile à concilier avec l'exigence, qu'on y voit si souvent associée, d'une nationalisation toujours plus accentuée de la vie économique. Car tout ce qui renforcera le rôle économique de l'Etat donnera inévitablement aussi plus d'importance aux frontières. L'auteur s'avoue entièrement incapable d'imaginer comment, étant données les tendances actuelles de la politique économique, on pourrait à la fois enlever aux frontières leur importance et développer dans tous les domaines l'intervention de l'Etat.

Ce n'est donc peut-être pas le fait du hasard que la Russie soit le seul pays qui ait eu dès le début un programme territorial bien défini, le premier qui ait posé la question des frontières, — en même temps qu'elle ne paraît pas éprouver plus d'hésitation quant à la paix qu'elle fera avec l'Allemagne qu'elle n'en a montré dans la conduite de la guerre. En fait, c'est seulement quand apparurent les desseins territoriaux de la Russie que ces questions, jusqu'alors négligées en Angleterre et en Amérique par une opinion publique indifférente ou timorée, commencèrent à y être envisagées sérieusement. N'est-il pas remarquable qu'un Etat qui se fonde si largement sur la philosophie économique de l'histoire et qui exerce une autorité si entière

1. Voir, par exemple, Carr, ouvrage cité, p. 246.

sur la vie économique de ses peuples, soit aussi le premier, parmi les Nations Unies, qui ait exigé le remaniement de ses frontières pour des raisons politiques et stratégiques ?

On voit donc, à l'est de l'Europe, les éléments d'une solution prêts à être mis en œuvre, et la réapparition de la Russie parmi les grandes Puissances change la face des choses, en comparaison de l'Europe mal équilibrée de 1919. En Poméranie et en Prusse-Orientale, le nœud gordien des nationalités, que la Conférence de 1919 avait hésité à démêler, va être tranché. Si l'on ne procède dans cette région, dans un sens ou dans l'autre, à l'assimilation forcée d'importants blocs minoritaires, les nationalités y resteront aussi enchevêtrées que par le passé et il sera impossible de trouver une ligne de partage satisfaisante. Le remède héroïque d'un échange de populations, si douloureux qu'il dût être pour un grand nombre d'êtres humains, serait peut-être en fin de compte moins contraire à l'intérêt général que toute autre décision qui ne constituerait qu'une demi-mesure. Dans plusieurs régions de l'Europe, ces transferts, qui devront toujours s'accompagner de toutes les précautions et de toutes les compensations possibles envers les habitants déplacés, constituent peut-être la solution définitive de problèmes autrement insolubles. Si, d'accord avec Lord Cranborne, on prend pour règle de n'appliquer cette méthode qu'aux seuls cas où la question des minorités « risque de devenir pour la paix un grave danger [1] », n'est-il pas évident que la Poméranie et le pays des Sudètes ont déjà prouvé à la face du monde qu'ils rentraient dans cette catégorie ? Dès 1919, Sir Halford Mackinder se déclarait nettement partisan de cette solution pour la Prusse-Orientale : « Pour résoudre ce problème, écrivait-il, l'humanité ne trouverait-elle pas son compte à supporter les frais d'un remède radical, en cherchant à le rendre juste et

1. Chambre des Lords, 8 mars 1944.

même généreux à tous égards envers les individus [1] ? » Mais, pour réussir, un plan de cet ordre devra être le résultat d'une action raisonnée et concertée de la part des Puissances responsables; si elles diffèrent, si elles hésitent, la même solution interviendra néanmoins, mais dans les pires conditions, ainsi qu'il advint, tragiquement, en Grèce en 1922. Il y a vingt-cinq ans, la responsabilité d'organiser l'Europe Orientale incombait surtout à des Etats étrangers à cette région ; cette fois, cette organisation dépendra bien davantage des desseins des Etats directement en cause, et de leur concordance ; et l'œuvre ne perdra rien si sa conception s'éclaire d'un reste de cette étincelle généreuse qui inspira la résurrection de la Pologne et de la Bohême.

Pour l'Allemagne occidentale, il ne semble pas qu'il y ait encore un plan arrêté. Mais, là aussi, la sécurité de peuples que leurs frontières sans défenses naturelles ont exposés si dangereusement aux invasions de leurs puissants voisins, et dont l'indépendance s'est avérée d'une importance vitale pour les nations d'outre-mer, doit, dans l'intérêt de tous, être protégée par des moyens efficaces. Une promesse d'assistance n'y suffirait pas, à moins qu'elle fasse partie d'un système défensif fondé sur la garantie d'une force irrésistible contre toute agression future. « On peut admettre comme certain, disaient les Français en 1919, que, grâce à la solidarité inscrite dans le Pacte de la Société des Nations, la victoire finale nous appartiendrait dans le cas d'une nouvelle agression allemande. Mais cela ne suffit pas. Nous ne voulons pas qu'entre l'agression et la victoire interviennent, comme cela a été le cas en 1914, l'invasion de notre sol, sa destruction systématique, le martyre de nos concitoyens du Nord et de l'Est [2]. »

1. *Democratic Ideals and Reality*, éd. Pelican, 1944, p. 121.

2. Memorandum du Gouvernement français, 26 février 1919 (texte dans ANDRÉ TARDIEU : *La Paix*, pp. 177-178.)

Faire du Rhin, comme on le proposa alors, la frontière occidentale de l'Allemagne, l'épreuve peut-être aurait montré que ce n'était pas un remède infaillible ; mais il est difficile de concevoir comment tous les inconvénients imaginables d'une politique de vigilance ferme et continue sur « la frontière de la liberté » auraient pu être plus graves que ceux qui ont effectivement suivi l'abandon de cette politique.

Sir Halford Mackinder écrivait récemment[1] qu'il est nécessaire d'établir de puissantes « digues de force » des deux côtés de l'Allemagne, plutôt que de compter sur un système précaire d'occupation de tout son territoire. S'il en est ainsi, une organisation défensive groupant l'Amérique, l'Angleterre et la France se trouverait demain en face des mêmes désavantages que naguère, à moins que « la tête de pont » France-Belgique-Pays-Bas ne soit munie d'un solide rempart défensif. Il n'est pas possible aujourd'hui de dire si un plan dont l'objet serait de faire entrer la Rhénanie dans une communauté occidentale aura demain les mêmes chances de succès qu'auraient pu lui donner, il y a vingt-cinq ans, l'accord et la résolution commune des Alliés. Mais les événements, d'autre part, auront pu dans l'intervalle ouvrir bien des yeux, affermir bien des volontés, et vouloir, c'est pouvoir.

IV

L'intérêt général exige que l'Allemagne soit mise dans l'incapacité de reprendre son entreprise de conquête. Qu'elle soit forcée de contribuer dans la plus large mesure au rétablissement des pays qui ont souffert directement ou indirectement des conséquences de ses actes, la justice le demande, et aucun intérêt légitime ne peut en souffrir. Cependant il semble aujourd'hui presque impossible de

1. *The Round World and the Winning of the Peace, Foreign Affairs,* juillet 1943.

soulever la question des réparations sans la voir aussitôt enveloppée, comme d'un nuage impénétrable, par tout un essaim de réserves, de préjugés et de superstitions. Il semble que ce sujet, comme beaucoup de ceux qui ont trait à la reconstruction financière, ait été peu à peu recouvert d'un voile de pruderie rappelant étrangement cette attitude à l'égard des problèmes sexuels qu'on associe volontiers avec le souvenir du règne de Victoria. Le mot de réparation est aujourd'hui devenu presque tabou : ceux mêmes qui reconnaissent que le problème ne peut être éludé préfèrent généralement le mot, plus prudent, de restitution. La peur des mots est assurément un signe inquiétant, et il est bien possible que, cette fois, au fond de cette disposition particulière, se cache quelque chose qui ressemble à un *complexe,* freudien ou non ; nos facultés d'action sont paralysées par quelque inhibition profonde, et seule l'analyse la plus franche, en l'exorcisant, peut nous en libérer.

Restitution, à vrai dire, ce n'est qu'un mot, et un mot qui trompe. Personne n'imagine un seul instant qu'il soit possible aux pays dévastés de se faire restituer, pièce à pièce, chacun des objets détruits ou emportés. Pour ce qui est des destructions, une restitution proprement dite est impossible, et, parmi les destructions, il faut aussi compter tout ce qui a été consommé par l'ennemi. La restitution peut être une méthode appropriée quand il s'agit de biens durables, d'objets relativement résistants à l'usure et qu'il est possible de transporter sans trop de frais ou d'inconvénients : par exemple certains types de machines, des locomotives, du matériel roulant, etc. Dans d'autres cas, la restitution n'atteindra que partiellement son but ; ce n'est que pour des œuvres d'art ou pour des biens du même ordre que cette méthode pourra donner des résultats pratiques.

C'est pourquoi les réparations, — qu'on aime le mot ou non, — se présenteront cette fois encore comme un problème à résoudre, et un problème encore plus vaste que précédemment. Il ne devrait, pas plus qu'auparavant, être limité exclusivement aux pays qui ont subi l'invasion. La Grande-Bretagne, par exemple, sait déjà fort bien qu'elle se trouvera, du point de vue économique, gravement affaiblie par le prodigieux effort que la guerre lui a imposé : en dehors des destructions causées par les bombardements (qui, comme on le constatera sans doute, ne doivent représenter qu'une petite partie de ses pertes) l'usure de son outillage industriel et l'épuisement général de son capital, y compris ses placements au delà des mers, pèseront sur son économie d'après-guerre d'un poids continu, dont le signe le plus visible sera une balance des paiements déficitaire. Comment la Grande-Bretagne, privée d'une si grande partie de ses moyens de paiement, arrivera-t-elle à maintenir cet afflux essentiel de marchandises importées, faute duquel le niveau de vie national devra baisser sensiblement, — c'est un de ses problèmes les plus graves et les plus urgents. A la solution de ce problème, les systèmes de crédit expansible, les manipulations du taux de l'intérêt et des parités de change, et tous les autres expédients, panacées et tours de passe-passe financiers ou monétaires, quelle qu'en soit d'ailleurs l'ingéniosité, ne pourront apporter, dans l'hypothèse la plus favorable, que des contributions partielles. Autrefois, la source de ces importations se trouvait dans les actifs fournis par les capitaux exportés. Ceux-ci ayant pour la plupart disparu, les livraisons assurées par la loi « Prêt et Bail » ont permis pour un temps de s'en passer et ont ajourné le déficit ; mais on ne pouvait compter sur elles indéfiniment. Il n'y a pas de raison pour qu'on ne parvienne pas à les remplacer, dans une mesure appréciable, par le moyen d'un système de réparations bien organisé. Même si la Grande-Bretagne et l'Amérique, avec leur générosité traditionnelle, renonçaient à leurs revendications en faveur des nations continentales, seule l'application d'un système complet de réparations pourrait les protéger l'une et l'autre contre les répercussions d'un appauvrissement prolongé de leurs alliés européens, et alléger le fardeau de l'aide qu'elles ont déjà promis de fournir à leur reconstruction.

Les éléments du problème sont, en somme, assez simples : à la fin de la guerre, l'Allemagne sera sensiblement appauvrie, mais pas plus que la plupart de ses voisins, et, selon toute apparence, beaucoup moins qu'eux. Elle aura, cette fois, considérablement souffert des bombardements aériens, à un point qui rend impossible toute comparaison avec la situation où elle se trouvait à la fin de l'autre guerre, car alors ses ressources essentielles étaient encore intactes. Mais d'autre part elle aura échappé dans une grande mesure à l'épreuve des restrictions et du blocus, les effets de celui-ci s'étant en quelque sorte épuisés sur le glacis des pays occupés. Peut-on croire que le pays qui s'est montré capable d'une offensive aussi formidable, suivie d'une si longue résistance contre un monde coalisé, se trouvera d'un jour à l'autre totalement dénué des ressources qui lui auront permis de continuer son effort de guerre jusqu'au dernier moment? L'Allemagne, au lendemain de la guerre, sera encore la nation la plus fortement industrialisée de l'Europe; et le devoir aussi bien que l'intérêt des Nations Unies exige que l'Allemagne emploie ses ressources, jusqu'à l'extrême limite de sa capacité, à réparer les dommages qu'elle a causés.

Il est impossible, à l'heure actuelle, d'estimer, fût-ce approximativement, jusqu'où cette capacité pourra s'étendre : on peut cependant peut-être en supputer l'ordre de grandeur. Avant 1939, l'Allemagne a pu trouver, pour les seules dépenses de son réarmement, 15 milliards de reichsmarks par an (environ 1 milliard de livres sterling). Nous devons supposer que les pertes et l'usure causées par la guerre auront sensiblement réduit sa capacité de production, et que ses ressources totales subiront d'autres réductions du fait des cessions de territoire qui suivront sa défaite. Mais, si des mesures appropriées sont prises pour rétablir cette capacité dans le plus bref délai possible, le rendement national pourrait bientôt revenir à un niveau assez élevé; et, en exerçant un contrôle strict, les Alliés prélèveraient sur cette production le courant de livraisons nécessaires au relèvement des pays dévastés.

Cependant nous rencontrons aujourd'hui des objections d'un type nouveau. A la conclusion de l'autre guerre, ce qu'on craignait le plus communément, c'était que la charge des réparations, en ruinant l'Allemagne, désorganisât la vie économique de l'Europe. Maintenant le tableau est retourné. La question fréquemment posée est la suivante : Si ce que nous voulons est que l'Allemagne reste faible, ne risquons-nous pas, en lui imposant des livraisons au titre des réparations, de l'aider à reconstituer sa puissance économique, et par là, à redevenir une force redoutable? Ne vaut-il pas mieux démanteler son industrie lourde?

On peut répondre d'abord que l'Europe, après la guerre, sera très appauvrie — ceci, je crois, est universellement reconnu — et que tous les éléments de richesse encore disponibles pour la reconstruction économique doivent être soigneusement conservés et pleinement utilisés à cette fin commune. Parmi les plus précieux, il faut compter les ressources naturelles et les industries de l'Allemagne. « Démanteler » l'industrie allemande serait donc faire exactement ce qu'on a attribué au Traité de Versailles : « la destruction systématique » de l'économie allemande ne pourrait qu'accentuer le chaos et la misère causés par la guerre et aggraver le dénuement du monde entier.

De plus, une telle méthode ne fournirait pas, par elle-même, une garantie contre la réapparition de l'Allemagne comme puissance d'agression. Supposons qu'on ait réussi « à démanteler » l'industrie lourde de l'Allemagne. Sans aucun doute cela retardera son relèvement pour un temps; mais les bases naturelles de sa richesse économique, les « forces indestructibles du sol », ses mines, son système fluvial, sa position géographique, les compétences techniques et l'assiduité au travail de son peuple, n'auront pas disparu. Si son outillage est détruit ou enlevé, mais qu'elle reste libre de le reconstituer, qui peut un moment douter qu'elle le fera dès qu'elle en aura la possibilité? D'autre part, si on le lui interdit, quel avantage trouvera-t-on à détruire une richesse qui peut être maintenue sous le contrôle direct ou indirect des Nations Unies? Qu'est-ce qui pourrait empêcher les Nations Unies de l'utiliser à leur profit jusqu'à ce qu'elles en aient tiré au moins une compensation sérieuse de leurs pertes?

Il se dessine aujourd'hui un courant en faveur d'une politique qui combinerait la rééducation morale avec la démolition économique : il s'agirait en somme de rendre à l'Allemagne son âme en détruisant son industrie. Les chances de succès d'une telle politique paraissent, en fait, extrêmement douteuses. Il n'est guère possible de pénétrer de force dans l'âme d'un peuple, et nous ne pourrons empêcher les Allemands d'utiliser les ressources matérielles de leur pays, à moins de les garder dans nos propres mains, ou pour le moins, à portée de la main. Pourtant il ne devrait pas être impossible de trouver une solution qui mettrait les Allemands dans l'impossibilité de redevenir dangereux sans par là leur ôter tous moyens de vivre, une solution qui neutraliserait leurs tendances et socialiserait leurs industries, c'est-à-dire qui, au lieu de les détruire, les ferait servir à la société des peuples.

Cependant une autre objection se présente, et celle-ci nous est familière : les livraisons au titre des réparations ne feront-elles pas plus de mal que de bien à ceux qui les recevront? Ne causeront-elles pas du chômage? Ce genre d'argument a déjà été examiné dans un de nos chapitres [1] et ne doit plus indûment retenir notre attention. Il y a véritable-

1. Voir chapitre V, pp. 207 et suiv.

ment quelque chose de ridicule, disons même de choquant, à continuer à combattre par la raison et la persuasion un préjugé qui semble indéracinable. Personne n'en est plus conscient que l'auteur de ce livre. Prenons cependant un exemple : si les mineurs britanniques s'opposent à la livraison de charbon allemand aux peuples libérés de l'Europe en faisant valoir qu'elle les priverait d'un débouché important, peuvent-ils réellement s'attendre que ces peuples, ainsi privés de réparations, puissent ou même veuillent *payer* pour recevoir du charbon de l'étranger? « Comment pourrions-nous souhaiter de voir le peuple allemand condamné à livrer du charbon pour les réparations, après l'expérience que nous avons faite du contre-coup de pareilles livraisons, après l'autre guerre, sur la condition des mineurs en Grande-Bretagne? Le résultat, pour eux, ç'a été l'enfer, et cette fois-ci, nous ferons tout ce que nous pourrons pour l'empêcher. » Ainsi s'exprimait récemment Mr. Ebby Edwards, secrétaire général de l'Union des Mineurs. Mais qui donc, connaissant les mineurs britanniques, pourra croire qu'ils souhaitent de voir les victimes de l'Allemagne condamnées à ne pas recevoir ce qui leur est dû? S'ils désirent faire des heures supplémentaires à la place des mineurs allemands, afin de pouvoir offrir du charbon en présent aux peuples spoliés, ce geste serait sans aucun doute grandement apprécié. Mais cela n'est pas nécessaire. S'il s'agit au contraire de les rémunérer, l'industrie britannique s'en tirerait tout aussi bien si elle recevait une subvention directe de son gouvernement, et réservait le charbon en excédent pour la consommation intérieure (ce qui permettrait de répondre plus complètement à des besoins sensiblement affectés par la guerre). Car le coût de toute exportation qui pourrait remplacer les livraisons allemandes de charbon retomberait en fin de compte sur les contribuables du pays exportateur, sinon sur l'industrie exportatrice elle-même. Cet exemple particulier est valable pour tout l'ensemble du problème des réparations :

si certaines industries des pays d'outre-mer comptaient sur l'équipement de l'Europe pour y trouver de nouveaux débouchés, elles se prépareraient sans doute de rudes déconvenues.

Le même raisonnement s'applique, cela va sans dire, aux pays qui reçoivent les réparations. L'objet de celles-ci est de faire disparaître aussi complètement que possible les effets du pillage et de la destruction. Mais s'il était vrai, comme quelques-uns continuent à le prétendre, que les réparations font obstacle à la prospérité, cela voudrait dire sûrement que ce sont le pillage et la destruction qui la favorisent. Si l'on croit sérieusement que la livraison de produits allemands aura pour résultat de supprimer après la guerre d'importantes possibilités de travail, alors, voici la ligne de conduite qui s'impose : il faut non seulement que les peuples ruinés rebâtissent leurs maisons de leurs mains et sans outillage (comment pourrait-on leur offrir une meilleure promesse de *plein* emploi?) mais, comme chaque nouvelle destruction doit, selon cette manière de raisonner, contribuer à la prospérité générale, il faut que chaque pays fasse un plan bien étudié de bombardement de ses propres villes, afin que le « plein emploi » soit constamment assuré. Mais si, par contre, nous pensons que le problème est en somme assez simple, et que ce qu'il exige avant tout, c'est de la réflexion probe et sérieuse, il nous apparaîtra que tout tort causé à des intérêts particuliers par un plan de réparation doit pouvoir sans difficulté être réduit à un minimum : ce tort serait en tout cas dépassé de beaucoup par celui qu'on provoquerait en permettant aux auteurs du mal de le laisser sans aucune compensation. Sans doute, il se peut qu'un plan de réparation entraîne quelque dérangement dans la marche des affaires, mais, si l'on pense à l'état dans lequel se trouvera l'Europe, le manque de réparations causerait des dérangements encore plus graves.

Les méthodes propres à assurer le succès d'une politique de réparations n'exigent pas, d'ailleurs, des exercices extraordinaires d'imagination, mais bien plutôt du bon sens et de la ténacité. La facilité avec laquelle l'Allemagne, pendant la guerre, a levé ses tributs sur les pays conquis, devrait, sous ce rapport, nous avoir donné d'utiles leçons. La Russie a déjà clairement montré qu'elle ne se sent pas embarrassée par des subtilités économiques sur les problèmes de la reconstruction : ce qu'elle fera, en tout cas, c'est d'obliger les Allemands à reconstruire de leurs propres mains ce qu'ils ont dévasté ou détruit : elle leur fera, selon l'expression biblique « abattre le bois et puiser l'eau », sans craindre aucunement que le travail des Allemands cause chez elle du chômage, ni que les livraisons de marchandises allemandes nuisent à son industrie. Pour des raisons sur lesquelles il est inutile de nous appesantir, les Etats occidentaux ne sont probablement pas préparés à l'adoption d'une politique de ce genre à l'égard de la main-d'œuvre allemande. La méthode la plus simple et la plus avantageuse pour tous les intéressés, l'Allemagne comprise, serait de définir les réparations en termes de monnaie, et de permettre à chacun des créanciers d'utiliser sa part de la dette de la manière qui lui conviendrait le mieux : car il y a peu d'avantages et beaucoup d'inconvénients à recourir à la méthode moins maniable des paiements directs en nature. Mais un système de paiements libellés en monnaie suppose le rétablissement d'un marché mondial et d'un système monétaire mondial; or, ni l'un ni l'autre, si désirables qu'ils soient, n'ont la moindre chance de réalisation pratique dans l'état actuel des choses. Car ils ne trouveraient pas facilement leur place dans une économie politique où des importations gratuites sont regardées comme une cause d'appauvrissement plutôt que d'enrichissement pour celui qui les reçoit; où l'on entend produire pour travailler et non travailler pour produire, et où la qualité indispensable de la monnaie est apparemment que jamais on ne sache un jour ce qu'elle vaudra le lendemain : toutes choses qui ne doivent pas nous étonner de la part de penseurs, économistes ou autres, qui ont pris l'habitude de se tenir sur la tête, attitude dont la raison est peut-être celle même qui conduisit le père William à l'adopter si souvent après avoir perdu les illusions et la présomption de sa jeunesse [1].

En un mot, il est possible d'imaginer un programme de livraisons s'inspirant par exemple du système Prêt-Bail, qui, sous le contrôle commun des Nations Unies, tirerait parti pendant un certain nombre d'années de la capacité de production de l'Allemagne, et allégerait dans une certaine mesure la charge pesant sur ses victimes. Loin de « perpétuer d'anciens griefs », comme on le dit quelquefois, cette manière d'agir ferait disparaître des griefs actuels. Et ce n'est pas autrement que peut être tenue la promesse de Mr. Churchill : « L'Europe sera entièrement délivrée de la servitude économique que l'Allemagne hitlérienne lui a imposée [2]. » Tant que cela n'aura pas été fait, la bataille de la libération ne sera gagnée qu'à demi.

V

Au lieu de cela, compter presque uniquement, comme on le fait aujourd'hui, sans l'avouer tout à fait, sur l'assistance des Etats-Unis pour la reconstruction de l'Europe, ce serait commettre une erreur de jugement fondamentale. Personne ne peut contester que, sans la part immense prise par l'Amérique à l'effort des Nations Unies, nous aurions perdu la guerre; et le rôle qu'elle se prépare à jouer

1. Allusion à une poésie burlesque de Lewis Carroll, tirée de son livre fameux *Alice au Pays des Merveilles :* le fils du vieux William lui demandant s'il est prudent, à son âge, de se tenir comme il le fait sur la tête :
Dans ma jeunesse, lui répondit le père William,
Je craignais que ce fût dangereux pour le cerveau.
Mais comme maintenant je sais bien que je n'en ai pas,
Je le fais du matin au soir ! (N. d. T.).

2. Chambre des Communes, 1er juillet 1943.

en secourant l'Europe en détresse par le moyen d'institutions telles que l'U.N.R.R.A. comme par la continuation du Prêt-Bail[1], porte la marque de sa plus belle tradition, de cette générosité avec laquelle, il y a vingt-cinq ans, la nation américaine jeta dans la lutte, sans compter, sa richesse et les vies de ses citoyens. Mais il n'y a pas de raison pour que l'Europe, faute de parvenir à organiser sa reconstruction par ses propres moyens, ajoute plus qu'il n'est strictement nécessaire à la charge pesant sur les ressources des Etats-Unis, qui peuvent être requises bientôt pour des besoins urgents, et d'abord en Amérique même. De plus, ce n'est là qu'un des côtés d'un problème qui subsiste à la base même de toute collaboration entre l'Europe et l'Amérique. Quels qu'aient pu être, en dernière analyse, les intérêts nationaux essentiels qui étaient en jeu en 1917, il est, je crois, hors de doute que la masse du peuple américain n'en avait pas alors le moindre notion, et que son entrée en guerre fut un acte inspiré par un idéal chevaleresque. Les soldats américains partirent pour l'Europe animés d'un véritable esprit de croisade, et quand leur Président parlait de la flamme qui brillait dans leurs yeux, ce n'était pas une simple figure de rhétorique. Par suite d'un ensemble de circonstances que nous voyons aujourd'hui plus clairement qu'alors, cette flamme d'enthousiasme fut bientôt éteinte par la conviction que le haut idéal dont le peuple américain s'était fait le champion avait été trahi ou mis en échec. Sous le coup du morne désenchantement qui suivit, les Américains trouvèrent une sorte de satisfaction mauvaise à décrier un des épisodes les plus nobles de leur histoire nationale, et à se décrire eux-mêmes comme des nigauds qui s'étaient naïvement laissé duper par les vieux fourbes de l'ancien Continent.

Aujourd'hui, la situation est assez différente, car, comme n'a cessé de le proclamer le gouvernement des Etats-Unis, le peuple américain se rend compte que la guerre a été, pour lui aussi, une guerre de

1. Ecrit avant la fin de la guerre (N. d. T.).

défense nationale. Mais cela ne veut pas dire que lors du règlement final, l'Europe puisse faire valoir des droits accrus à l'assistance américaine. Un sentiment commun parmi les Européens, et auquel un certain nombre d'Américains s'associent par sympathie, c'est que toutes les difficultés rencontrées après l'autre guerre ont eu pour origine le refus de l'Amérique d'entrer dans la Société des Nations et de jouer un rôle actif dans les affaires internationales. Quelle que soit la part de vérité contenue dans cette explication, elle ne doit pas servir de prétexte à l'Europe pour rejeter sur autrui la responsabilité de résoudre ses propres problèmes. Passer la corvée à l'oncle Sam est un procédé qui n'a rien de digne ni de sage. Si l'Europe se contente d'attendre le secours et les directives de l'Amérique, il n'est guère probable que l'Amérique tolère indéfiniment cette politique, ni que l'Europe puisse s'y tenir bien longtemps, car il est également impossible pour celle-ci et pour les autres de croire qu'elle pourrait continuer en quelque sorte, à exister par procuration.

La grande erreur de la politique suivie après 1919 réside plutôt, à notre avis, dans son équivoque. Pendant la Conférence, les représentants des nations secondaires se plaignaient souvent de n'être pas suffisamment consultés sur le tracé de leurs propres frontières. A quoi le Président Wilson répondit un jour que, les grandes puissances ayant la responsabilité de protéger les frontières des Etats plus faibles, il était naturel que leur opinion fût prépondérante lorsqu'il s'agissait de fixer ces frontières. Jusqu'ici rien à dire. Mais, si les grandes puissances dégageaient leur responsabilité, qu'advenait-il des frontières? Rien n'aurait dû empêcher celles de ces puissances qui étaient disposées à en rester garantes de les modifier d'une manière ou d'une autre, et, si elles ne l'ont pas fait en temps voulu, elles ne peuvent en blâmer qu'elles-mêmes. Pour ce qui est des relations entre l'Amérique et l'Europe, la question de demain, c'est de savoir si l'Europe sera laissée dans un état si instable qu'il faudra la soutenir à bras tendu ou si elle pourra se passer d'un tel appui parce qu'elle aura pu trouver son équilibre. Et cela, c'est à l'Amérique d'en décider : a-t-elle le devoir de venir périodiquement à l'aide de l'Europe? N'a-t-elle pas intérêt à assurer le rétablissement d'une Europe qui n'aura plus besoin de son assistance?

Pour des raisons évidentes, la Grande-Bretagne a beaucoup plus de liens avec l'Europe que n'en ont les Etats-Unis. En fait on peut dire qu'elle a exercé en Europe, au XIXe siècle, une véritable « magistrature », semblable à celle de la France jusqu'à la fin du siècle précédent. La France, si l'on en croit Joseph de Maistre, aurait abusé d'une manière « très coupable» de sa prépondérance spirituelle; on pourrait plutôt reprocher à l'Angleterre d'avoir donné parfois l'impression d'hésiter à faire usage de son long ascendant politique et économique comme il aurait convenu à une nation qui avait tant fait pour aider au développement, dans l'Europe entière, d'institutions inspirées des siennes. Ainsi le peuple anglais, premier promoteur de cette extraordinaire civilisation économique de l'Occident, où un monde en pleine expansion s'organisait de plus en plus étroitement en une seule République commerçante, devait plus tard permettre et même encourager le développement en Europe, et bientôt en Asie, de forces politiques destinées finalement à mettre en pièces cette civilisation même.

La tâche de demain est de trouver les moyens de reformer ce monde brisé en un tout cohérent et durable, et la position des nations dans l'espace et leur force numérique compteront autant, sinon plus, que l'influence changeante des dispositions « idéologiques ». L'énergie implacable avec laquelle la Russie a fait la guerre a rendu évident à tous l'intérêt commun l'unissant aux nations de l'Occident pour la défaite d'un même ennemi. Cette situation avait été prévue par Bainville lorsqu'il écrivait, dès 1916, que si, par impossible, la paix devait laisser subsister une grande Allemagne, l'Entente se reconstituerait tôt ou tard par la même loi quasiment physique d'attraction politique, contre laquelle les volontés humaines et l'action des individus ne pourraient prévaloir. Ainsi c'était l'expérience qui allait une fois de plus mettre en lumière l'intérêt vital commun aux pays de l'Est et de l'Ouest : celui d'enpêcher une puissance aussi irrésistiblement poussée par sa situation géographique à dominer le cœur de l'Europe, d'étendre cette domination au continent tout entier.

Si éminent et décisif que doive être le rôle joué par la Russie dans le règlement final, l'Angleterre par sa position géographique aussi bien que spirituelle, par ses plus anciennes traditions de tolérance, de justice et de liberté aussi bien que par la lutte qu'elle vient de livrer pour la défense du droit, est le pays le plus qualifié pour rapprocher, en les aidant à se comprendre, l'Ancien Monde et le Nouveau, et pour guider dans cette voie les peuples de l'Europe occidentale. Car l'Angleterre, une fois de plus, se sera sauvée par ses efforts, et aura sauvé par son exemple, non seulement l'Europe[1], mais le monde entier. Inspirée par l'exemple, l'Amérique a répondu à l'impulsion presque surhumaine de son grand Président par des exploits non moins remarquables. L'âpre vent de la guerre a dissipé bien des brouillards, car, sans la clarté de vues et la fermeté d'âme qui s'unirent pour chasser l'esprit de facilité des premiers jours, de tels efforts n'auraient pas été possibles. C'est cependant de cette inspiration, aussi héroïque que sage, que voudraient nous détourner une fois de plus, sans peut-être s'en rendre compte, ceux qui opposent le « sain bon sens » à la « psychose de guerre ». Et nous retomberions ainsi dans une disposition semblable à celle que produisit, après l'autre guerre, la fatigue matérielle et morale, de sorte que « le désir d'une vie tranquille, avec des engagements limités et des rap-

1. Allusion à une phrase célèbre du second Pitt (N. d. T.).

ports confortables de bon voisinage[1] », tel que le notait Mr. Keynes en 1921, pourrait encore une fois l'emporter sur tout le reste.

Faut-il donc en venir là? L'histoire, il est vrai, a la manie de ne jamais se répéter tout à fait; et une autre tendance se manifeste déjà nettement, qui pourrait nous mener beaucoup plus loin. Après la faillite de l'idéalisme de 1919, voici que se déclenche un mouvement dans le sens le plus opposé. *In contraria currunt.* Aujourd'hui nos Machiavels à la dernière mode, animés de tout le zèle, de tout l'élan des néophytes, plongent tête baissée dans le « réalisme politique » avec la joie d'un enfant tout à coup autorisé à s'amuser à un jeu longtemps défendu. Leurs théories, déduites d'observations rigoureusement « scientifiques », mènent à la conclusion qu'il faut « s'attendre » à voir le Dragon dévorer Saint-Georges à tout coup : chaque fois qu'il l'aura mangé, on dira que c'est bien dommage, mais si, par quelque accident singulier, il n'y réussit pas, on pourra toujours se consoler en pensant qu'un autre Dragon, plus grand et plus fort, viendra infailliblement, un jour où l'autre, les avaler tous les deux.

C'est ainsi qu'on fait remarquer parfois (simple conseil de prévoyance et de prudence) que le problème qui se pose aux auteurs de la paix future, c'est celui de déterminer les clauses dont l'exécution pourra encore être imposée dans quinze ou vingt ans, c'est-à-dire sans doute quand les influences que nous venons de décrire auront eu le temps d'opérer. Le raisonnement est le suivant : nous reconnaissons que certaines propositions sont bien fondées par rapport à une justice abstraite; mais le fait est que nous ne pouvons pas compter sur le courant d'opinion nécessaire pour les soutenir au delà d'un certain temps: c'est ce que nous enseigne l'histoire de notre époque. Autrement dit, ce genre de raisonnement tient pour nulle, après la victoire, la puissance même de l'idéalisme qui nous

1. *R.T.*, p. 6. *N.Q.*, p. 6.

donne aujourd'hui le courage de combattre pour vaincre, et il reconnaît d'avance qu'il faudra de toute manière abandonner quelques-uns des objets les plus essentiels pour lesquels nous aurons combattu.

Nous avons donc devant nous la perspective très définie de voir Hitler, vaincu par les armes, conserver encore une chance de victoire sur le terrain des idées. De fait, il y a beaucoup de gens à qui cette pente paraît tellement inévitable qu'ils désespèrent déjà de tout autre avenir, et que même quelques-uns des plus réfractaires commencent « avec une sorte de terreur religieuse » — comme Tocqueville, observant, au siècle dernier, la marche de la démocratie —, à attendre la marée irrésistible du régime totalitaire. Cependant nous devrions savoir aujourd'hui combien il est imprudent de se laisser aller au goût des Apocalypses. Combien de nous, en juin 1940, ont osé espérer qu'il serait possible de faire rebrousser le courant? Combien y en a-t-il qui aient refusé de toute leur âme de se résigner à « l'inévitable »? Et pourtant, au dernier moment, le destin fut forcé de reculer devant la parole d'un seul homme et la prouesse d'un petit nombre — car les habitants de cette petite île, en marge du continent, n'étaient tous ensemble qu'un petit nombre — et la « vague de l'avenir » se brisa sur le roc d'un courage indomptable.

Mais les vagues du temps reviennent l'une après l'autre. Il y a sans doute comme un pressentiment dans ce mot d'un chauffeur de taxi de New-York, qui disait que la guerre durerait « plus longtemps que les hostilités ». Si l'esprit de la Marne et de Verdun, l'esprit de la bataille d'Angleterre et de la bataille d'El Alamein, l'esprit de Bataan et de Stalingrad, si cet esprit qui refuse de s'incliner devant les forces de l'histoire, est toujours vivant, — alors l'Europe retrouvera sa gloire. Mais si on laisse se glisser chez les peuples européens le soupçon que l'avenir verra recommencer le petit jeu dont les règles permettent à l'Allemagne de fouler aux pieds périodiquement la moitié, ou plus de la moitié, du continent, puis d'obliger les fils de la Grande-Bretagne et de l'Amérique à mourir loin de leurs foyers pour la libération de l'Europe — tout en interdisant aux victimes d'obtenir de justes réparations, sous le prétexte que celles-ci sont économiquement impossibles, et la formation de grandes unités économiquement inévitable — il n'y aura pas alors d'extrémité où ces peuples ne puissent être jetés par la détresse ou l'exaspération. Dans leur désespoir, il se peut qu'ils ne reconnaissent plus leurs amis de leurs ennemis, leurs libérateurs de leurs oppresseurs et alors — je me hasarde à mon tour à prédire — rien ne pourra retarder bien longtemps cette fusion du continent qui a été si dangereusement près de se réaliser en 1940, et auprès de laquelle la puissance offensive et défensive du Reich hitlérien pourrait bien paraître insignifiante. Encourager ou même tolérer un tel résultat, est-ce l'intérêt, économique ou autre, d'aucune puissance atlantique? C'est aux intéressés qu'il appartient d'en décider.

Au moment où j'écris ces lignes, dans l'été de 1944, et tandis que la guerre, en Europe, approche de sa crise finale, le frémissement même de l'attente où nous vivons ne peut détourner notre souci de ce qui suivra une victoire si chèrement achetée. La justice l'emportera-t-elle sur l'opportunisme, la raison sur le préjugé, la réalité sur l'illusion, la volonté sur le destin? L'Europe survivra-t-elle? ou ses peuples, faute des moyens nécessaires à leur résurrection, se soumettront-ils, dans une épreuve suprême, à une domination continentale? La réponse appartient dans la plus large mesure à des forces déjà en mouvement, et telles que notre génération ne peut les maîtriser. Tout ce qu'elle peut et doit faire, c'est apprendre du passé, réagir au présent, et se préparer pour l'avenir. C'est à la nouvelle génération que Mr. Keynes, il y a vingt-cinq ans, dédiait son livre : le livre que voici est une réponse venue de cette génération.

INDEX

—

ACIER, 130 et s., 259.
ACTON, lord, 172.
ALLEMAGNE :
Danger allemand avant 1914 (Wilson sur le), 28-29.
Accueil fait au livre de Keynes, 36.
Unité de l'Allemagne, 94.
Son admission à la S.D.N., 117.
Production de l'acier, 130 et s., 259.
Obligations de l'Allemagne, 137, 138.
Clauses commerciales du traité de paix, 152 et s.
Exportations allemandes, 158-59, 194.
Importations allemandes, 158-159, 194.
Capital et Revenu Nationaux, 185 et s.
Capacité de paiement, 185 et s., 194, 305.
Exportation déguisée de capitaux, 222.
Inflation, 232.
Capitaux prêtés à l'Allemagne (1924-1930), 236.
Crise financière de 1931, 241.
Production du charbon, 259-60.
Epargne, 260.
Marine marchande, 260.
ALLEMANDE, offensive (Printemps 1918), 115.
ALLENSTEIN, 80, 120.
ALSACE ET LORRAINE (V. aussi Lorraine), 57, 67, 104, 111, 125, 126, 155, 158, 186.
American Economic Review, 213 n.
ANGELL, J. W., *The Recovery of Germany*, 126.
ANGELL, Sir Norman, 82.
Annuaire Statistique de la S.D.N., 132 n, 200 n.
ANTONUCCI, M., *Le Bilan des Réparations et la Crise Mondiale*, 244 n, 246 n.
Apaisement, 44-45, 114, 272.
ARABE, Premier Etat indépendant, 72.
ASQUITH, H. H., 167.
Athenaeum (V. *Nation et Athenaeum*), 37.
AUSTRALIE, 166.
Autarcie, 84, 277.

AUTRICHE, 33, 49, 52, 64, 71, 73, 89, 93, 123.
AUTRICHE-HONGRIE, 85, 100, 136, 137, 275.

BADE, 93.
BAINVILLE, J., 70, 121 et n. 314.
BAKER, R. S., *Woodrow Wilson and World Settlement*, 102 n., 109 n., 111 n., 117, 118, 119 n., 135 n., 138 n., 202 n. *Woodrow Wilson, Life and Letters*, 251 n.
Balance des paiements, 199, 241, 304.
BALFOUR, lord, 75, 81, 96, 274.
Banque des règlements internationaux, 240, 243.
Banque d'émission (allemande), 235.
BARTHOU, L., 228.
BARUCH, B., *Making of Repar. and Econ. Sect. of Treaty*, 145 n.
BASTIAT, F., 88.
BATAAN, 317.
Bataille d'Angleterre, 317.
BATTISTI, C., 88, 89.
BAUER, chancelier, 94.
BAVIÈRE, 93, 94.
BAYNE, H. A., 221.
BELGIQUE, 51, 68, 72, 87-88, 102, 132, 145, 162 n., 165, 167, 172, 179 n., 206, 224 n., 277, 302.
BENES, E., 85.
BERGMANN, C., *The History of Reparations*, 227 n.
BERLIN, congrès de, 73.
BETHMANN-HOLLWEG, chancelier, 126.
BEVERIDGE, sir W., 36 n.
BISMARCK, prince de, 72, 199 n.
Blocus, 76 n., 159, 305.
BOHÊME, 64, 72, 85-86, 301.
BONSAL, col. S., *Unfinished Business*, 97.
BORAH, sénateur, 41.
BORDEAUX, gouvernement de, 69.
BORSKY, G., *Greatest Swindle in the World*, 217 n., 244 n., 246 n.
BRADBURY, sir J., 228.
BRESCIANI-TURRONI, C., *Economics of Inflation*, 231 n.
BREST-LITOVSK, traité de, 101, 219 n., 280.
BROCKDORFF-RANTZAU, comte de, 51 n., 149, 261, 267.
BROGAN, D. W., 290.
Bureau International du Travail, 293.
BURKE, E., 35, 36, 70, 87, 106 n., 287.
BURNETT, P. M., *Reparation at the Paris Peace Conference*, 119 n., 166 n., 170 n., 172 n., 183 n., 184 n., 201 n., 208, 219 n.

Caisses d'épargne allemandes, 260.
CALAIS, 68.
CAMBON, J., 110.
CANADA, 213 n.
CANNING, R., 31.
Capacité de paiement de l'Allemagne, 185 et s., 194, 305.
Capitaliste, société, 131.
CARR, E. H., *Conditions of Peace*, 35 n., 79, 81, 265 n., 294 et n., 299.

Twenty Years' Crisis, 52 et n.
CARREL, A., 31.
Cartels internationaux de l'acier, 132.
CARTHAGE, 283.
Carthaginoise, paix, 32, 43, 49, 91, 95, 122.
CHAMBERLAIN, N., 52.
Charbon, 126 et s., 255, 257 et s., 274, 308.
Charbonnages, grève des, en Grande-Bretagne, 152.
CHARLES, empereur, 100.
Charte de l'Atlantique, 298.
Chômage, 240, 310.
CHURCHILL, W. S., 29 et n., 43, 44 et n., 52, 57 et n., 58, 102 n., 123, 282, 311.
propose une Union franco-britannique, 67.
CLEMENCEAU, G., 40, 44, 54, 55, 66, 68, 77, 91 et s., 101, 104, 118, 149, 170, 219 n., 249.
Grandeur et Misère d'une Victoire, 77 n.
COBB, F., 102 n.
Coke, 131.
Comité des Garanties, 226.
Commentaire des XIV Points (col. House), 101-103.
Commission des Réparations, 147, 148, 217 et s., 255-259.
Complexe de culpabilité, 50 et s., 53.
Conférence de Cannes, 226.
Congressional Record, 42 n.
Conseil des Quatre, 58, 74 et s., 90 n., 91 n., 109, 118, 139, 184, 218 n., 219 n., 220 n.
Conseil Suprême Economique, 75.
Conséquences Economiques de la Paix (V. Keynes).
COOLIDGE, président, 233.
CRANBORNE, lord, 300.
CREEL, G., *The War, the World and Wilson*, 27, 30.
Crise économique de 1929-1933, 160, 192, 239, 264, 267 et s.

D'AMELIO, 208.

DANEMARK, 49, 125 et n., 206.
DANTZIG, 102, 116, 124, 125 n.
Mourir pour, 65.
à Thorn, Chemin de fer de, 109.
DAWES, général, 234.
Commission, 235.
Plan, 204, 217, 220 et n., 233 et s., 244, 271.
Rapport, 235.
DAY, CLIVE, 36.
Démocraties occidentales, 45 et s., 57, 64.
Dettes interalliées, 38, 277.
Deutsche Ueberseeische Elektrizität Gesellschaft (D. U. E. G.), 222.
Deutsche Volkseinkommen, Einzelschrift zur Statistik des deutschen Reichs, 141 n., 191.
Douanier, régime, 275 et s.
Droit des peuples à disposer d'eux-mêmes, 77 et s., 159 et s.
DUBOIS, 173, 176.
Duchés danois, 72.
DULLES, J. F., 36, 172 n.
DUNKERQUE, 45.

Economica, 36 n.
Economic Journal, 187 n.,

198 n., 200 n., 207 n., 214 n.
Economist, 236 n., 290 et n.
EDWARDS, E., 308.
EISENMANN, L., *La Silésie polonaise,* 135 n.
EL ALAMEIN, 317.
Empires Centraux, 77, 87.
ESAÜ, 86.
ETATS-UNIS, *passim.* Le Sénat rejette le traité de Versailles, 58.
et l'avenir de l'Europe, 311 et s.
Exportations allemandes, 158-159, 194.

Fer, 126 et s., 129 et s., 136 et s., 141-142, 258 et n., 273-274.
Ferro-alliages, 132, 258 n.
FIUME, 109 n.
FLANDRES, 165.
FOCH, maréchal, 60 et n., 68 et n., 101, 249.
FOERSTER, F. W., 143.
FOOT, DINGLE, 207 n.
FORD, H., 87, 293.
Foreign Affairs, 37 n., 251 n., 302 n.,
Fortnightly Review, 37.
FRANCE, *passim* :
Accueil fait au livre de Keynes, 36.
Pertes en 1914-1918, 56.
Problème de la sécurité, 56.
Révolution française, 71.
Politique française selon Keynes, 92.
« Frontière de la Liberté » selon Wilson, 110.
Option pour achat de charbon allemand, 145.
Dévastations, 165.
Dommages et revendications, 173-179.
Balance commerciale de 1868 à 1877, 199.
FRANCFORT, traité de, 31.
Frontières, 46, 47, 50, 53, 64, 74, 86, 88, 133, 298 et s.
économiques, 84, 130.

GALICIE, 77.
GAULLE, général de, *L'Armée de Métier,* 31.
GEDDES, sir E., 249.
George Washington, 27.
GŒRING, H., 86.
GRAHAM, F. D., 213 n.
GRÈCE, 71.
GREER, G., *Ruhr-Lorraine Industrial Problem,* 133 n.
Grève des charbonnages en Grande-Bretagne, 152.
GREY, lord, 59-60.
GROENER, général, 104, 263 n.
Guerre Mondiale, Première, *passim,*
Seconde, 47 et s., 214, 287.
GUILLEBAUD, C., *Economic Recovery of Germany,* 193 n.

HABSBOURG, 72.
HAMBOURG, 153, 238 n.
Handbuch des Oberschlesischen Industricbezirks, 136.
HARRIS, C. R. S., *Germany et Foreign Indebtedness,* 237.
HASKINS, C. H., 90 n.
et LORD R. H., *Some Problems of the Peace Conference,* 30.
HAUTE-SILÉSIE (V. Silésie).

HEINECKE, *No more Reparations,* 246 n.
HELFFERICH, K., 188 t s.
Deutschlands Volkswohlstand, 1888-1913, 188 n., 246.
HINDENBURG, maréchal von, 271.
HISPANO-AMÉRICAINE, compagnie électrique, 222.
HITLER, A., 46, 47, 51, 63 et s., 127, 193, 261, 271, 291 n., 294, 317.
HOHENZOLLERN, 93.
HOLLANDE, 72, 206, 302.
HOLSTEIN, 72.
HOOVER, président H., 75, 240, 250, 251.
HORDER, lord, 292 n.
HONGRIE, 72, 137.
HOUSE, colonel, 101 et s., 115, 167.
et CH. SEYMOUR, *What really happened at Paris,* 90 n., 270.
HUGHES, CH. E., 233.
HUGHES, W. M., 166, 170, 208.
HUTCHESON, lieut.-col., *Silesia Revisited,* 142 et n.

Importations allemandes après Versailles, 159, 195 et s.
Industrie en France occupée (1914-1918), 156.
Inquisition, 286.
Institut für Konjunkturforschung, 258 n.
International Conciliation, 137 n., 143 n.
ITALIE, 72, 87, 95, 145.

JESSOP, T. E., *The Treaty of Versailles, Was it just?* 297.

Kapitalbildung und Investitionen in der deutschen Volkswirtschaft, 1924-1928., 193 n.
KEYNES, J. M. (lord Keynes of Tilton).
Conséquences Economiques de la Paix, 32 et n., 40-41, 161.
Succès et influence de ce livre, 36, 40-44.
Attaques contre Conférence et Traité de Paix, 33-34, 122 et s.
Prophétie et Persuasion, 36.
Au sujet de Wilson, 40, 90 et n., 96 et s., 103, 112-113.
Influence de ce livre aux Etats-Unis, 41.
Paix Carthaginoise, 43, 49, 91, 122, 283-284.
Keynes ne croit pas au réveil militaire de l'Allemagne, 45, 264, 281.
Ravitaillement, charbon et transports doivent primer les considérations politiques, 45, 46, 47, 50, 53, 65, 86, 87, 88.
Réparations, 48, 161 à 254.
Le Traité, arrêt de mort de millions d'Allemands, 51, 55, 262.
Sécurité française, 56-58.
Reproches à lord Grey, 59.
Opinion de Tardieu sur le livre de Keynes, 63.
Accusations contre le Conseil des Quatre, 73-74.

Opinion de Keynes sur Hoover, 75 n.
Opinion de Keynes sur Clemenceau, 54-55, 78, 92, 219 n.
Frontières politiques et économiques, 84 et s.
Contrat préalable à l'Armistice, 103, 273.
Dantzig, 109.
Compare les facteurs politiques et économiques, 122, 133, 275.
Sarre, 124, 127, 129, 274.
Haute-Silésie, 134 et s.
Pologne, opinion de Keynes sur la, 139, 280.
Charbon et fer, 145 et s., 274.
Marine marchande allemande, 152.
Biens allemands à l'étranger, 153 et s.
Communications, 155.
Régime douanier de l'Allemagne, 157.
Clause de culpabilité, 171.
Pensions et allocations, 171.
Prédictions de Keynes et leur vérification, 171, 255 et s., 258-261.
Situation monétaire, 176-178.
Capacité de paiement de l'Allemagne, 182 et s., 233, 273.
Problème des transferts, 194 et s.
Dettes interalliées, 199.
Travail forcé, 202 n.
Remèdes proposés aux défauts du Traité, 272.
Union libre-échangiste et Mitteleuropa, 275-276.
Keynes en faveur de l'autarcie, 277.
Projet d'emprunt international, 278-279.
Russie, 281.
Nouvelles considérations sur les conséquences de la Paix :
Attaques contre Poincaré et Tardieu, 59.
Haute-Silésie, 140.
Lignite, 148.
Klotz et Tardieu, 169.
Smuts, 172 n.
Coût de la reconstruction en France, 178-179.
Obligations de l'Allemagne, 182, 272-273.
Revenu national allemand, 189.
Conséquences des réparations, 209 et s., 265.
Expansion allemande vers l'Est, 282.
Essays in Persuasion, 36.
Théorie générale de l'Emploi, de l'Intérêt et de la Monnaie, 202, 205.
Lettres et articles dans :
New Republic (Potentiel de production de l'industrie allemande), 303.
New Statesman, 53, 54.
Nation et Athenaeum, 60, 235, 236, 238, 247 n., 266 n. *Times,* 90, 256.
KLAGENFURT, 80, 120.
KLOTZ, L., 168-169, 173, 174 n., 249.
De la Guerre à la Paix, 177 n.
KOESTER (socialiste allemand), 87-88.
KHARKOV, 291 n.
KREDIT ANSTALT (Autrichien), 240.

LAFONT, 62.
LAMONT, 183,
LANSBURGH, docteur, 189.
LANSING, R., 110, 166.
The Peace Negotiations, 79.
Lausanne, accords de, 243, 271.
LAVAL, P., 69.
LAW, BONAR, 228.
LAWRENCE, T. E., 298.
« Lebensraum », 47.
LEWIS, C. S., 93 n.
Liberté des mers, 103.
Libre disposition des peuples, 78 et s.
LIPPMANN, W., 102 n.
LOIRE, 68.
LLOYD GEORGE, D., 40, 44, 57, 78, 81, 90, 96, 101, 107, 108, 113, 114-115, 118 et s., 135 n., 163, 170, 183 et n., 207-208, 219 n.
The Truth about the Peace Treaties, 58, 103, 109 n., 114, 119, 157 n., 250.
LOMBARDIE, 72.
LONG, R. C., *Mythology of Reparations,* 261 n.
LORD, R., 135.
LORRAINE (V. aussi Alsace et Lorraine), 67, 125, 126 et n., 128 et s., 137, 186.
LOUCHEUR, L., 173, 174 et n.
LUXEMBOURG, 130, 132, 145, 155.

MAC FADYEAN, sir A., *Reparation Reviewed,* 49 n.
MACKINDER, sir H., 297, 300, 302 et n.
Democratic Ideals et Realities, 73 et n., 282 et n., 301 et n.
MAISTRE, J. de, 314.
MANTOUX, ETIENNE, 13-20.
MARIENWERDER, 80.
MARNE, bataille de la, 115, 317.
MARSHALL, A., 214, 215 n.
MAZARYK, T., 101.
The New Europe, 281 et n.
MAZZINI, G., 73.
Meaculpisme, 50-52.
Méditerranéennes, nations, 72.
Mein Kampf, 47 n.
MEMEL, 125 n.
Marine marchande allemande, 152, 260, 267 n., 272, 273 n.
MERMEIX, *Combat des Trois,* 120.
METTERNICH, prince de, 31.
MICUM (Mission technique franco-belge), 229.
MILL, J. STUART, 187 n.
MILLER, D. H., *My Diary at the Conference of Paris,* 36, 75 et n., 81 et n., 85-86 et n., 107 et n. et s., 119, 120, 158 n.
MILLIN, S., *General Smuts,* 32 n., 41 n.
MITTELEUROPA, 276.
MOMMSEN, TH., 283.
Monarchie Danubienne, 295.
MOULTON ET MAC GUIRE, *Germany's Capacity to Pay,* 196 n., 247 n., 248 n.
MUNICH, 45, 52, 272.

Nation et Athenaeum, 37, 60 n., 61 et n., 235 n., 238 n., 247 n., 248 n., 266 n.

National Review, 45 n.
Nationalité, 77 et s.
Nationalités, mouvement des, 71 et s.
Nationaux-socialistes, 46, 51, 61, 264, 271.
Nations prolétaires, mythe des, 48.
Nations Unies, 298, 300, 305, 307, 311.
NAUMANN, F., 276.
New Republic, 206 n.
New Statesman et Nation, 53 n., 54 n.
NICOLSON, H., *Peacemaking, 1919*, 37, 38 et n., 85 et n., 97 et n., 99 et n., 103 et n.
NORVÈGE, 49, 206.
NOSKE (socialiste allemand), 87.
NOWAK, N., *Versailles*, 104 n., 263 n.

Observations de la délégation allemande sur les conditions de Paix, 32, 114, 137 et n., 138 n., 143, 169, 218.
OHLIN, B., 214.
OPPELN, Chambre de Commerce d', 136.
Ordre nouveau, 230, 291 n.
OTTOMAN, empire, 72, 73.

Paix Carthaginoise (V. Carthaginoise).
PADEREWSKI, I., 135.
PALMERSTON, lord, 31.
PARTSCH, J., *Schlesien, Eine Landeskunde*, 135 n.
Pensions et allocations, 171 et s.
PERSE, 112.
PÉTAIN, PH., maréchal, 65.
PHELAN J., *Albert Thomas et la Création du B. I. T.*, 293 n.
Plébiscites, 80, 127 et s., 133 et s., 140-141, 256-257, 273.
POINCARÉ R., 59 et s., 68, 228-229, 271.
POLOGNE, 49, 53, 62, 64-65, 71, 72, 77, 102, 106 et s., 116, 124, 125, 133-144, 155, 186, 275, 280, 290, 301.
POMÉRANIE, 300.
Populations, Statistique, 125 n.
PRAGUE, 52.
Prêt-bail, 215, 304, 311.
PRUSSE, 72, 93, 94, 125, 133.
OCCIDENTALE, 106.
ORIENTALE, 102, 300.
PUPIN, 174, 175 et n.

Question d'Orient, 71 et s.
Quatorze Points du président Wilson, 77, 91, 98 et s., 106, 113, 133, 167 et s.

RAPALLO, 281.
RATHENAU W., 227 n.
« Ravitaillement, charbon et transports », 45-46, 47, 50, 53, 65, 86, 87, 88.
RECOULY R., *Mémorial de Foch*, 60 n.
Réflexions sur la Révolution Française, V. Burke.
Reichs Kredit Gesellschaft, 152 n., 193 n., 259 n., 260 n.
Régime douanier (Europe Centrale), 275 et s.
RENAN E., 80.
Réparations, 47 et s., 60, 61, 66, 103, 104, 116, 118, 124, 144 et s., 161 et s.
Clauses de réparations, 162.

Aspect moral des réparations, 164.
Aspect économique des réparations, 173.
Capacité de paiement de l'Allemagne, 182 et s.
Question des transferts, 194 et s.
Concurrence entre réparations et production nationale, 207 et s.
Paiement des réparations, 216.
Commission des réparations, 217 et s.
Plan Dawes, 239.
Plan Young et fin des réparations, 243 et s.
Aspect politique des réparations, 249 et s.
Réponse des Alliés à la Délégation allemande (juin 1919), 44, 45 n., 154.
RÉVEILLE T., *Spoil of Europe*, 207.
Revue Bleue, 175.
Rhénanie, 51, 57, 58, 61 et s., 67, 93, 111, 271, 302.
Richesse Privée et Finances françaises de l'avant-guerre à l'après-guerre, 175.
RIDDELL, lord, *Intimate Diary*, 97, 208.
Risorgimento, 72.
ROOSEVELT, président F. D., 45, 287.
ROOSEVELT, président T., 38.
ROUMANIE, 167, 280.
ROUSSY DE SALES, R. DE, *The Making of To-Morrow*, 50 n.
RUEFF J., 200.
RUHR, 59, 139, 151, 192, 221, 224-225, 229, 232, 259, 271.
RUSSIE, 71, 73, 77, 136, 137, 280 et s., 299, 300, 310, 314, 315.

SAINT-JUST, 288.
SARRE, 111, 124, 125 n., 126-129, 132, 139, 141, 191, 246, 274.
SAUERBECK, 176 n.
SAXE, 93, 94.
SCAPA FLOW, 245.
SCHACHT H., 243, 248 et n.
SCHEIDEMANN PH., 93.
SEINE, 68.
SERBIE, 66, 95, 167, 277.
SEYMOUR CH., *Intimate Papers of Colonel House*, 102 n., 115 n.
SHIRER W., *Berlin Diary*, 291.
SHOTWELL J., *At the Paris Peace Conference*, 279, 280.
SILÉSIE, 77, 116, 119-120, 123, 133-144, 186, 256-258, 274.
SINGER H., *German War Economy*, 207 n.
SLAVES, Peuples, 73, 77, 95, 100.
SLESVIG, 72, 120.
SLOVÈNES, 80.
SMITH ADAM, 86, 276.
SMITH HOWARD, *Last Train from Berlin*, 238 n.
SMUTS, général, depuis maréchal, 32 et n., 55, 171, 172 et n., 187.
SOCIÉTÉ DES NATIONS, 61, 62, 98, 109, 110, 112, 114, 117, 124, 127, 132 n., 140, 196 n., 200 n., 275, 296, 301.
SOMME, 68.

SOREL A., 73.
STALINGRAD, 317.
STAMP, sir J., (depuis lord), 37, 251.
Statistisches Jahrbuch für das deutsche Reich, 125 n., 150 n., 191 n.
STEINMANN - BUCHER, A., *Deutschlands Volksvermögen im Kriege,* 188 et n.
STORM E., *Geschichte der deutschen Kohlenwirtschaft,* 1913-1926, 144 n.
STYRIE, 137.
SUDÈTES, 86 et n.
SUÈDE, 137.
SUMNER lord, 170.
Sunday Chronicle, 37.

TARDIEU A., 59, 63, 69, 115, 117, 169, 189, 295 n.
Le Slesvig et la Paix, 115 n.
La Paix, 56 n., 64 n., 189 n.
TAUSSIG F., *International Trade,* 201 n.
Taux de conversion du franc (réparations), 173 et s., 190 et s.
TCHÉCOSLOVAQUIE, 49, 53, 62, 64, 86 et n., 100, 125.
Temps (*Le*), 178 n., 244 n.
THIERS A., 199 n.
THOMAS A., 293.
Times, 37, 49 n., 60 n., 90 n., 172 n., 256 n., 273 n., 291 n.
TOCQUEVILLE, A. DE, 317.
Traité de garantie anglo-américain, 58.
Transferts (problèmes des), 195 et s., 234.
TRENTIN, 89.
THUCYDIDE, 22.
TURQUIE, 73, 275, 276.

U. N. R. R. A., 75 n., 312.
U. R. S. S., 132. V. Russie.

VANSITTART, lord, *Lessons of my Life,* 217 n.
VÉNÉTIE, 72.
VERDUN, 115, 317.
VERSAILLES (traité de), 51, 52, 111-160, 161-254, et *passim.*
VIENNE (traités de), 31, 72, 290.
VISTULE, 102.

WAMBAUGH S., *Saar Plebiscite,* 128 et n.
Plebiscites since the World War, 135 n., 141 et n.
WEIMAR, rép. de, 238 n.
Westminster Gazette, 37.
WESTPHALIE, 130, 135.
WIERZBICKI A., *Truth about Upper Silesia,* 136 n., 137 et n.
WIGGIN, commission, 241 n.
WILSON, président WOODROW :
Tyrans et libérateurs, 27 et n.
Plans allemands de domination, 28.
Wilson et espoirs populaires, 29-30.
« Don Quichotte aveugle et sourd », 33.
Et l'opinion américaine, 38.
Selon J.-M. Keynes, 39-41, 90 et n., 96, 98, 103, 113, 287.
Et la sécurité française, 57.

Conseil suprême économique, 74.
Souci de la justice, 77, 98, 115, 250, 285.
Libre disposition des peuples, 81.
Inquiétudes nationales, 89.
Quatorze Points, 91, 98 et s., 106, 113, 133, 167 et s.
Wilson et Clemenceau, 97, 98.
Questions polonaises, 106 et s., 116.
Tchécoslovaquie, 110.
Sarre, 111, 127.
Péril allemand en Europe, 112.
Haute-Silésie, 116, 119-120, 134 et s.
Dantzig, 116.
Réparations, 118, 166 et s.
Violation allemande des lois de la guerre, 165.
Remboursement des dépenses de guerre, 170.
Pensions et allocations, 171-172.
Poussée allemande vers l'Orient, 282.
Responsabilité des grandes Puissances, 313.
WIRTH, chancelier, 227.
World Economic Survey, 200 n.
WURTEMBERG, 93.

Yale Review, 277 n.
YOUNG, ALLYN, 158 n., 255, 270.
YOUNG, OWEN, 239.
YOUNG, plan, 61, 217, 239 et s., 271.

ZAMA, 283.
ZINC, 126.

TABLEAUX STATISTIQUES

—

Accroissement du capital national allemand. 193
Balance du commerce et balance des comptes en Allemagne 196
Balance commerciale de la France de 1868 à 1877 .... 199 n.
Capital et revenu nationaux de l'Allemagne, selon K. Helfferich....................... 191
Commerce extérieur de l'Allemagne après le Traité de Versailles 159
Evaluations des frais de la reconstruction en France .... 177 n.
Paiements annuels de l'Allemagne selon les calculs de Keynes 180
Populations détachées de l'Allemagne (par langues) 125
Pourcentage du revenu national allemand absorbé par les paiements de réparation (1925-1930) 237
Production et commerce du charbon en Allemagne 150
Production du fer et de l'acier en France et en Allemagne 132
Production de fonte et d'alliages ferreux en Europe .... 159 n.
Production industrielle de la Haute-Silésie allemande 141
Production industrielle de la Haute-Silésie polonaise 142
Revenu national de l'Allemagne 191
Réparations selon la Commission et selon le gouvernement allemand (Résumé des comptes de) 244

TABLE DES MATIÈRES

—

Préface de Raymond Aron 7
Etienne Mantoux 13
Préface de l'auteur 21
Abréviations 25

I. — INTRODUCTION 27
II. — PROPHÉTIE ET PERSUASION 35
III. — LA CONFÉRENCE 70
IV. — LE TRAITÉ 121
V. — LES RÉPARATIONS 161
VI. — L'EUROPE APRÈS LE TRAITÉ 255
VII. — LA PAIX 285

Index 319
Tableaux statistiques 321

Achevé d'imprimer par Corlet Numérique - 14110 Condé-sur-Noireau
N° d'Imprimeur : 941404 - Novembre 2019 - Imprimé en France